József Viktorin

Grammatik der slovakischen Sprache

József Viktorin

Grammatik der slovakischen Sprache

ISBN/EAN: 9783743453470

Hergestellt in Europa, USA, Kanada, Australien, Japan

Cover: Foto ©Andreas Hilbeck / pixelio.de

Manufactured and distributed by brebook publishing software (www.brebook.com)

József Viktorin

Grammatik der slovakischen Sprache

Grammatik

der

slovakischen Sprache.

~~~~~~~~

Zum Schul= und Selbstunterrichte bearbeitet,

mit Übungsaufgaben, Gesprächen, einem ausführlichen
Wörterverzeichnisse und einer populären

Chrestomathie

versehen

von

Josef Viktorin.

∙ ∙ ∙ ∙ ∙

Zweite, vermehrte Ausgabe.

Pest.
Verlag der Buchhandlung: Lauffer & Stolp.
1862.

Druck von Martin Bagó in Ofen.

Wer seine Muttersprache, die süßen, heiligen Töne seiner Kindheit, die mahnende Stimme seiner Heimath nicht liebt, verdient nicht den Namen — Mensch.

Herder.

Was eine andere Sprache vor der deinigen voraus hat, was nicht in der deinigen liegt, glaube, daß dies auch nicht im Charakter deiner Nation liege.

Platen.

Minden népnek elsö feladása épen fentartani nemzetiségét, s fentartani saját nemzeti nyelvét, mely annak legnemesebb, legszellemiebb kifolyása.

B. Eötvös.

Vorwort zur ersten Ausgabe.

Indem der slavische Sprachforscher *Martin Hattala* seine auf die slovakische Mundart sich beziehenden Schriften bis jetzt nur in der lateinischen und slavischen Sprache veröffentlichte : blieb das Erlernen dieser Mundart noch Vielen unzugänglich, und das Bedürfniss einer neuen auch für Deutsche brauchbaren slovakischen Sprachlehre lag ausser allem Zweifel. Um diesem Mangel abzuhelfen, entschloss ich mich nach den Werken des oben erwähnten Philologen eine d e u t s c h - s l o v a k i s c h e Grammatik zu bearbeiten, in welcher auf die Nichtslaven, wie auch auf Alle, die sich in dem Slovakischen vervollkommnen wollen, besonders Rücksicht genommen worden ist.

Eine grosse Anzahl von Übungsaufgaben und Gesprächen, wie solche in anderen ähnlichen Sprachlehren vorkommt, vermied ich hauptsächlich desswegen, damit — bei vorgefasstem Umfange der Druckschrift — zu einem ausführlichen W ö r t e r v e r z e i c h n i s s e desto mehr Platz verbleibe. Dazu habe ich noch eine Auswahl prosaischer und poetischer Aufsätze aus mehreren slovakischen Schriftstellern in Form einer populären C h r e s t o m a t h i e als Anhang beigegeben.

Wenn dieses Buch zur besseren Kenntniss und grösseren Verbreitung der slovakischen Mundart, und dadurch auch zum Nutzen des slavischen Elementes überhaupt etwas beitragen sollte, dann ist meine wohlmeinende Absicht als erfüllt zu betrachten.

Ofen, im Juni 1860.

Josef Viktorin.

Vorwort zur zweiten Ausgabe.

Als ich vor anderthalb Jahren der ersten Ausgabe dieser Sprachlehre einige Zeilen zur Beleuchtung meines Unternehmens voranschickte, dachte ich nicht daran, dass das Buch in so verhältnissmässig kurzer Zeit neu würde aufgelegt werden. Wohl lag das Bedürfniss einer der jetzigen Entwickelung des slovakischen Dialektes entsprechenden Grammatik nahe : dennoch war ich im Hinblick auf die eigenthümliche Lage, in welcher sich der slavische Volksstamm Nordungarns befindet,

auf einen so schnellen Absatz nicht gefasst, und es war mir
begreiflicherweise angenehm wahrzunehmen, dass ich an eine
neue Ausgabe meiner Arbeit die Hand anlegen müsse. —

Wenn selbst die gebildetsten Sprachen einer fortwährenden Vervollkommnung unterworfen sind: um wie viel mehr
gilt dies von einer slavischen Mundart, welche als Schriftsprache vor kaum einem halben Jahrhundert bekannt zu werden anfing. Desswegen habe ich in dieser zweiten Ausgabe so
manche — obwohl unwesentliche — Veränderungen und Verbesserungen, die sich als eine Vervollkommnung der slovakischen Schreibart herausstellten, vorgenommen. Überdies ist
der lexikalische Anhang, besonders aber die Chrestomathie
bedeutend vermehrt worden. —

An einigen Lehranstalten hat man diese Grammatik bereits als Schulbuch eingeführt. Mit welchem Erfolge sich die
Jugend derselben bediene, weiss ich nicht; ich glaube aber
einen günstigen Erfolg voraussetzen zu dürfen, da bei der Bearbeitung des Gegenstandes der meiste Fleiss — mit gehöriger
Berücksichtigung des praktischen Theiles — auf die Theorie,
als die Grundlage jedes Wissens, verwendet worden ist; das
Übrige hängt selbstverständlich von der Lehrmethode ab. —

Unsere Zeit ist eine solche, in welcher ein jedes lebensfähige Volk seine nationalen Ansprüche zur Geltung zu bringen trachtet. Auch die Slaven Nordungarns bleiben in diesem
Streben hinter den anderen, vom Schicksale bis jetzt stiefmütterlich behandelten Völkern nicht zurück. Beweise, dass ihnen
an ihrem eigenen Nationalleben nicht minder gelegen ist,
als den übrigen Nationalitäten, haben sie schon geliefert, und
werden sie — so Gott will — solche auch noch fernerhin liefern. Man wird also ihre Sprache nicht mehr ignoriren können
und dürfen, ja man wird sie in einem polyglotten Lande, wie
Ungarn vorzugsweise genannt werden kann, im Sinne
der Reziprozität auch lernen müssen. Ich will jedoch
hierüber keine Worte verlieren, theils, weil es mir hier nicht
wohl zu passen scheint, theils, um mich nicht dem Vorwurfe
eines „Cicero pro domo sua" auszusetzen. „Qui vivra, verra."
Indem also den Völkern unseres Vaterlandes nichts übrig bleibt,
als ihre gegenseitigen Ansprüche mit der Wage der Billigkeit
zu wägen: so möge slavischerseits auch diese Grammatik das
Ihrige dazu beitragen.

Ofen, im März 1862.

Josef Viktorin.

Inhalt.

	Seite
Vorwort zur ersten Ausgabe	VII
Vorwort zur zweiten Ausgabe	VIII
Einleitung	1

Erster Haupttheil.
Die Elementarlehre.
Erster Abschnitt.

§. 1.	Von den Buchstaben und deren Aussprache	6
§. 2.	Von der Aussprache der Sylben und Wörter	11
§. 3.	Von der Betonung und dem Zeitmaße	12

Zweiter Abschnitt.

§. 4	Von der Rechtschreibung	14
	A. Allgemeine Regeln der Rechtschreibung	14
	B. Besondere Regeln der Rechtschreibung	14
	C. Regeln über den Gebrauch einzelner Buchstaben . . .	15
	D. Regeln über die Trennung und Abkürzung der Sylben .	19
	E. Regeln über die Zeichensetzung	20

Zweiter Haupttheil.
Die Formenlehre.
Erster Abschnitt.

§. 5.	Von den Redetheilen überhaupt	22

Zweiter Abschnitt.
Von den Redetheilen insbesondere.
Erstes Kapitel.

§. 6.	Von dem Hauptworte	24
§. 7.	Von den Vergrößerungs- u. Verkleinerungsformen der Hauptwörter	25
§. 8.	Von den zusammengesetzten Wörtern	26
§. 9.	Von dem Geschlechte der Hauptwörter	27
§. 10.	Von der Verwandlung der männlichen Personennamen in weibliche	29

Seite

§. 11. Von der Abänderung überhaupt 30
§. 12. Von der Abänderung der männlichen Hauptwörter 31
§. 13. Von der Abänderung der weiblichen Hauptwörter 40
§. 14. Von der Abänderung der sächlichen Hauptwörter 45
§. 15. Von dem Abkürzen, Wegwerfen und Versetzen der Selbstlaute 52

Zweites Kapitel.

§. 16. Von dem Fürworte 54
§. 17. Von den persönlichen Fürwörtern 55
§. 18. Von den zueignenden Fürwörtern 58
§. 19. Von den hinweisenden Fürwörtern 60
§. 20. Von den fragenden Fürwörtern 62
§. 21. Von den beziehenden Fürwörtern 64
§. 22. Von den unbestimmten Fürwörtern 65

Drittes Kapitel.

§. 23. Von dem Beiworte 66
§. 24. Von den Vergrößerungs- und Verkleinerungsformen der Bei-
        wörter 68
§. 25. Von der Steigerung der Beiwörter 69
§. 26. Von der Abänderung der bestimmten Beiwörter 71
§. 27. Von der Abänderung der unbestimmten Beiwörter 74

Viertes Kapitel.

§. 28. Von dem Zahlworte 77
§. 29. Von den bestimmten Zahlwörtern 77
§. 30. Von der Abänderung der bestimmten Zahlwörter 78
§. 31. Von den unbestimmten Zahlwörtern und ihrer Abänderung . 82

Fünftes Kapitel.

§. 32. Von dem Zeitworte 83
§. 33. Von der Bildung der Zeitwörter 85
§. 34. Von den Formen der Zeitwörter 86
        I. Form —ť 87
        II. „ —ná-ť 88
        III. „ —ie-ť 89
        IV. „ —i-ť 90
        V. „ —a-ť 91
        VI. „ —ova-ť 94
§. 35. Von der Abwandlung der Zeitwörter 95
§. 36. Von der Bildung der Zeiten 97
§. 37. Von den Nennformen der Zeitwörter 99
§. 38. Abwandlung des Hilfszeitwortes byť, sein 100

Seite

§. 39. Abwandlung der konkreten oder gemischten Zeitwörter . . 102

  I. Abwandlung 103

  II.   „   105

  III.   „   108

  IV.   „   110

  V.   „   111

  VI.   „   114

§. 40. Abwandlung der unregelmäßigen Zeitwörter 115

§. 41. Abwandlung in passiver Form 117

§. 42. Abwandlung der unpersönlichen Zeitwörter 120

Sechstes Kapitel.

§. 43. Von dem Nebenworte 121

§. 44. Von der Steigerung der Nebenwörter 125

Siebentes Kapitel.

§. 45. Von dem Vorworte 125

§. 46. Von der Rektion der Vorwörter 126

Achtes Kapitel.

§. 47. Von dem Bindeworte 130

Neuntes Kapitel.

§. 48. Von dem Empfindungslaute 132

Dritter Haupttheil.

Die Satzlehre.

§. 49. Von dem Satze im Allgemeinen 133

§. 50. Von der Übereinstimmung des Prädikates mit dem Subjekte . 134

§. 51. Von dem Gebrauche einzelner Endungen :

  A. Nominativ 135

  B. Genitiv 136

  C. Dativ 138

  D. Akkusativ 140

  E. Vokativ 140

  F. Lokal 140

  G. Instrumental 141

§. 52. Von dem Gebrauche der Fürwörter 142

§. 53. Von dem Gebrauche der Zeitwörter :

  A. Die passive Konstruktion 144

  B. Die Zeiten 145

  C. Der Imperativ, Infinitiv und das Partizipium . . 145

Seite

§. 54. Von der Verneinung . . . 145
§. 55. Von der Wortfolge 147
§. 56. Von der Redensart im Slovakischen . 149
Gespräche 150
Titulaturen 157
Wörterverzeichniß 159
Sammlung von einigen mit dem Deutschen nicht ganz übereinstim-
menden Taufnamen 189
Sammlung von einigen Volks-, Land-, Fluß- und Städtenamen . 189

Chrestomathia
z literatúry slovenskej.

I. Z pojednania: Životopis Cyrilla a Methoda. Od *Jána Hollého* 193
II. Z pojednania: Slovensko a jeho život literárny. Od Dra. *Jo-
sefa Hurbana* 197
III. Z článku: Reč ruská. Od *Michala Hodži* 199
IV. Z povesti: Serbianka. Od *Jána Kalinčáka* 201
V. Z veselohry: Incognito. Od *Jána Beskydova* 206
VI. Humoreska: Chvala Bohu! už je koš hotový. Od *Daniela
Licharda* 210
VII. 1. Z básne: Svatopluk. Od *Jána Hollého* 214
„ 2. Z básne: Cyrillo-Methodiada. Od tohože 215
„ 3. Z básne: Sláv. Od tohože 218
VIII. Z básne: Matúš z Trenčína. Od *Ludevíta Štúra* 220
IX. 1. Z básne: Marína. Od *Andreja Sládkoviča* 224
„ 2. Z básne: Detvan. Od tohože 225
„ 3. Z básne: Sôvety v Rodine Dušanovej. Od tohože . . 227
X. Z ballady: Väzeň. Od *Samuela Chalupky* 230
XI. Z básne: Pád Miliducha. Od *Ludevíta Želly* 233
XII. Z romance: Smrť Jánošika. Od *Jána Botty* 239

Prídavok
z literatúry česko-slovenskej.

I. Z článku: O Moravanech a Slovácich. Od *Pavla Josefa Šafa-
ríka* 241
II. 1. Z básne: Slávy Decra. Od *Jana Kollára* 247
„ 2. Báseň: Slavjan. Od tohože 253

Slovo záverečné k prvému vydaniu 256
Slovo záverečné k druhému vydaniu 257

Einleitung.

Die slavische Sprache (lingua slavica, reč slovanská, jazyk slaviansky), nahe von achtzig Millionen größtentheils in Europa wohnenden Menschen gebraucht, wird gewöhnlich in das ost= und west=slavische Idiom eingetheilt.

I. Das ost=slavische Idiom faßt in sich:

A) Die alt=slavische oder cyrillische Sprache (lingua vetero-slovenica, staroslaviančina, cyrillčina), welche heutzu= tage, wie die lateinische, zu den todten Sprachen gezählt wird, und bei den Russen, Serben, Bulgaren und einem Theile der Dalmatiner bloß als Kirchensprache besteht.

B) Die russische Sprache (lingua russica, ruština), welche in drei von einander wenig abweichende Mundarten zerfällt, nämlich in die:

a) groß=russische — (magno-russica aut moscovitica, velko-ruština) von mehr als fünf und dreißig Millionen Slaven gesprochen;

b) klein=russische — (parvo-russica, maloruština) von dreizehn Millionen gebraucht; und

c) weiß=russische Mundart (albo-russica, bieloruština) bei drei Millionen im Gebrauche.

C) Die süd=slavische Sprache (lingua Slavorum Me- ridionalium, juhoslovančina) in folgende Mundarten getheilt:

a) die serbische — (serbica, srbština) von mehr als fünf Millio- nen Slaven gesprochen;

b) die kroatische — (croatica, chorvátština) von einer Million gebraucht;

c) die slovenische — (slovenica, slovenčina) von mehr als einer Million im Gebrauche; und

d) die bulgarische Mundart (bulgarica, bulharčina) von vier Millionen Menschen gesprochen.

1

II. Das west=slavische Idiom faßt in sich:

A) Die slovakische Sprache (lingua slavica per excellentiam, slovenčina, reč slovenská, jazyk slovenský) von mehr als zwei Millionen Slaven gesprochen.

B) Die böhmische oder čechische Sprache (lingua bohemica, čeština) von mehr als vier Millionen Menschen gebraucht.

C) Die polnische Sprache (lingua polonica aut lechica, polština) von mehr als neun Millionen gebraucht; endlich

D) Die lusatinisch=sorabische Sprache (lingua lusatico-sorabica, lusátska sorabština) bei hundert fünfzig tausend Soraben im Gebrauche.

Die slovakische Sprache des in Nordungarn wohnenden slavischen Volkes ist eine der schönsten slavischen Mundarten, durch welche das ost=slavische Idiom mit dem west=slavischen verbunden ist. Nicht nur ältere slavische Literatoren, wie Dalimil, Jordan, Bernolák, sondern auch neueste slavische Schriftsteller, als: Šafarik, Kollár, Štúr, Hodža, Hattala u. A. haben das bewiesen. Ja selbst fremde, mit der slavischen Philologie sich befassende Gelehrte, als der dänische Dichter und Philolog E. M. Thorson, und der Franzose Cyprian Robert, gewesener Professer der slavischen Literatur an der Pariser Universität, haben es ausgesprochen. So hat sich namentlich dieser letztere in seinem über den Panslavismus geschriebenen Werke in Bezug auf die slovakische Sprache folgendermaßen geäußert: „Die slovakische Mundart hält eine gewisse Mitte zwischen den slavischen Mundarten, beiläufig wie die Karpathen, die dieses Volk bewohnt, den Mittelpunkt, die Zitadelle, die ursprüngliche Wiege jenes Geschlechtes bilden."

Insbesondere nahe steht die slovakische Mundart der alt=slavischen Kirchensprache, so daß ein Slovak, wenn er dem nach alt=slavischen Ritus gehaltenen Gottesdienste der Rechtgläubigen beiwohnt, in vieler Hinsicht seine eigene Muttersprache zu hören meint.

Das eben hat der vorzüglichste, von allen Sachverständigen als Autorität anerkannte Slavist Paul Josef Šafarik in seiner „Geschichte der slavischen Sprache und Literatur" ausgesprochen, indem er schrieb: „Nicht nur finden sich in dem Slovakischen Wörter, die anderen Slaven entweder ganz, oder wenigstens in dieser Bedeutung unbekannt sind, im Alt-slavischen aber sich nachweisen lassen, sondern der ganze formelle und grammatische Bau dieser Mundart erinnert auffallend an das Kirchenslavische."

Und gewiß schon dieser einzige Umstand — anderer sehr wichtiger Gründe nicht zu gedenken — spricht dafür, daß man für die Slovaken in Ungarn den slovakischen Dialekt zur Schriftsprache erhebe, und zu dessen Ausbildung das Möglichste beitrage.

In früheren Zeiten nämlich, wo das literarische Leben auch bei anderen Völkern, insbesondere aber bei den Slaven in der Wiege lag, und wo die damals herrschende čechische Schriftsprache, besonders den Formen nach, zu der slovakischen Mundart bedeutend näher stand als heutzutage: haben sich auch die Slovaken in dem Wenigen, was sie am literarischen Felde leisteten, der čechischen Schreibart bedient.

Als jedoch der fremde stiefmütterliche Einfluß die čechische Sprache in mancher Hinsicht, leider! entslavisirte, der schönen alt-čechischen Formen beraubte, und so die literarische Kluft zwischen den beiden Völkern vergrößerte: fing man an daheim darüber nachzudenken, ob es nicht zweckmäßiger wäre, sich für die Slovaken der slovakischen Mundart als Schriftsprache zu bedienen.

Der erste, der den Gedanken am Schlusse des vorigen Jahrhundertes deutlich aussprach, und von einer emsigen katholischen Partei unterstützt ins Leben führte, war Anton Bernolák, zuletzt kath. Pfarrer in Neuhäusel. Indessen konnte dieser edle Mann mit seinen zwar zahlreichen, aber, wie gesagt, bloß katholischen Anhängern in der ganzen Slovakei nicht durchdringen. Er wählte zur Schriftsprache jene, von der rein bewahrten, echt slovakischen Sprache abweichende Mundart, welche in der Gegend von Tirnau gesprochen wird, und aus der benachbarten Sprache der Mährer Vieles in sich aufgenommen hatte. Es lag in dem Auftreten Bernolák's

1*

mehr oder weniger Inkonsequenz — die aber im Hinblick auf die damaligen Zeiten leicht zu entschuldigen ist — darum haben sich die protestantischen Slovaken an diese erste slovakisch-literarische Bewegung nicht angeschlossen.

Über fünfzig Jahre dauerte die Entzweiung. Die katholische Partei schrieb Bernolák-isch, die protestantische, wie früher, čechisch. Da haben auch die Protestanten, denen seit jeher das slavische Element in Ungarn Vieles zu verdanken hatte, über die schädliche Entzweiung und das im Prinzipe richtige Unternehmen der Bernolák'schen Schule tiefer nachgedacht und beschlossen, sich ebenfalls der populären, slovakischen Bewegung anzuschließen.

Ludwig Štúr, ein vieltalentirter slavischer Literat, ist nun als Haupt der zweiten slovakisch-literarischen Bewegung zu betrachten. Um aber in dieser neuen literarischen Epoche einen möglichst vollständigen Erfolg zu erzielen, mußte man vorerst den, in Betreff des zur Schriftsprache erhobenen Dialektes, begangenen Mißgriff dadurch gut machen, daß man die jedem heterogenen Einflusse fremd gebliebene, in ihrer Ursprünglichkeit rein bewahrte Mundart, wie sie im Mittelpunkte der Slovakei, also in den Komitaten: Liptau, Thurocz, Arva, Sohl, Neograd, Barsch, Hont, Gömör und theils auch in Trentschin gesprochen wird, als neue Schriftsprache gebrauchte. Mit wenigen Ausnahmen sind fast alle slovakischen Patrioten — Katholiken sowohl als Protestanten — mit diesem neuen literarischen Grundplane einverstanden gewesen, und haben mit „Vereinten Kräften" für die Erhaltung des Nationallebens und die Ausbildung des schönen slavischen Dialektes fleißig zu arbeiten angefangen.

Aber es stellte sich bald heraus, daß Štúr in entgegengesetzter Richtung zu weit gegangen, in seine ersten slovakischen Werke zu viel unverwendbares Material aufgenommen, und zu wenig die allgemein giltigen Grundsätze sämmtlicher slavischen Dialekte berücksichtigt habe. Deswegen war noch ein dritter Reformator nöthig, der aus dem schon vorhandenen Stoffe, mit Berücksichtigung sowohl des Nationalbedürfnisses als auch der unumstößlichen philologischen Grundsätze, eine geregelte Schriftsprache herstelle. Dies

ist dem scharfsinnigen Slavisten und Professor an der Prager Uni=
versität **Martin Hattala** geglückt, zu dessen erfolgreichen Studien
aber die philologischen Werke des **Michael Hodža** das Meiste bei=
trugen.

Um das Jahr 1852 haben sich alle bedeutenderen Parteifüh=
rer mit den in Hattala's sprachwissenschaftlichen Werken entwickel=
ten Anschauungen einverstanden erklärt, und — wenn auch hie und
da noch mit unwesentlichen Abweichungen — ihre Werke in der
neuesten, wissenschaftlich begründeten Rechtschreibung der Öffent=
lichkeit übergeben.

Die festgesetzte Schriftsprache der slovakischen Mundart ist
nun als vollzogen zu betrachten, so zwar: daß, wer heutzutage
einer anderen, als der von Hattala im Grundsatze entworfenen
Schreibart sich bedienen wollte, nur eine hinsichtlich des Gegen=
standes vollständige Unwissenheit an den Tag legen würde.

Es wäre indessen ein Irrthum, wenn man die nunmehr von
allen Sachverständigen angenommene slovakische Schriftsprache als
das Werk eines Einzelnen betrachten wollte. Vom Jahre 1790
bis 1850, sechzig Jahre hindurch also dauerte das literarische
Ringen, an welchem ganze Parteien Theil genommen hatten. Wohl
sind Bernolák als Begründer, Štúr als Fortbauer und Hat=
tala als Vollender der slovakischen Schriftsprache zu betrachten;
allein das eigentliche Verdienst des Erfolges ist nicht den Einzel=
nen, sondern der Gesammtheit, namentlich dem Geiste des slo=
vakischen Volkes und der instinktmäßigen Anhänglichkeit an seine
wohlerhaltene Muttersprache zuzuschreiben.

————————

Erster Haupttheil.

Die Elementarlehre.

Erster Abschnitt.

§. 1.

Von den Buchstaben und deren Aussprache.

Jede Sprache (lingua, reč) besteht aus Wörtern. Ein Wort (vox, slovo) ist der Ausdruck einer Vorstellung und besteht aus einer oder mehreren Sylben; z. B. Boh, Gott; prav-da, Wahr-heit; roz-um-ný, ver-stän-dig 2c. Die Sylbe (syllaba, slabika) ist ein Theil der Wörter und besteht aus einem oder mehreren Grundlauten, zu deren Bezeichnung die Buchstaben dienen. Der Buchstabe (litera, písmena) ist also ein schriftliches Zeichen für einzelne Sprachlaute; alle Buchstaben zusammengenommen aber nennt man das Alphabet (alphabetum, abeceda).

Das slovakische Alphabet besteht aus folgenden 42 Sprachlauten:

A, Á, Ä, B, C, Č, D, Ď, DZ, DŽ, E, É, F. G, H, CH,
a, á, ä, b, c, č, d, ď, dz, dž, e, é, f, g, h, ch,
I, Í, J, K, L, Ĺ, Ľ, M, N, Ň, O, Ô, P, R, Ŕ, S, Š, T, Ť,
i, í, j, k, l, ĺ, ľ, m, n, ň, o, ô, p, r, ř, s, š, t, ť,
U, Ú, V, Y, Ý, Z, Ž.
u, ú, v, y, ý, z, ž.

ó, q und x kommen nur in fremden Wörtern vor; daher sie nicht als slovakische Sprachlaute angeführt zu werden brauchen.

Die Sprachlaute werden in Selbstlaute (vocales, samohlásky), Doppellaute (diphthongi, dvojhlásky) und Mitlaute (consonantes, spoluhlásky) eingetheilt.

A) Selbstlaute sind: a, á, ä, e, é, i, í, o, ô, u, ú, y, ý. Sie heißen Selbstlaute, weil sie für sich allein ohne Beihilfe eines anderen Buchstaben ausgesprochen werden können. In Rücksicht auf die Zeit, die man zu ihrer Aussprache bedarf, werden sie außerdem in:

a) kurze: a, ä, e, i, o, u, y; und

b) lange: á, é, í, ô, ú, ý Selbstlaute eingetheilt; z. B. kolo, das Rad; zámok, das Schloß; širák, der Hut; výbor, der Ausschuß 2c.

B) Doppellaute sind: ia, ie, iu, ou. Sie heißen Doppellaute, weil man bei der Aussprache den Klang eines jeden Lautes, somit einen doppelten Laut hört; z. B. priateľ, der Freund; viera, der Glaube; znameniu, dem Zeichen; rukou, mit der Hand 2c.

Sowohl die Selbstlaute als auch die Doppellaute werden in Hinsicht auf die slovakische Rechtschreibung eingetheilt in:

a) harte: a, á, e, o, ô, u, ú, ou, y, ý; und

b) weiche: (ä), e, i, í, ia, ie, iu.

C) Mitlaute sind: b, c, č, d, ď, dz, dž, f, g, h, ch, j, k, l, ĺ, ľ, m, n, ň, p, r, ŕ, s, š, t, ť, v, z, ž. Sie heißen Mitlaute, weil sie für sich keinen deutlich hörbaren Laut haben, sondern denselben erst durch Beihilfe eines Selbstlautes erhalten.

Die Mitlaute werden folgendermaßen eingetheilt:

a) Lippenlaute (labiales, perné): v, b, p, f, m.

b) Gaumenlaute (palatales, podnebné):

    1) harte (durae, tvrdé): l, ĺ, n, r, ŕ;

    2) weiche (molles, mäkké): ľ, ň.

c) Zungenlaute (dentales, zubné):

    1) harte: d, l;

    2) weiche: ď, ť.

d) Zischlaute (sybilantes, sykavky):

    1) harte: c, s, z, dz;

    2) weiche: č, š, ž, dž.

e) Kehllaute (gutturales, hrdelné):

    1) harte: g, h, ch, k;

    2) weiches: j.

Bemerkungen.

1. Die Laute c und dz werden bald als harte, bald als weiche betrachtet. In der Abänderung sind sie stets als weiche zu betrachten.

2. Der Unterschied zwischen den harten und weichen Mitlauten ist in der slovakischen Rechtschreibung so wichtig, wie jener zwischen den harten und weichen Selbstlauten. Man merke sich also wohl die weichen Mitlaute: (c), č, š, ž, (dz), dž, d', ľ, ň, ř, j.

3. Die Mitlaute werden ferner eingetheilt in dumpfe (obscurae, temné): c, č, f, p, ch, k, s, š, t, ť; und helle (clarae, hlasné), als da sind: b, d, d', g, h, v, z, ž, dz, dž, wie auch alle am Anfange des Wortes stehenden Selbstlaute.

4. Im Lautlesen, nicht aber im Schreiben, wird in Betreff der dumpfen und hellen Mitlaute folgende Regel beobachtet: wenn helle vor dumpfen zu stehen kommen, so werden sie mit dem Klange der nächst verwandten ausgesprochen und umgekehrt. Nach dieser Regel klingt z. B. in dem Worte obchod, der Handel, das helle b vor dem dumpfen ch fast wie p, also: opchod. So wird ferner richtig geschrieben: obce, die Gemeinden; mladší, der Jüngere; ľahký, leicht; včela, die Biene; vták, der Vogel; nizko, niedrig; ťažko, schwer; k bratovi, zum Bruder; sväzok, das Heft ꝛc., obwohl es in der Aussprache fast wie: opce, mlatši, ľachký, fčela, sták, nisko, ťaško, g bratovi, zväzok ꝛc. zu hören ist.

5. Die Sprachlaute l und r werden in der slovakischen Sprache auch als Selbstlaute betrachtet, wenn sie zwischen zwei Mitlauten zu stehen kommen, wie z. B. in den Wörtern: vlk, der Wolf; srna, die Rehkuh ꝛc. Man kann sie in diesem Falle wie die Selbstlaute verlängern; z. B. vlča, ein junges Wölflein; srn, der Rehkühe ꝛc., weswegen sie auch Halbselbstlaute (semivocales, polosamohlásky) genannt werden.

D) Die Sprachlaute: a, b, d, e, f, g, i, j, k, l, m, n, o, p, r, t, u klingen in dem Slovakischen ganz so wie im Deutschen, mit der Bemerkung, daß d, l, n, t vor den Selbstlauten e, i, í, und folglich auch vor den Doppellauten ia, ie, iu, in der Regel als: d', ľ, ň, ť, also weich ausgesprochen werden (Sieh §. 4. *C. b.*); für die übrigen Laute aber dienen folgende Regeln:

á wird gedehnt ausgesprochen wie in den Wörtern: Haar, Wahrheit; z. B. sláva, der Ruhm; Slovák, der Slovak;

ä lautet fast wie das deutsche ä, nur wird es im Slovakischen kurz ausgesprochen; z. B. päť, fünf; pamäť, das Gedächtniß; sväzok, das Heft;

c lautet wie z in dem Worte: Zahn; z. B. cena, der Preis; cisár, der Kaiser; cap, der Bock;

č lautet wie tsch in dem Worte: deutsch, oder wie das magyarische cs in dem Worte: csalfa; z. B. človek, der Mensch; čo, was; čiastka, der Theil;

ď kann mit deutschen Buchstaben genau nicht ausgedrückt werden. Es lautet etwa wie dj verschmolzen, wird aber genau im Magyarischen durch gy in dem Worte: gyökér, gegeben; z. B. buď, sei; ďaleko, weit;

dz lautet wie im Deutschen die beiden Laute verschmolzen, oder in dem magyarischen Worte: bodza; z. B. nudza, das Elend; hádzať, werfen;

dž lautet etwas weicher als tsch, genau aber wie in dem Magyarischen: dzsida; z. B. druzdži, es kracht; hádžem, ich werfe;

é lautet etwas schärfer als das deutsche ee oder eh in den Wörtern: Seele, mehr; z. B. dcéra, die Tochter; zdravé, das Gesunde;

h gleicht dem Deutschen in dem Worte: Holz; z. B. holý, kahl; nahý, nackt;

ch ist ein besonderer Mitlaut und wird ausgesprochen wie im Deutschen: Cherub, Nacht; z. B. chlieb, das Brod; chrabrosť, die Tapferkeit; strach, die Furcht;

i lautet wie ie in dem Worte: Liebe; z. B. sidlo, das Netz; kríž, das Kreuz;

í wird etwas gedehnt, als wenn es ein doppelter Selbstlaut wäre; z. B. hĺbka, die Tiefe;

ľ lautet wie lj verschmolzen und entspricht dem magyarischen ly in dem Worte: hely; z. B. ľutujem, ich bereue; veľmi, sehr;

ň lautet wie nj verschmolzen und entspricht dem magyarischen ny in dem Worte: nyúl, oder dem französischen gn in dem Worte: compagnon; z. B. hanba, die Schande; zvestoň, der Verkünder.

ô ist aus uo entstanden und lautet wie im Italienischen: buono, suono. Man kann es aber auch wie ein langes ó aussprechen; z. B. môj, mein; kôň, das Pferd; vôľa, der Wille;

ŕ wird ebenso wie ĺ gedehnt ausgesprochen; z. B. zdŕžať, langsam zurückhalten; srn, der Rehkühe;

s lautet wie im Deutschen: Segel, blaß; z. B. sloboda, die Freiheit; pes, der Hund;

š lautet wie sch in den Wörtern: schreiben, Schelm; z. B. škoda, der Schade; náš, unser;

ť lautet wie tj verschmolzen und entspricht dem magyarischen ty in dem Worte: tyúk; z. B. ťulpa, der Dümmling; svornosť, die Eintracht;

ú wird gedehnt wie im Deutschen: Stuhl; z. B. súd, das Gericht; dúvod, der Beweis;

v lautet wie das deutsche w in dem Worte: Wandel; z. B. váha, die Wage; volať, rufen;

y lautet wie i in dem Worte: Wild; z. B. myseľ, der Gedanke; myš, die Maus;

ý lautet wie ie in den Wörtern: Sieg, hier; z. B. výbor, der Ausschuß; výraz, der Ausdruck;

z lautet wie s in dem Worte: lesen; z. B. zem, die Erde; koza, die Ziege; endlich

ž kann mit deutschen Buchstaben genau nicht ausgedrückt werden. Es lautet wie das magyarische zs in dem Worte: zsákmány, oder das französische j in dem Worte: journal; z. B. žalosť, die Traurigkeit; život, das Leben.

In Bezug auf die Doppellaute ia, ie, iu, ou ist zu merken, daß man bei ihrer Aussprache zwar beide Laute hören muß, so jedoch, als wenn sie in ein Ganzes verschmolzen wären, namentlich ist hier das i als j auszusprechen; z. B. pamiatka, klingt wie pamjatka; znamenie, wie znamenje; spaseniu, wie spasenju ꝛc.

Leseübung.
Das „Vater unser."

Otče náš, ktorý si na nebesách, posväť sa meno Tvoje, príď kráľovstvo Tvoje, buď vôľa Tvoja ako v nebi tak na zemi. Chlieb náš vezdajší daj nám dnes, a odpusť nám naše viny, jako i my odpúšťame našim vinníkom, a neuvoď nás v pokušenie, ale zbav nás odo zlého.

§. 2.

Von der Aussprache der Sylben und Wörter.

Wenn ein Selbst- oder Doppellaut allein, oder in Verbin-
dung mit einer Öffnung des Mundes ausgesprochen wird, so
entsteht eine Sylbe; z. B. a, ie, ho, ku-na, Slo-van-stvo.

Aus Sylben entstehen Wörter und sind entweder ein-
sylbig (monosyllabae, jednoslabičné); z. B. muž, der Mann;
oder mehrsylbig (polysyllabae, viacslabičné); z. B. vra-
bec, der Sperling; An-gli-čan, der Engländer; od-ho-dla-
nost, die Entschlossenheit.

Die Sylben werden entweder kurz ausgesprochen; z. B.
pes, der Hund; žena, das Weib; oder sie werden gedehnt;
z. B. národ, die Nation; komín, der Rauchfang; vlča, das
Wölflein; shrnať, zusammenscharren; pamiatka, die Erinnerung.
Gedehnt werden alle jene Sylben, deren Selbst- oder Halb-
selbstlaut mit einem Dehnungszeichen ′ versehen ist, oder einen
Doppellaut in sich enthalten.

Die Wörter werden in einfache (simplices, jednodu-
ché) und zusammengesetzte (compositae, složené) getheilt.
Einfache sind jene, welche bloß aus einer oder mehreren Sylben
bestehen; z. B. brat, der Bruder; múdrosť, die Weisheit. Solche
Wörter aber, welche aus zwei oder mehreren einfachen Wörtern
bestehen, jedoch zusammengenommen nur einen bestimmten Ge-
genstand bezeichnen, werden zusammengesetzte Wörter ge-
nannt; z. B. hromo-vod, der Blitzableiter; ľudo-mil, der Men-
schenfreund.

In den zusammengesetzten Wörtern heißt das letzte Grund-
wort (vox determinata, slovo základné), das erste aber Be-
stimmungswort (vox determinans, slovo určujúce), weil da-
durch das Grundwort näher bestimmt wird.

Stamm- oder Wurzelwort (radicalis, korenné) ist
dasjenige, von welchem andere Wörter abgeleitet werden und wes-
wegen abgeleitete (derivatae, odvodené) heißen; z. B. aus
dem Stammworte: pokoj, der Friede, werden abgeleitete Wörter:
s-pokoj-ný, zufrieden; s-pokoj-nosť, die Zufriedenheit.

Die Ableitung geschieht entweder durch gewisse Sylben,
welche dem Stammworte vor- oder nachgesetzt werden; z. B.
aus dem Stammworte: pokoj, wird durch Vorsetzung des s und
Nachsetzung des nosť, das abgeleitete Wort: s-pokoj-nosť; oder
durch den Umlaut (prehlasovanie), wenn der Selbst- oder Dop-

pellaut im Stammworte verändert wird; z. B. sedeľ, sitzen und sadiľ, setzen; dýcham, ich athme und dúcham, ich blase; svätý, heilig und sviatosľ, das Sakrament.

Bei den abgeleiteten Wörtern sind die Kernsylben (fundamentales, základné) von den Formsylben (formales, podobné) zu unterscheiden. Die Kernsylben machen die Wesenheit des Wortes aus, die Formsylben aber ändern nur dessen Gestalt zu besonderen Zwecken; z. B. in dem Worte: priateľ-stvo, die Freundschaft; priateľ-sky, freundlich; priateľ sind Kernsylben, welche auch ohne den Formsylben stvo und sky bestehen könnten.

§. 3.
Von der Betonung und dem Zeitmaße.

A) Die Betonung (accentus, prízvuk) oder die innere Stärke, mit welcher der Sprachlaut ausgesprochen wird, ist vierfach: der Sylbenton (accentus syllabae, prízvuk slabiky), der Wortton (— vocis, — slova), der Satzton (— sententiae, — výpovede) und der Redeton (— dictionis aut rhetoricus, — reči).

a) Der Sylbenton ist die Aussprache einer Sylbe mit besonderer Erhebung der Stimme, und fällt in der slovakischen Sprache regelmäßig auf die erste Sylbe der einfachen Wörter ohne Rücksicht darauf, ob die Sylbe gedehnt oder kurz ausgesprochen wird; z. B. röd, das Geschlecht; kämeň, der Stein; pän, der Herr; zàmok, das Schloß. Die einsylbigen Vorwörter jedoch und die verneinende Partikel ne in den zusammengesetzten Wörtern nehmen von der ersten Grundsylbe die Betonung auf sich; z. B. nà-rod, die Nation; zà-hrada, der Garten; nè-moc, die Krankheit; dò vody, in das Wasser.

b) Der Wortton ist die Hebung eines Wortes, worauf in einem Satze ein besonderer Nachdruck gelegt wird; z. B. hovor *klasne*, sprich laut; *pije* celý deň, trinkt den ganzen Tag hindurch.

c) Der Satzton besteht in der richtigen Hebung und Senkung der Stimme beim Vortrage größerer Satzvereine, und zeichnet den Hauptsatz von dem Neben- oder Zwischensatze aus.

d) Der Redeton endlich hängt von der Wichtigkeit ab, welche ein Satzglied oder ein Wort durch besondere Absicht des Redenden erhält; so kann folgender Satz: on mňa vždy podporoval, er hatte mich immer unterstützt, so oft anders betont werden, wie viel Wörter sich in demselben befinden; z. B.

on mňa vždy podporoval = er und nicht ein anderer ꝛc.
on *mňa* vždy podporoval = mich und nicht einen anderen ꝛc.
on mňa *vždy* podporoval = immer und nicht dann und wann ꝛc.
on mňa vždy *podporoval* = unterstützt und nicht etwas ande=
res ꝛc.

B) In Betreff des Zeitmaßes (quantitas, časomiera),
das heißt der Dehnung oder Kürzung der Sylben — nicht zu ver=
wechseln mit der Betonung — ist wohl zu merken, daß in der slo=
vakischen Sprache zwei natürlich lange Sylben in
einem und demselben Worte nach einander nie
stehen dürfen. Deswegen muß die folgende Sylbe, welche der
Analogie nach lang sein sollte, kurz bleiben, wenn die vorher=
gehende natürlich lang ist, und solche ist eine jede, in welcher
entweder lange Selbst= oder Halbselbstlaute: á, é, í, ý, ô, ú, ĺ, ŕ,
oder Doppellaute: ia, ie, iu, ou vorkommen; z. B. in dem Worte:
krásny, schön, ist die erste Sylbe krás natürlich lang, muß also
die folgende ny, obwohl der Analogie nach in: suchý, trocken;
pekný, hübsch ꝛc. gedehnt sein sollte, dennoch kurz bleiben.

Eine Ausnahme von dieser, der slovakischen Sprache eigenen
Regel macht nur der weibliche Instrumental in der einfachen Zahl
mit ou; z. B. krásnou bránou, durch ein schönes Thor, wo trotz
der vorhergehenden langen Sylbe der Doppellaut verbleiben muß.

Die übrigen langen Laute aber werden folgendermaßen ab=
gekürzt:

a) á, é, í, ý, ô, ú, ĺ, ŕ in: a, e, i, y, o, u l, r; z. B.
anstatt: krásná, krásné, krásný, krásnú, môžú ꝛc. muß ge=
sprochen und geschrieben werden: krásna, krásne, krásny,
môžu ꝛc.

b) ia geht über nach den Lippenlauten in ä, nach den übri=
gen in a; z. B. statt: kúpia, mútia muß stehen: kúpä, múťa.

c) iu sollte in u abgekürzt werden, was aber nicht vorkommt,
weil die vorhergehende Sylbe stets kurz sein pflegt; z. B. písaniu,
čítaniu, božiu ꝛc.

Zweiter Abschnitt.

§. 4.

Von der Rechtschreibung *).

Die slovakische Rechtschreibung (orthographia slavica, pravopis slovenský) ist der Innbegriff aller jener Regeln, nach welchen die wissenschaftlich begründete slovakische Sprache schriftlich dargestellt werden muß.

A) Allgemeine Regeln der Rechtschreibung.

a) Man schreibe jedes Wort wie es ausgesprochen wird. Dieser Satz findet in der slovakischen Mundart weit größere Anwendung als in allen übrigen europäischen Sprachen.

b) Wenn die Aussprache nicht hinlänglich entscheidet, so muß man auf die Ableitung, Abänderung und Abwandlung der Wörter achten, dadurch kommt der Grundlaut zum Vorschein; z. B. Boh, Gott, lautet wie Boch, setzt man aber das Wort in Genitiv: Boha, so kommt der Grundmitlaut zum Vorschein; so auch: ľahký, leicht, ľahunko; prosba, die Bitte, prosiť. Hier ist besonders zu berücksichtigen, was vorher von den dumpfen und hellen Mitlauten gesagt worden ist (§. 1. Bem. 3. 4.).

c) Jeder Selbst= oder Halbselbstlaut, der gedehnt ausgesprochen werden soll, muß mit dem Dehnungszeichen ´ bezeichnet werden; z. B. zápal, die Begeisterung; kohút, der Hahn; vlča, das Wölflein.

d) Fremde Wörter schreibe man dem Laute nach mit slovakischen Buchstaben; z. B. doktor, redaktor, marš, mašina, charakter, anekdota, kandidat ꝛc. Die Eigennamen aber behalten ihre schriftliche Form; z. B. Humboldt, Voltaire, Rousseau, Shakespeare, Shelley, Toulon, Vicenza ꝛc.

B) Besondere Regeln der Rechtschreibung.

Ein großer Anfangsbuchstabe wird gebraucht:

a) Im Anfange eines Satzes, folglich auch nach jedem Schlußpunkte. Nach dem Frage= und Ausrufungszeichen nur dann, wenn mit diesen ein Satz geschlossen ist. Nach den übrigen Satzzei=

---

*) Für einen Nichtslaven ist es zweckmäßiger, die Regeln der eigentlichen Rechtschreibung erst nach vollendeter Erlernung der übrigen Redetheile zu studiren; weswegen selbe von manchen Grammatikern am Schlusse des Kurses angeführt werden.

chen darf in der Regel kein großer Buchstabe folgen, ausgenommen nach dem Kolon bei wörtlichen Anführungen.

b) In den Anrede= und Titelwörtern, wenn sie sich auf die angeredete Person beziehen; z. B. Vaša Milosť! Euer Gnaden!

c) Die Eigennamen; z. B. Josef, Lavinsky, Dunaj, die Donau; Budín, die Stadt Ofen; Slovan, der Slave.

d) Das Wort: Boh, Gott, und wenn sich die Wörter Hospodin und Pán auf dasselbe beziehen.

Bemerkung.

Früher schrieb man einen jeden neuen Vers mit großen Buchstaben. Auch jetzt wird diese Regel meistens beobachtet, obwohl es in neuerer Zeit an tüchtigen Schriftstellern nicht fehlt, die die neuen Verse, wenn nicht einer der oben angedeuteten Fälle es anders verlangt, bloß mit kleinen Buchstaben schreiben.

C) Regeln über den Gebrauch einzelner Buchstaben.

Außer dem, was schon bei der Aussprache der Buchstaben, Sylben und Wörter gesagt worden ist, muß man über den Gebrauch einzelner Buchstaben auf Folgendes merken:

a) Das ä als Grundlaut kommt nur nach Lippenlauten: v, b, p, f, m (§. 1. C. a.) vor; z. B. svätok, das Heft; holubä, das Täubchen; päť, fünf; pamäť, das Gedächtniß ꝛc., wo man es aber der Analogie nach verlängern müßte, geht es in den Doppellaut ia über; z. B. sviazať, binden; holubiatko, das Täubchen; piaty, der Fünfte; pamiatka, die Erinnerung.

b) Die Selbstlaute e, i, í, folglich auch die Doppellaute ia, ie, iu, erweichen in der Regel die vorhergehenden Mitlaute: d, l, n, t (§. 1. D.), deswegen braucht über dieselben das Erweichungszeichen ˇ nicht gesetzt zu werden; z. B. div, das Wunder; letíte, ihr fliegt; dieťa, das Kind; Nemec, der Deutsche ꝛc. orthographisch geschrieben, werden dennoch als: ďiv, leťíťe, ďieťa, Ňemec ꝛc. ausgesprochen.

Von dieser Regel werden ausgenommen:

1) Ten, der, und die daraus gebildeten: teraz, jetzt; vtedy, damals; teda, also; temer, fast; teprv, erst; tento, dieser; tenže, derselbe; onen, jener ꝛc.

2) In der Abänderung der bestimmten hart geendigten Beiwörter, in welchen die vorletzte Sylbe gedehnt ist; z. B. krásny, der Schöne, krásneho, krásnemu; krásne dieťa, ein schönes

Kind, verschieden von dem Fürworte: krásne, schön; krásne hovorí, er spricht schön.

3) In der Abänderung der unbestimmten zueignenden Beiwörter; z. B. matkin, der Mutter, matkinej, matkine; etlicher weiblichen Hauptwörter; z. B. kráľovna, die Königin, kráľovnej, kráľovne ꝛc.

4) Im Gen., Dat. und Lok. der einfachen Zahl aller übrigen hart geendigten Beiwörter, in welchen die vorletzte Sylbe kurz ist; z. B. pekná, die Hübsche, peknej; chudá, die Magere, chudej. In allen diesen Fällen steht das e anstatt é und y, welche eine Erweichung nicht zulassen.

5) Im Nom. der einfachen und mehrfachen Zahl der unbestimmten Beiwörter; z. B. hoden, werth, hodne; vinen, schuldig, vinne; povinen, verpflichtet, povinne.

6) Im Gen. der mehrfachen Zahl weiblichen und sächlichen Geschlechtes; z. B. matka, die Mutter, matiek; sestra, die Schwester, sestier; mydlo, die Seife, mydiel. Sind aber die Mitlaute d, l, n, t schon im Nom. einf. Zahl weich, dann werden sie auch im Gen. mehrf. Zahl weich ausgesprochen; z. B. stena, die Wand, stien; delo, die Kanone, diel; koleso, das Rad, kolies.

c) Die Doppellaute ia, ie, iu werden nur als solche mit i geschrieben; z. B. Slovania, die Slaven; smierenie, die Versöhnung; spaseniu, der Erlösung. Im entgegengesetzten Falle wird anstatt i, j gebraucht. Dies geschieht im Anfange der Wörter; z. B. jama, die Grube, nicht iama; jeleň, der Hirsch; jutro, der Morgen. In zusammengesetzten Wörtern, in welchen der Grundlaut im Anfange j ist; z. B. z-javil sa, erscheinen; od-jesť, wegessen. Ferner in der Mitte der Wörter, wo das j die Sylbe schließt; z. B. troj-noha, der Dreifuß. Dann zwischen zwei Selbstlauten und am Ende der Wörter; z. B. pije, er trinkt; dajú, sie geben; kraj, die Gegend; loj, der Unschlitt ꝛc. Wenn endlich ein Wort mit i anfängt, und mit einer in einen Selbstlaut endigenden Partikel zusammengesetzt wird, schiebt man des Wohlklanges halber ein j dazwischen; z. B. iste, gewiß, za-jiste; istím, ich sichere, u-jistím.

d) Das ô wird dort geschrieben, wo es in der Aussprache wie uo lautet; z. B. môj, mein, lautet fast wie muoj; vôľa, der Wille; kôň, das Roß. Langes ó kommt in der slovakischen Sprache nicht vor, wohl aber in fremden Wörtern; z. B. chór, trón ꝛc.

e) Das y, gedehnt ý ist in der Rechtschreibung von großer Wichtigkeit. In der Aussprache wird es bei den Slovaken von i

und i nicht unterschieden, daher die Schwierigkeit in seiner schrift-
lichen Anwendung.

Folgendes diene als Richtschnur, wo statt des ausgesproche-
nen i und í nach grammatischen Regeln y und ý geschrieben werden
muß:

1) Nach den Kehllauten: h, ch, k, g muß y oder ý geschrie-
ben werden; z. B. hybký, flink; chyža, das Zimmer; kyselina,
die Säure ꝛc. Von dieser Regel machen nur drei Fälle eine Aus-
nahme:

α) Die hart ausgehenden Beiwörter im männlichen Nom.
der mehrf. Zahl; z. B. nahí, die Nackten; suchí, die Trockenen;
krátki, die Kurzen, wegen des Unterschiedes vom Nom. einf.
Zahl: nahý, der Nackte; suchý, der Trockene; krátky, der Kurze ꝛc.

β) In der Bildung der unbestimmten Beiwörter; z. B.
matka, die Mutter, matkin ꝛc.

γ) In der Einsetzung des ie im Gen. mehrf. Zahl der weib-
lichen und sächlichen Hauptwörter; z. B. sukna, der Unterrock, su-
kien; okno, das Fenster, okien ꝛc.

2) In der Abänderung der hart ausgehenden Haupt- und
Beiwörter, und somit aller jener, welche nach den Mustern „chlap"
und „dub" (§. 12.), „ryba" (§. 13.), „delo" (§. 14.), „dobrý"
(§. 26.) und „synov" (§. 27.) abzuändern sind. Die einzelnen
Fälle sind dort deutlich angegeben, man muß sie, um korrekt schrei-
ben zu können, wohl erlernen; es sind folgende: der kurze Inst.
mehrf. Zahl des männlichen und sächlichen Geschlechtes; z. B.
s chlapy, mit den Männern; s dely, mit den Kanonen. Der Nom.,
Akk. und Vok. mehrf. Zahl der leblosen oder auch belebten, je-
doch nicht persönlich gebrauchten; z. B. duby, die Eichen; voly,
die Ochsen. Der Gen. einf. Zahl und Nom., Akk. und Vok.
mehrf. Zahl des weiblichen Geschlechtes; z. B. ryby, des Fisches,
die Fische ꝛc. Der Nom. und Inst. männl. Geschl., der Inst.
sächl. Geschl. einf. Zahl, der Gen., Dat., Lok. und Inst. mehrf.
Zahl der bestimmten Beiwörter; z. B. dobrý, der Gute, dobrým,
dobrých, dobrými. Endlich der Inst. einf. Zahl, der Gen.,
Dat., Akk. und Inst. mehrf. Zahl der unbestimmten Beiwörter;
z. B. so synovym, synovych, synovym, synovymi ꝛc.

3) Die untrennbare Vorsylbe vy muß immer mit y oder ý
geschrieben werden; z. B. vy-hodiť, hinauswerfen; vy-voliť,
auserwählen; vý-voz, die Ausfuhr; vý-nos, der Ertrag. Ist aber
dieselbe nicht Vor-, sondern Wurzelsylbe, so behält sie — mit we-

2

nigen Ausnahmen (Sieh Zahl 4) — den Laut i oder í; z. B. vina, die Schuld; videl, sehen; víno, der Wein; vílaz, der Held ꝛc.

4) Wo außer den angeführten Fällen der harte Laut y oder ý zu schreiben sei, muß ebenso-aus der Anschauung gelernt werden, wie manche andere Ausnahme, die man keiner bestimmten Regel unterordnen kann.

Es gibt nämlich in der slovakischen, wie auch in anderen slavischen Mundarten mehrere Wörter, in welchen y oder ý als Grundlaut vorkommt, und die somit nur durch den Gebrauch zu erlernen sind. Solche Wörter sind beiläufig folgende:

Aby, by, daß.	Mlyn, die Mühle.
Býk, der Stier.	Motýľ, der Schmetterling.
Bylina, die Pflanze.	Motyka, die Haue.
Bystrý, frisch.	Nazývať, nennen.
Byť, sein (biť, schlagen).	Ozývať sa, wiederhallen.
Bytnosť, das Wesen.	Obyčaj, die Gewohnheit.
Byvol, der Büffel.	Obydlie, die Wohnung.
Blysk, das Blitzen.	Plyn, das Gas.
Čiernobyl, der Beifuß.	Plytký, flach.
Dýchať, athmen.	Polynok, der Wermuth.
Dým, der Rauch.	Pýcha, die Hoffart.
Dýka, der Dolch.	Pyksla, die Dose.
Dyňa, die Melone.	Pýr, das Staubhaar.
Dobytok, das Vieh.	Pysk, die Lippe (pisk, ein Pfiff).
Hmyz, das Insekt.	Pýtať, verlangen.
Hrýzť, beißen.	Pyteľ, der Beutel (piteľ, ein Trinker).
Jazyk, die Zunge.	
Kobyla, die Stute.	Ryba, der Fisch.
Koryto, der Trog.	Rychlosť, die Geschwindigkeit.
Kopyto, der Huf.	Rychtár, der Richter.
Kryť, decken.	Rým, der Reim.
Lysý, glatzköpfig.	Ryť, stechen (riť, der Hintere).
Lýtko, die Wade.	Rýpať, wühlen.
My, wir (mi, mne, mir).	Rytier, ein Ritter.
Mydlo, die Seife.	Ryšavý, röthlich.
Myseľ, das Gemüth.	Smyčok, der Geigenbogen.
Mykať, zucken.	Strýco, der Oheim.
Mýliť, irren.	Stryga, die Hexe.
Myť, waschen.	Sykať, zischen.
Mýto, die Mauth.	Sýkorka, die Meise.
Myš, die Maus.	Syn, der Sohn.

Sypať, schütten.

Sýr, der Käse.

Sysel, die Spitzmaus.

Sytý, satt.

Trýzniť, martern.

Ty, du (ti, tebe, dir).

Týdeň, die Woche.

Tylo, das Genick.

Tovaryš, der Geselle.

Vy, ihr.

Vydra, die Fischotter.

Výheň, die Feueresse.

Vyka, die Wicke.

Vymeno, das Euter.

Výr, der Uhu.

Výskať, jauchzen.

Vysosť, die Höhe.

Výť, heulen (viť, winden).

Vyza, der Hausen.

Vyžla, ein Vorstehhund.

Vladýka, ein Fürst.

Vplyv, der Einfluß.

Zbytok, der Überfluß.

Zvyk, der Gebrauch.

Und ebenso alle jene Wörter, die aus den angegebenen zusammengesetzt sind, als:

Bývanie, die Wohnung.

Bystrica, Neusohl.

Dobyť, erobern.

Mylný, fehlerhaft.

Mysleť, denken.

Myšlienka, der Gedanke.

Nasytý, gesättigt.

Netopýr, die Fledermaus.

Omyl, ein Fehler.

Opýtať sa, nachfragen.

Posýpka, der Streusand.

Povýšiť, erhöhen.

Privykať, sich gewöhnen.

Pyšný, hoffärtig.

Smysel, der Sinn.

Starobylosť, die Vergangenheit.

Sypárňa, die Kornkammer.

Zamykať, zuschließen.

Zpytovať, forschen.

ꝛc.

Im Gegentheil nach den weichen Mitlauten: (c), č, š, ž, (dz), dž, j und überhaupt wo die angeführten Regeln für y oder ý nicht anwendbar sind, muß stets das weiche i oder í geschrieben werden.

D) Regeln über die Trennung und Abkürzung der Sylben.

a) Die Sylben eines Wortes werden im Schreiben eben dort getrennt, wo es die Buchstabierung mit sich bringt; man richtet sich also nicht nach der Ableitung der Wörter, sondern nach der Aussprache; z. B. nicht kúp-im, ich kaufe, sondern kú-pim; nicht dobr-ému, dem Guten, sondern do-brému.

b) In zusammengesetzten Wörtern werden die Theile nach ihrer Zusammensetzung getrennt; z. B. nicht kolov-rat, das Spinnrad, sondern kolo-vrat; nicht polud-nie, der Mittag, sondern polu-dnie.

2*

c) Dasselbe Zeichen, welches als Trennungszeichen der Sylben dient, wird auch als Bindezeichen in zusammengesetzten Wörtern gebraucht; z. B. horňo-nitranská stolica, Ober-Neutraer Komitat. Dies geschieht jedoch in der slovakischen Sprache selten, indem die zusammengesetzten Wörter meistens ohne Zeichen verbunden werden.

d) Was die Abkürzung der Sylben anbelangt, so ist zu merken, daß man nur den ersten Buchstaben eines bekannten Namens ausschreibt, oder das Wort mit dem Mitlaut der folgenden Sylbe abbricht, oder zwischen den Anfangs- und Endbuchstaben eines Wortes alle Buchstaben ausschließt, und das abgekürzte Wort mit einem Punkt bezeichnet; z. B. D. oder Dokt. oder Dr. = Doktor; Slov. Nov. = Slovenské Noviny, Slovakische Zeitung; Veľact. Obec. = Veľactené Obecenstvo, Sehr Geehrtes Publikum.

B) **Regeln über die Zeichensetzung.**

Die Zeichensetzung (interpunctio, medzibodkovanie), welche Sätze und Satzglieder trennt oder den Ton im Lesen bestimmt, besteht aus folgenden Hauptzeichen:

a) Der Beistrich (,) (comma, čiarka) steht: 1) vor und nach jedem Zwischensatze, wie auch vor allen beziehenden Fürwörtern; z. B. zajtra ráno, jestli bude pekný čas, pôjdeme na prechádzku, morgen in der Früh, wenn eine schöne Witterung sein wird, werden wir spazieren gehen; táto kniha, ktorú som dnes dostal, je veľmi zajimavá, dieses Buch, welches ich heute erhielt, ist sehr interessant; 2) in zusammengezogenen Sätzen, die weder durch a, und, noch durch lebo, oder, verbunden sind; z. B. Josef, Karol, Martin a Andrej sú synovia jeho, Josef, Karl, Martin und Andreas sind seine Söhne.

b) Der Strichpunkt (;) (semicolon, bodkočiarka) steht: 1) um mehrere Glieder eines Satzes zu unterscheiden; z. B. jestli vernosť a spravodlivosť sú len prázne mená: jestli podvodníctvo nad prostosrdečnosťou víťazí: vtedy atď., wenn die Treue und Gerechtigkeit nur leere Namen sind; wenn die Arglist über die Redlichkeit siegt: dann ꝛc. 2) zwischen längeren, beigeordneten Sätzen; z. B. všetko dobré, čo požívame, máme od Boha; preto mu za to povďační byľ máme; alles Gute, was wir genießen, haben wir von Gott; daher sollen wir ihm dafür dankbar sein; 3) bei Gegensätzen; z. B. kto chce jesť, nech pracuje; hladuj teda, kto postávaš; wer essen will, soll arbeiten; hungre also, der du faulenzest.

c) Der Doppelpunkt (:) (colon, dve bodky) steht: 1) um in einer längeren Periode den Vordersatz von dem Nachsatze zu scheiden; z. B. kebych bol lepšie rozvážil, čo som pred seba vzal; kebych bol nasledoval radu verných priateľov : nemusel bych teraz žalostiť nad osudom, ktorý sa premeniť nedá; hätte ich besser überlegt, was ich vornahm; hätte ich dem Rathe treuer Freunde gefolgt: müßte ich jetzt nicht trauern über ein Schicksal, welches sich nicht ändern läßt; 2) wenn man eines Anderen Worte anführt; z. B. Kristus hovorí: buďte milosrdní: Christus sagt: seid barmherzig; 3) nach dem Worte totižto, als; z. B. on kupčí s rozličným tovarom, totižto: s plátnom, súknom, hodbábom atď., er handelt mit verschiedener Waare, als: mit Leinwand, Tuch, Seide ꝛc.

d) Den Schlußpunkt (.) (punctum, bodka) setzt man zu Ende eines vollständigen Satzes und zwar auch nach einem Worte, wenn dieses einen ganzen Satz vertritt; z. B. ktorý človek je dokonalý? žiadny. Welcher Mensch ist vollkommen? Keiner.

e) Das Fragezeichen (?) (signum interrogationis, otáznik) steht nach einer ausdrücklichen Frage, worauf eine Antwort folgen kann; z. B. môže ten milovať Boha, ktorý svojho blížneho nemiluje? kann der Gott lieben, der seinen Nächsten nicht liebt?

f) Das Ausrufzeichen (!) (signum exclamationis, výkrikník) steht: 1) nach den Empfindungslauten; z. B. ach! 2) nach allen Sätzen, welche einen Ausruf in sich enthalten; z. B. jaký to osud! welch' ein Schicksal! nech žije sloboda! es lebe die Freiheit!

g) Das Anführungszeichen („ ") (signum citationis, znamenie prednášky) steht, wenn man die unveränderten Worte eines Anderen einschiebt; z. B. „bratre — povie starší — tu sa musíme rozlúčiť", „Bruder — sprach der Ältere — hier müssen wir scheiden."

h) Endlich das Wegwerfungszeichen (') (apostroph, znamenie ukrátenia) steht, wenn ein Selbstlaut des Wohlklanges halber ausgelassen wird; z. B. povedals' mu to? hast du ihm's gesagt? statt: povedal si mu to? hast du ihm es gesagt?

Zweiter Haupttheil.

Die Formenlehre.

Erster Abschnitt.

§. 5.
Von den Redetheilen überhaupt.

Der Mensch kann sich Verschiedenes vorstellen, und zwar: die Dinge, welche in der Welt sind, das, wie die Dinge sind und das, was die Dinge thun oder was an ihnen geschieht; somit kann der Mensch Vorstellungen haben von den Dingen, ihren Eigenschaften und ihrer Thätigkeit; z. B. čierny pes šteká, der schwarze Hund bellt; pes ist ein Ding, čierny seine Eigenschaft und šteká seine Thätigkeit.

Dasjenige Wort, welches eine Vorstellung von Dingen ausdrückt, heißt Dingwort, Gegenstandswort oder Hauptwort; z. B. muž, ein Mann; obraz, ein Bild. Dasjenige Wort, welches ausdrückt, wie ein Ding ist oder sein kann, heißt Eigenschafts= oder Beiwort; z. B. smutný, traurig; biely, weiß. Dasjenige Wort, welches ausdrückt, was ein Ding thut oder was an einem Dinge geschieht, heißt Zeitwort; z. B. pije, trinkt; hrmí, es donnert.

Der Mensch kann sich aber nicht nur Dinge, ihre Eigenschaften und Thätigkeit, sondern auch ihre Verhältnisse und Beziehungen vorstellen; z. B. blízo ku stene, nahe an die Wand; jeho matka včera zomrela, seine Mutter ist gestern gestorben.

Wörter, welche die Dinge selbst, ihre Eigenschaften und Thätigkeit bezeichnen, heißen Begriffswörter; die aber bloß Verhältnisse und Beziehungen ausdrücken, nennt man Formwörter, und diese letzteren kann man sich ohne der Dinge nicht vorstellen.

Die Haupt-, Bei- und Zeitwörter sind Begriffswörter; zu den Formwörtern aber gehören: das Fürwort, welches für ein Hauptwort gesetzt wird, um dieses nicht oft zu wiederholen; z. B. ja, ich; tvoj, dein ꝛc. das Zahlwort, wodurch die Zahl der Dinge ausgedrückt wird; z. B. dva, zwei; mnoho, viel ꝛc. das Nebenwort, welches dem Prädikate einen näheren Umstand hinzufügt; z. B. tvoja sestra je *tam*, deine Schwester ist dort ꝛc. das Vorwort, welches das Verhältniß oder die Beziehung anzeigt, in welche zwei Dinge durch das Zeitwort gesetzt werden; z. B. oheň horí *na* ohništi, das Feuer brennt am Herde ꝛc. das Bindewort, welches Satzglieder oder Sätze verbindet; z. B. on *a* sestra jeho, er und seine Schwester ꝛc.

Indem nun die slovakische Mundart, so wie überhaupt alle slavischen Sprachen kein Geschlechtswort (articulus, člán) haben, und ten, tá, to nur als Fürwörter gebraucht werden (z. B. *ten* človek, heißt nicht so viel als: der Mensch, sondern jener Mensch): deswegen sind in der slovakischen Sprache nur folgende neun Redetheile anzuführen:

1) das Hauptwort (nomen substantivum, meno podstatné;

2) das Fürwort (pronomen, všemeno);

3) das Beiwort (— adjectivum, — prídavné);

4) das Zahlwort (— numerale, — číselné);

5) das Zeitwort (verbum, sloveso);

6) das Nebenwort (adverbium, príslovka);

7) das Vorwort (praepositio, predložka);

8) das Bindewort (conjunctio, spojka); und

9) der Empfindungslaut (interjectio, výkriknik).

Die ersten fünf Gattungen von Wörtern und theils auch das Nebenwort können im Gebrauche auf mancherlei Art verändert werden, deswegen nennt man sie biegsame Redetheile (flexibiles partes orationis, sklonné čiastky reči); die drei letzteren dagegen sind unbiegsam (inflexibiles, nesklonné) und werden auch Partikel genannt.

Zweiter Abschnitt.

Von den Redetheilen insbesondere.

Erstes Kapitel.

§. 6.
Von dem Hauptworte.

Das Hauptwort (nomen substantivum, meno pod-
statné) ist der Name entweder eines wirklich vorhandenen
Dinges, oder einer Eigenschaft und Handlung, die
man sich abgesondert von einem Dinge denken kann. Im ersten
Falle heißt es ein konfretes — (concretum, skutočné); z.
B. muž, der Mann; dom, das Haus; im zweiten Falle aber ein
abstraktes Hauptwort (abstractum, odťažené); z. B. mú-
drosť (človekova), die Weisheit (des Menschen); usilovnosť
(žiakova), der Fleiß (des Studenten).

Das konkrete Hauptwort, welches sowohl eine Person
als auch eine Sache sein kann, ist entweder:

a) ein Eigenname (nomen proprium, meno vlastné),
welcher nur einzelne Wesen oder Dinge bezeichnet; z. B. Pavel,
Paul; Šafařik; Praha, Prag; Rusko, Rußland; Dunaj, Donau ꝛc.

b) ein Gattungsname (— appellativum aut generi-
cum, — rodnie), welcher eine ganze Gattung von Gegenständen,
oder einzelne zu derselben Gattung gehörende Theile bezeichnet;
z. B. človek, der Mensch; strom, der Baum; zviera, das Thier ꝛc.;

c) ein Sammelname (— collectivum, — hromadné),
welcher eine Menge für sich bestehender Einzelwesen als ein Ganzes
bezeichnet; z. B. ľud, das Volk; vojsko, die Armee ꝛc.

d) ein Stoffname (— materiale, — hmotné), welcher
Dinge bezeichnet, von denen jeder gleichartige Theil den Namen
des Ganzen führt; z. B. zlato, das Gold; sriebro, das Silber;
mlieko, die Milch; víno, der Wein ꝛc.

Das abstrakte Hauptwort ist entweder ein solches, 1) wel-
ches eine Eigenschaft bezeichnet; z. B. mladosť, die Jugend;
choroba, die Krankheit; oder 2) welches den Stand und die
Thätigkeit angibt; z. B. drahota, die Theuerung; krik, der

Lärm. Hieher gehören auch die Zeitwortsnamen (substantiva verbalia, mená slovesné) auf ie; z. B. bitie, das Schlagen; mučenie, das Foltern ꝛc.

§. 7.
Von den Vergrößerungs- und Verkleinerungsformen der Hauptwörter.

Diese Vergrößerungen geschehen in der slovakischen Sprache auf folgende Art:

a) Durch die Endung áľ und áň; z. B. nos, die Nase, nosáľ, einer mit großer Nase; skúpy, geizig, skupáň, ein sehr geiziger Mensch.

b) Durch die Endung isko; z. B. kôň, das Pferd, konisko, ein großes Pferd.

c) Durch die Endung ina; z. B. chlap, ein Mann, chlapina, ein großer Mann.

Die Verkleinerungen umfangen 4 Serien und werden folgendermaßen gebildet:

In der 1. Serie die erste Stufe durch die Endung a oder ä; z. B. had, die Schlange, haďa, das Schlänglein; holub, die Taube, holubä, das Täubchen. Die zweite Stufe, wenn sich das a oder ä in ia auflöst und die Sylbe tko hinzugefügt wird; z. B. haďa, hadiatko, ein sehr kleines Schlänglein; holubä, holubiatko, ein sehr kleines Täubchen.

In der 2. Serie die erste Stufe durch die Endung ec, ica, ce; z. B. zvon, eine Glocke, zvonec, ein Glöcklein; Kata, die Kati, Katica, das Käthchen; slovo, das Wort, slovce, das Wörtchen. Die zweite Stufe durch die Endung ček, ička, ičko; z. B. zvonček, Katička, slovíčko.

In der 3. Serie die erste Stufe durch die Endung ak, ík, ok, ka, ko; z. B. syn, der Sohn, synak, das Söhnchen; kôň, das Pferd, koník, das Pferdchen; prut, die Ruthe, prútok, eine kleine Ruthe; hlava, der Kopf, hlávka, das Köpfchen; drevo, das Holz, drevko, das Hölzchen. Die zweite Stufe durch Hineinschieben noch eines če, čo, ič, eč; z. B. synak, syna(če)k oder syna(čo)k; hlávka, hlav(ič)ka, drevko, drev(eč)ko.

In der 4. Serie die erste Stufe durch die Endung ko, ka, enko, enka oder inko, inka; z. B. dedo, der Großvater, dedko

ober dedenko, das Großväterchen; dcéra, die Tochter, dcérka
oder dcérenka, das Töchterlein; mamka, mamenka, maminko
maminka, das Mütterlein. Die zweite Stufe durch die Endung
uško, uška; z. B. dedko, deduško; dcérka, dcéruška ꝛc.

Bemerkungen.

1. Durch die **Vergrößerung** wird auch eine Art Plumpheit
angedeutet; z. B. vojačisko bedeutet nicht so sehr einen körperlich großen,
als vielmehr einen plumpen Soldaten; so auch chlapčisko, devčisko ꝛc.
Ebenso wird durch die **Verkleinerung** nicht nur die körperliche Klein-
heit, sondern auch eine Art Zartheit und Lieblichkeit der Sache oder der
Person ausgedrückt.

2. Die Verkleinerungen werden am häufigsten bei den Tauf- und
Verwandtschaftsnamen gebraucht; z. B. Anna, Anička; Ján, Janko; tetka,
die Tante, tetička ꝛc. Die Namen der Heiligen, Regenten und überhaupt
berühmter Personen sind von den Verkleinerungen ausgenommen; Matička
Božia, Mütterchen Gottes, kommt jedoch in den slavischen Kirchenliedern
öfters vor. Noch weniger darf man die Namen der Heiligen vergrößern.

§. 8.
Von den zusammengesetzten Wörtern.

Es ist bereits im §. 2. von den zusammengesetzten Wörtern
die Rede gewesen; hier ist noch als nähere Bestimmung zu mer-
ken, daß in der slovakischen Sprache die Wörter zusammengesetzt
werden und zwar:

a) Ein Hauptwort mit einem anderen Hauptworte; z. B.
rybo-lovec, ein Fischfänger; oka-mženie, ein Augenblick; krvo-
tok, ein Blutfluß.

b) Mit einem Beiworte; z. B. dobro-denie, eine Wohl-
that; staro-verec, ein Altgläubiger; bielo-tok, ein Weißfluß ꝛc.

c) Mit einem Für- und Zahlworte; z. B. samo-vražda,
der Selbstmord; sto-letie, das Jahrhundert ꝛc.

d) Mit einer Zeitwortswurzel; z. B. deje-pis, die Ge-
schichtschreibung; vodo-vod, eine Wasserleitung ꝛc.

e) Mit den meisten trennbaren Vorwörtern; z. B. ná-silie,
die Gewaltthätigkeit; sú-boj, der Zweikampf; po-vetrie, die
Witterung; pod-kova, das Hufeisen; prí-hoda, der Zufall;
pred-mluva, eine Vorrede; v-chod, der Eingang; zá-pad, der
Untergang ꝛc.

f) Mit der verneinenden Partikel ne öfters, seltener mit

den Nebenwörtern; z. B. ne-šťastie, das Unglück; spolu-pracov-
ník, ein Mitarbeiter ꝛc.

Obwohl bei den Slaven in längst vergangenen Zeiten, eben=
so wie jetzt, zusammengesetzte Wörter im Gebrauche waren, was
die uralten Eigennamen: Svato-pluk, Moj-mír, Vlady-mír,
Novo-grad, Vyše-grad, Vele-hrad ꝛc. hinlänglich beweisen:
gibt es deren bei den Slaven doch nicht so viel, wie in der deut=
schen Sprache, weil sich der Slave oft mit einem einfachen Worte
klar und deutlich auszudrücken vermag, wo der Deutsche ein zu=
sammengesetztes Wort benöthigt; z. B. knihár, ein Buchbinder;
zvonár, ein Glockengießer; zlatník, ein Goldschmied; slovár, ein
Wörterbuch; družica, eine Brautjungfer; dubina, ein Eichen=
wald ꝛc.

Bei allen Hauptwörtern sind zu berücksichtigen: 1) das Ge=
schlecht (genus, pohlavie), 2) die Zahl (numerus, počet),
3) die Endung (casus, pád) und 4) die Abänderung (de-
clinatio, skloňovanie).

§. 9.
Von dem Geschlechte der Hauptwörter.

Das Geschlecht ist dreierlei: männlich (masculinum,
mužské), weiblich (foemininum, ženské), sächlich (neutrum,
vecné, nijaké alebo srednie) und wird durch die Bedeutung
und die Endung bestimmt.

A) Der Bedeutung nach sind:

a) Männlichen Geschlechtes: die Namen der Män=
ner, männlicher Dienstleistung, der Götter, Geister und der Mo=
nate; z. B. muž, der Mann; kráľ, der König; bača, der Schaf=
hirt; hosť, der Gast; prednosta, der Vorstand; súdca, der Rich=
ter; Svantovít, Hauptgott der heidnischen Slaven; anjel, ein En=
gel; čert oder diabol, der Teufel; dubeň, der April ꝛc.

b) Weiblichen Geschlechtes: die Namen der Wei=
ber, weiblicher Beschäftigung und der Göttinnen; z. B. žena, das
Weib; dcéra, die Tochter; služka, die Dienstmagd; kuchárka,
die Köchin; Lada, die Venus; Vila, die Nymphe ꝛc.

c) Sächlichen Geschlechtes: die Namen der Buch=
staben; z. B. to A, das A; to M, das M. ꝛc.

B) Der Endung nach sind:

a) Männlich, die auf folgende harte Mitlaute ausge=
hen: b, (c), d. f. g. h, ch, k, l, m, n, p, r, s, t, v, z; z. B.

hrob, das Grab; samec, das Männchen; vývod, die Auskunft; rif, die Elle; pluh, der Pflug; strach, die Furcht; zámok, das Schloß; kostol, die Kirche; hrom, der Blitz; komín, der Rauchfang; snop, die Garbe; rozhovor, das Gespräch; kos, die Amsel; most, die Brücke; kov, das Metall; voz, der Wagen 2c. Und die mit folgenden weichen Mitlauten schließen: j, ľ, ň; z. B. boj, der Kampf; bôľ, der Schmerz; remeň, der Riemen 2c.

Von dieser Regel werden ausgenommen und sind weiblich:

Moc, die Macht.	Kolaj, das Geleise.
Noc, die Nacht.	Zbroj, die Waffe.
Vec, die Sache.	Myseľ, das Gemüth.
Pomoc, die Hilfe.	Kúdeľ, das Werg.
Nemoc, die Krankheit.	Soľ, das Salz.
Obec, die Gemeinde.	Oceľ, der Stahl.
Pec, der Ofen.	Maštaľ, der Stall.
Zem, die Erde.	Posteľ, das Bett.
Otep, das Bündel.	Daň, die Steuer.
Tvár, das Gesicht.	Pieseň, der Gesang.
Ves, das Dorf.	Báseň, das Gedicht.
Os, die Achse.	Kázeň, die Predigt.
Hus, die Gans.	Dlaň, die Handfläche.
Krev, das Blut.	Lázeň, das Bad.
Obuv, die Fußbekleidung.	Viedeň, Stadt Wien.
Odev, das Kleid.	Povodeň, die Überschwemmung.
Cirkev, die Kirchengemeinde.	Jabloň, der Apfelbaum.
Reťaz, die Kette.	

Männlich sind ferner die nur in der mehrf. Zahl vorkommenden; z. B. drobky, die Abfälle; čary, die Zauberei; parohy, das Geweih; schody, die Treppen; odpustky, der Ablaß; ostatky, die Überreste; mravy, die Sitten 2c.

b) Weiblich sind, die auf folgende weiche Mitlaute ausgehen: č, ď, (dz), ľ, š, ž; z. B. reč, die Sprache; meď, das Kupfer; mosadz, das Messing; pamäť, das Gedächtniß; rozkoš, die Wonne; mládež, die Jugend 2c.

Von dieser Regel werden ausgenommen und sind männlich:

Bič, die Peitsche.	Vrkoč, die Haarflechte.
Moč, der Urin.	Kropáč, der Spritzer.
Meč, der Degen.	Medveď, der Bär.
Kŕč, der Krampf.	Dážď, der Regen.
Kľúč, der Schlüssel.	Počeť, die Rechnung.
Plač, das Weinen.	Vecheť, der Strohwisch.

Loket, der Ellbogen.

Plášť, der Mantel.

Koš, der Korb.

Salaš, das Schäferhaus.

Lemeš, das Pflugeisen.

Groš, der Groschen.

Verš, der Vers.

Nôž, das Messer.

Kríž, das Kreuz.

Jež, der Igel.

Weiblich sind ferner, welche auf a und i in der einfachen und auf e und y in der mehrfachen Zahl ausgehen, als:

Voda, das Wasser.

Ryba, der Fisch.

Tráva, das Gras.

Koža, das Leder.

Vôľa, der Wille.

Vôňa, der Geruch.

Pani, die Frau.

Mati, die Mutter.

Husle, die Geige.

Hrable, der Rechen.

Jasle, die Krippe.

Dvere, die Thür.

Kliešte, die Zange.

Konope, der Hanf.

Sane, der Schlitten.

Košice, Kaschau.

Hromnice, die Lichtmesse.

Turice, das Pfingstfest.

Vánoce, die Weihnacht.

Máry, die Todtenbahre.

Vidly, die Gabel.

Vážky, die Wage.

Otruby, die Kleien.

Čechy, das Böhmerland.

Uhry, das Ungarland.

Drážďany, Dresden.

Benátky, Venedig.

ꝛc.

c) Sächlich sind, die auf e, o, ä, ie in der einf. und auf a in der mehrf. Zahl ausgehen; z. B. more, das Meer; pole, das Feld; kolo, das Rad; semä oder semeno, der Same; ramä oder rameno, die Schulter; uhlie, die Kohlen; zdravie, die Gesundheit; vráta, das Thor; plúca, die Lunge ꝛc. Dann die Namen junger belebter Wesen, die auf a endigen; z. B. dievča, das Mädchen; dieťa, das Kind; teľa, das Kalb ꝛc.

Bemerkung.

In den zusammengesetzten Wörtern richtet sich das Geschlecht nach dem letzteren, also nach dem Grundworte; z. B. kolo-maz, die Wagenschmier, ist weiblich, weil das Grundwort maz weiblich ist.

§. 10.
Von der Verwandlung der männlichen Personennamen in weibliche.

Die meisten männlichen Personennamen werden in weibliche verwandelt:

a) Durch das Hinzufügen der Sylbe ka; z. B. krajčír,

der Schneider, krajčírka, die Schneiderin; zemän, der Edelmann, zemänka, die Edelfrau ꝛc.

b) In denjenigen, welche auf k ausgehen, geht das k in č über und die Sylbe ka wird hinzugefügt; z. B. spevák, der Sän= ger, speváčka, die Sängerin; úradník, der Hofrichter, úradníč= ka, Hofrichters Weib. Oder das.k bleibt ganz weg und die Sylbe ca wird angenommen; z. B. hriešnik, der Sünder, hriešnica, die Sünderin; panovník, der Herrscher, panovnica, die Herrscherin ꝛc.

c) Die auf a und o ausgehen, nehmen an, mit Weglassen des letzten Lautes, ova; z. B. Straka, Strakova, Straka's Weib; Palko, Palkova, Palko's Weib ꝛc.

d) Die auf i oder y ausgehenden bekommen čka, oder ver= wandeln das y in a; z. B. Beláni, Belánička, Beláni's Weib; Zamojsky, Zamojska, Zamojsky's Weib ꝛc.

Abweichend von den angeführten Regeln werden gebildet: Slovák, ein Slovak, Slovenka, eine Slovakin; Čech, ein Böh= me, Česka, eine Böhmin; Turek, ein Türk, Turkyňa, eine Tür= kin; vojak, ein Soldat, vojanka, ein Soldatenweib; kráľ, ein König, kráľovna, eine Königin. Svedok, der Zeuge, wird für beiderlei Geschlechter unverändert gebraucht.

Bemerkung.

Die Endungen ova, iho und ého bezeichnen in der deutschen Sprache eigentlich den Genitiv; z. B. Kopekova sestra, die Schwester des Kopek; Zimániho dcéra, die Tochter des Zimáni; Vrchovského žena, das Weib des Wrchowsky.

§. 11.
Von der Abänderung überhaupt.

In der slovakischen Sprache ist eine dreifache Abänderung im Gebrauche: die hauptwörtliche (substantivalis, pod= statnové), nach welcher die Haupt= und die Personalfürwörter, wie auch in manchen Endungen die unbestimmten Beiwörter — die fürwörtliche (pronominalis, všemenové), nach welcher die übrigen Fürwörter — und die gemischte Abänderung (mixta, smiešané), nach welcher alle bestimmten Beiwörter abgeändert werden.

Wie in der alt=slavischen, so gab es auch in der slovakischen Sprache früher dreifache Zahl: einfache (singularis, je= dnotný), mehrfache (pluralis, množný), und zweifache

Zahl (dualis, dvojný). Jetzt ist diese letztere bloß auf die zwei gleichen Theile des menschlichen Körpers, nämlich: oči, die Augen; uši, die Ohren; ruky, die Hände; nohy, die Füße; und auf das Zahlwort dva, dve, zwei; oba, obe, beide, beschränkt.

Indem die slovakische Sprache kein Geschlechtswort hat, so müssen die verschiedenen Wortverhältnisse durch den Ausgang des Wortes selbst bezeichnet werden; diese Wortverhältnisse nennt man Endungen (casus, pády), und solche sind sowohl in der einf. als auch in der mehrf. Zahl sieben: Nominativ, Genitiv, Dativ, Akkusativ, Vokativ, Lokal und Instrumental.

Nom. steht auf die Frage wer? (quis, kto) oder was? (quid, čo); z. B. Boh stvoril, Gott hat erschaffen, kto? Boh; oheň páli, das Feuer brennt, čo? oheň.

Gen. steht auf die Frage wessen? (cujus, čí, čia, čie); z. B. súd Boha živého, das Gericht des lebendigen Gottes, čí? Boha živého.

Dat. steht auf die Frage wem? (cui, komu alebo čomu); z. B. povedal súdcovi, er sagte dem Richter, komu? súdcovi; pokoj prachu jeho, Friede seiner Asche, čomu? prachu.

Akk. steht auf die Frage wen? (quem, koho) oder was? (quid, čo); z. B. poslal sluhu, er schickte den Diener, koho? sluhu; pijem vodu, ich trinke Wasser, čo? vodu.

Vok. steht bei den Anreden und Anrufungen; z. B. priateľ môj! mein Freund! počkaj chlapče! warte Knabe!

Lok. steht auf die Frage wo? (ubi, kde) und wird nur mit Vorwörtern gebraucht; z. B. v dome, im Hause, kde? v dome; pri stene, bei der Wand, kde? pri stene.

Inst. steht meistens auf die Frage mit wem? (quocum, s kým), wie? (quomodo, jako) und kommt vor mit und ohne Vorwörtern; im ersten Falle mit dem Vorworte s heißt auch Sozialiv; z. B. s pánom, mit dem Herrn, s kým? s pánom; im letzten Falle entspricht dem lateinischen wirklichen Ablativ; z. B. dokázať skutkom, mit der That beweisen, jako? skutkom.

Dem Geschlechte nach gibt es dreierlei Abänderung: die der männlichen, weiblichen und sächlichen Hauptwörter.

§. 12.
Von der Abänderung der männlichen Hauptwörter.

Da dem Geiste der slovakischen Sprache gemäß die männlichen Hauptwörter nicht bloß in Bezug darauf, ob sie belebte

oder leblose Wesen bezeichnen, sondern auch in Anse=
hung ihrer Endung theilweise verschieden abgeändert werden:
so lassen sich für diese Gattung von Wörtern vier Abänderungs=
muster aufstellen, nämlich: zwei für hart und zwei für weich
auslautende männliche Hauptwörter.

I. Muster
(der hart auslautenden männl. Hauptwörter, die belebte Wesen
bezeichnen).

Einfache Zahl.	Mehrfache Zahl.
N. chlap, der Bursche. *)	chlap-i, -ovia, die Burschen.
G. chlap-a, des Burschen.	chlap-ov, der Burschen.
D. chlap-ovi, -u, dem Burschen.	chlap-om, den Burschen.
A. chlap-a, den Burschen.	chlap-ov, die Burschen.
V. chlap-e. —	chlap-i, -ovia. —
L. chlap-ovi, -u. —	chlap-och, -iech. —
I. chlap-om. —	chlap-y, -mi, -ami. —

II. Muster
(der hart auslautenden männl. Hauptwörter, die leblose Wesen
bezeichnen).

Einf. Zahl.	Mehrf. Zahl.
N. dub, die Eiche.	dub-y, die Eichen.
G. dub-u, der Eiche.	dub-ov, der Eichen.
D. dub-u, der Eiche.	dub-om, den Eichen.
A. dub, die Eiche.	dub-y, die Eichen.
V. dub-e. —	dub-y. —
L. dub-e. —	dub-och, -iech. —
I. dub-om. —	dub-y, -mi, -ami. —

A) Nach diesen Mustern werden abgeändert:

a) Alle männlichen Hauptwörter, die belebte oder leblose
Wesen bezeichnen, und mit den harten Lauten: b, d, f, g, h,
ch, k, l, m, n, p, r, s, t, v, z, wie auch mit a oder o, vor
welchen ein harter Mitlaut steht, schließen (Beispiele siehe §. 9.
B. *a.*). Hieher gehört auch das weich geschlossene poček, die Zahl;
dagegen peniaz, ein Geldstück, richtet sich nach dem Muster der
weich auslautenden.

---

*) Eigentlich bedeutet chlap bei den Slovaken nicht einen Bur-
schen, sondern einen Mann; da ich jedoch unten bei dem Worte muž
das Wort Mann gebrauche, schien es mir zweckmäßiger hier die polnische
Bedeutung desselben Wortes zu benutzen.

b) Die nur in der mehrf. Zahl vorkommenden, im §. 9. *B. a.* aufgezählten auf y.

c) Die fremden Namen auf us, es, ens, o, welche verschie=
denartig abgeändert werden: us und es fallen gänzlich weg; z. B.
Julius, Gen. Julia; Diogenes, Gen. Diogena. Sokrates und
Xerxes behalten es und haben Sokratesa, Xerxesa. Klemens
hat Klementa und Farao, Faraona ꝛc.

I. Bemerkungen.

1. Im Gen. einf. Zahl haben mehrere Hauptwörter, die leblose
Wesen bezeichnen, anstatt u das ältere a beibehalten; solche sind: chlieb,
das Brod; chliev, der Schweinstall; dvor, der Hof; chomút, das Kum-
met; jazyk, die Zunge; komín, der Rauchfang; kostol, die Kirche; ko-
tol, der Kessel (kotla); kus, ein Stück; kút, der Winkel; klástor, das
Kloster; mlyn, die Mühle; obed, das Mittagmahl; ovos, der Hafer
(ovsa); popol, die Asche; potok, der Bach; stôl, der Tisch; sud, das
Faß; svet, die Welt; večer, der Abend; zákon, das Gesetz; záhon, das
Beet; život, das Leben ꝛc. Die Namen der Städte: Rím, Rom; Londýn,
London; Trenčín, Trentschin; Krakov, Krakau; Lvov, Lemberg ꝛc. Die
in hrad endigen, haben u, als: Petrohrad, Petersburg, Petrohradu; No-
vohrad, Carlhrad ꝛc. Die Namen aller Monate sowohl in der lateinischen
als auch in der slovakischen Benennung haben a; z. B. januar, januara;
únor, Feber, února ꝛc. Mit Vorwörtern haben a: sen, der Traum, zo
sna, aus dem Traume; rok, das Jahr, od roka do roka, von Jahr zu
Jahr; dub, die Eiche, z duba na dub, von einer Eiche auf die andere ꝛc.
Dom, das Haus, hat einen regelmäßigen Gen., der Ausdruck doma, ist
also nicht Gen., sondern ein Nebenwort und bedeutet: zu Hause. End-
lich die Kollektivnamen: ľud, das Volk und statok, die Herde, werden als
solche, die leblose Wesen bezeichnen, betrachtet und haben ľudu, statku; in
národ, die Nation, jedoch klingt besser národa als národu.

2. Die Wörter: Boh, Gott; duch, der Geist; človek, der Mensch
und pán, der Herr, nehmen, wenn sie anderen Namen vorgesetzt werden,
im Dat. nicht die den belebten zukommende Partikel ovi, sondern u; z. B.
Bohu živému, dem lebendigen Gott; duchu svätému, dem heiligen Geiste;
človeku smrtelnému, dem sterblichen Menschen; pánu Hollému.

3. Im Vok. sollten die Kehllaute g, h, ch, k vor dem weichen e in
Zischlaute übergehen, dies geschieht indessen nur in zwei Wörtern: Boh,
Bože; človek, človeče; die übrigen nehmen statt e, u; z. B. brach, die
Erbse, hrachu; Slovák, Slováku; syn, der Sohn, hat stets synu.

4. Die mit Kehllauten geschlossenen und ľud nehmen statt e im
Lok. u; z. B. bok, die Seite, v boku, in der Seite; kruh, der Kreis,
v kruhu; prach, der Staub, v prachu; ľud, v ľudu; statok hat

v statku. Die Benennungen der Feiertage haben im Lok. e; z. B. o svä-
tom Štefane, zur Zeit des heiligen Stephanus; ist aber die Rede von der
Person des Heiligen, so wird ovi gebraucht; z. B. o svätom Štefanovi,
vom heiligen Stephanus.

5. Im Nom. mehrf. Zahl vor der persönlichen Endung auf i geht
das ch, k, in s, c über; z. B. Čech, Česi; Slovák, Slováci; die Endung
ovia oder ovie ist moralisch erhebender; z. B. stavovia, die Stände; páno-
via, die Herren. Diese längere Endung auf ovia nehmen nicht an:

a) Die, welche leblose Wesen bezeichnen ohne Ausnahme.

b) Die persönlichen auf ik, ák; z. B. zahradnik, der Gärtner, za-
hradníci, nicht zahradnikovia ꝛc.

c) Die nicht persönlichen, welche man mit der Endung i personifi-
ziren kann; z. B. orli, die Adler; psi, die Hunde, ist ein personifizirter
Ausdruck; wo dies nicht statt findet — und es findet natürlich selten statt,
höchstens in Dichtungen, wo man sie als Personen anführen kann — werden
die nicht persönlichen als leblose behandelt und schließen mit y; z. B. orly,
psy, ist ein nicht personifizirter Ausdruck. Vlk, der Wolf, macht eine Aus-
nahme und hat stets vlci. Die mit d oder n schließenden persönlichen haben
statt der längeren Endung ovia eine kürzere in ia; z. B. žid, der Jude, ži-
dia; Angličan, der Engländer, Angličania; klingt aber eben so gut: židi,
Angličani ꝛc. Die auf h, a, o ausgehenden und syn haben immer ovia;
z. B. vrah, der Feind, vrahovia; Boh, bohovia; sluha, der Diener, slu-
hovia; dedo, der Großvater, dedovia; syn, synovia. Jene aber, welche
auf ita oder ista ausgehen, können eben so gut mit i als mit ovia gegeben
werden; z. B. husita, der Husit, husiti oder husitovia; žalmista, der
Psalmist, žalmisti oder žalmistovia.

6. Akk. der belebten nicht persönlichen gleicht dem Nom. wie bei
den leblosen; z. B. vyžeň tie voly, treibe die Ochsen aus, nicht tých volov.

7. Vor der zwar selten gebrauchten Endung des Lok. in iech geht
das h, ch, k, in z, s, c über; z. B. roh, das Horn, v roziech; rok, das
Jahr, v rociech ꝛc. Auch hört man die Endung in ách; z. B. vo suách,
statt vo snoch; v časách, statt v časoch, welche Mannigfaltigkeit wegen
der Kadenz den slovakischen Dichtern sehr willkommen sein muß.

8. Der kurze Inst. mehrf. Zahl auf y kann nur dann gebraucht wer-
den, wenn er entweder durch ein Vorwort oder sonst näher bestimmt wird;
ist dies nicht der Fall, so steht mi oder ami; z. B. pes hryzie ostrými zuby,
der Hund beißt mit scharfen Zähnen; bleibt das bestimmende Beiwort ostrý-
mi weg, so muß geschrieben werden: pes hryzie zubami.

9. Eine abweichende Abänderung besitzen:

a) Človek, der Mensch. Nom. und Vok. mehrf. Zahl: ľudia, die
Leute. Gen. ľudi, Dat. ľudom, Akk. ľudi, Lok. v ľuďoch, Inst. ľuďmi.

b) Die auf a und o ausgehenden männlichen, welche sich im Gen.,

Akk. und Vok. einf. Zahl nach dem weiblichen Muster „ryba" (§. 13. I. Must.) richten; z. B. sluha, Gen. sluhy, Akk. sluhu, Vok. sluho; dedo, der Großvater, dedy, dedu, dedo ꝛc.

Aufgaben zum §. 12. I. und II. Muster *).

I.

Das Haus unseres Nachbarn ist abgebrannt. — Der Verstand ziert den Menschen. — Der Herr vertraut den Bauern und den Beamten. — Die Russen und die Polen sind gute Soldaten. — Du hast dem Ochsen die Hörner gebrochen. — Die Hunde aus mehreren Höfen. — Die Arbeit der Rauchfangkehrer ist, den Rauchfang auszukehren. — Die Höhe unserer Kirche ist bedeutend. — Sage dem Vorstande des Klosters. — Die Lage unserer Stadt ist schön. — Er ist ein Mann von guten Sitten. — Man hat ihm die Hälfte der Zunge abgeschnitten. — Wir haben vier Mühlen gekauft. — Die Größe dieser Welt. — Die Gesetze muß man beobachten.

Unseres, našeho.	Sage, povedz.
Ist abgebrannt, vyhorel.	Der Vorstand, predstavený.
Ziert, ozdobuje.	Schön, krásne.
Vertraut, dúveruje.	Er, on.
Und, a.	Von guten, dobrých.
Ein Russe, Rus.	Die Sitten, mravy, *pl.*
Ein Pole, Poliak.	Man hat ihm — abgeschnitten, od-
Sind, sú.	rezali mu.
Gute, dobrí.	Die Hälfte, pol.
Du hast — gebrochen, ty si zlomil.	Wir haben — gekauft, kúpili sme.
Aus mehreren, z viacej.	Vier, štyry.
Der Rauchfangkehrer, kominár.	Die Größe, veľkosť.
Ist, je.	Dieser, tohoto.
Auszukehren, vymiesť.	Muß man, sa musia.
Bedeutend, značná.	Beobachten, zachovávať.

II.

Peter der Große ist der Gründer der Stadt Petersburg. — Die Zeitungen vom letzten Feber. — Die Armuth des Volkes. — Die Sprache der slavischen Nation. — Sage dem Herrn Offizier. — Mensch, gedenke des Todes! — Komm', o heiliger Geist! — Die Slaven sind fleißige Arbeiter. — Die Bettler sind zu bedauern.

---

*) Alle in diesen Aufgaben vorkommende Wörter, die ihrer slov. Bedeutung nach aus den bereits mitgetheilten Beispielen und Erklärungen noch nicht bekannt sind, müssen in dem Wörterverzeichnisse, das sich am Schlusse der Grammatik befindet, aufgesucht werden.

— Die Wölfe heulen. — Wir waren einst alle Mährer. — Wir selbst sind unsere Feinde. — Die Türken werden bald verschwinden. — Liebet eueren Nächsten. — Hier sind neue Gärtner und neue Gärtnerinen. — Gebet den Leuten Ruhe. — Die Handschrift des Johann Kalina. — Man hat den Dummkopf geschlagen.

Peter der Große, Peter Veliký.	Ein Mährer, Moravan.
Der Gründer, zakladateľ.	Wir — sind, my sme.
Petersburg, Petrohrad.	Selbst, sami.
Vom letzten, od posledného.	Unsere, svoji.
Der slavischen, slovanského.	Ein Türk, Turek.
Der Offizier, dústojník.	Werden — verschwinden, zmiznú.
Gedenke, pomni.	Bald, skoro.
Des Todes, na smrť.	Liebet, milujte.
Komm', príď.	Eueren, vašeho.
Heiliger, svätý.	Der Nächste, bližny.
Fleißige, usilovní.	Hier, tu.
Der Arbeiter, robotník.	Neue, novi.
Zu bedauern, poľutovania hodní.	Der Gärtner, zahradník.
Heulen, vyjú.	Die Gärtnerin, zahradníčka.
Wir waren, my sme boli.	Gebet, dajte.
Einst, volakedy.	Man hat — geschlagen, zbili.
Alle, všetci.	Der Dummkopf, chmuľo.

III.

Spolok svätého Vojtecha. — Cyrill a Method obrátili Slovanov. — Vysoké brehy tohoto potoka. — V triciatom roku môjho života. — Okolie Carihradu. — Tohoto roku prvého kvetňa. — Polovic vašeho statku. — Dobré mravy sú poklady národa. — Človeku opilému vyhni z cesty. — Bože, smiluj sa nad nami! — Mnohí kresťania sú horší nežli žida. — Bol som tam o Jozefe. — Teraz je nie reč o Bohu, ale o svätom Michalovi. — Rimania mnohé národy podmanili.

Spolok, der Verein.	Opilému, dem Betrunkenen.
Svätého, des heiligen.	Vyhni, weiche.
Vojtech, Adalbert.	Z cesty, aus dem Wege.
Obrátili, bekehrten.	Smiluj sa, erbarme dich.
Vysoké, hohe.	Nad nami, unser.
Breh, das Ufer.	Mnohí, viele.
Tohoto, dieses.	Kresťan, ein Christ.
V triciatom, im dreißigsten.	Horší, schlechter.
Môjho, meines.	Nežli, als.
Okolie, die Umgebung.	Bol som, ich war.
Carihrad, Konstantinopel.	Tam, dort.
Prvého, den ersten.	Teraz, jetzt.
Polovic, die Hälfte.	O Bohu, von Gott.
Vašeho, euerer.	Ale, sondern.
Dobré, gute.	Riman, ein Römer.
Poklad, der Schatz.	Podmanili, unterjochten.

III. Muster

(der weich auslautenden männl. Hauptwörter, die belebte Wesen
bezeichnen).

Einf. Zahl.	Mehrf. Zahl.
N. muž, der Mann.	muž-i, -ia, -ovia, die Männer.
G. muž-a, des Mannes.	muž-ov, der Männer.
D. muž-ovi, -u, dem Manne.	muž-om, den Männern.
A. muž-a, den Mann.	muž-ov, die Männer.
V. muž-u, -i. —	muž-i, -ia, -ovia. —
L. muž-ovi, -u. —	muž-och, -iech. —
I. muž-om. —	muž-i, -mi, -ami. —

IV. Muster

(der weich auslautenden männl. Hauptwörter, die leblose Wesen
bezeichnen).

Einf. Zahl.	Mehrf. Zahl.
N. meč, das Schwert.	meč-e, die Schwerter.
G. meč-a, des Schwertes.	meč-ov, der Schwerter.
D. meč-u, dem Schwerte.	meč-om, den Schwertern.
A. meč, das Schwert.	meč-e, die Schwerter.
V. meč-u, -i. —	meč-e. —
L. meč-i. —	meč-och, -iech. —
I. meč-om. —	meč-i, -mi, -ami. —

B) Nach diesen Mustern werden abgeändert alle männlichen
Hauptwörter, die belebte oder leblose Wesen bezeichnen, und die
mit weichen Lauten: (c), č, š, ž, (dz), dž, ď, ľ, ň, ŕ, j oder
mit a und o, vor welchen ein weicher Mitlaut steht, schließen.

Das weiche ľ kommt vor:

a) In solchen Hauptwörtern, welche von Zeitwörtern mit
der Endung teľ gebildet werden; z. B. stvoriť, erschaffen, stvoriteľ,
der Erschaffer; so auch učiteľ, der Lehrer; spasiteľ, der Heiland ꝛc.

b) In den ursprünglichen: bôľ, der Schmerz; cieľ, der
Zweck; čmeľ, die Hummel; chmeľ, der Hopfen; chrásteľ, der
Wiesenschnarrer; ďateľ, der Baumhacker; kašeľ, der Husten;
kúkoľ, das Kornnägelein; kúpeľ, das Bad; korbeľ, ein hölzerner
Pokal; kráľ, ein König; kŕdeľ, ein Haufen; orteľ, das Urtheil;
motýľ, der Schmetterling; mozoľ, die Schwiele; pyteľ, der
Beutel; sopeľ, der Rotz; šindeľ, die Schindel; topoľ, der Pap-
pelbaum; uhoľ, die Kohle (verschieden von uhol, der Winkel);
zreteľ, das Augenmerk; endlich die Vergrößerungen auf áľ; z. B.
nosáľ, der Großnasige ꝛc.

II. Bemerkungen.

1. Im Gen. einf. Zahl macht das Wort plač, das Weinen, eine Ausnahme von der Regel, indem es u anstatt a annimmt, somit: plaču.

2. Die auf ec ausgehenden belebten haben im Vok. einf. Zahl e anstatt u, und das c wird in č verwandelt; z. B. otec, der Vater, otče; chlapec, der Knabe, chlapče (§. 15. B. b.).

3. Kôň, das Pferd, und mehrere nicht persönliche nehmen im Lok. einf. Zahl anstatt ovi das den leblosen eigene i an: na koni, auf dem Pferde. Deň, der Tag, als Nebenwort gebraucht hat e anstatt i; z. B. vo dne, beim Tage; sonst aber wird das i beibehalten; z. B. v prvom dni, im ersten Tage.

4. Der Nom. mehrf. Zahl geht bei den persönlichen regelmäßig auf i aus; z. B. chlapci, die Knaben; králi, die Könige; man kann aber bei denselben eben so gut die längere Partikel ovia gebrauchen; z. B. chlapcovia, kráľovia. Otec, der Vater; rodič, der Zeuger, und die auf a und o ausgehenden nehmen stets die längere Partikel, also: otcovia, rodičovia; súdca, der Richter, súdcovia; bača, der Schafhirt, bačovia. Die von Zeitwörtern abgeleiteten auf teľ haben i oder ia; z. B. učiteľ, der Lehrer, učiteli oder učitelia; hosť, der Gast und zať, der Schwiegersohn, haben hosti, hostia oder hosťovia; zati, zatia oder zaťovia. Die nicht persönlichen und leblosen haben stets e; z. B. medvede, die Bären; biče, die Peitschen; kameno, die Steine; jedoch mit i kann man die nicht persönlichen personifiziren, also: medvedi; was aber, wie gesagt, sehr selten geschieht. Kráľ in Spielkarten hat krále; ebenso das Fest der heil. Dreikönige heißt: tri krále. Deň hat i statt e; z. B. tri dni, drei Tage, aber das von deň abgeleitete týždeň oder týdeň, die Woche, wird regelmäßig abgeändert, also: týždne oder týdne, die Wochen.

5. Hosť, kôň und peniaz haben im Gen. mehrf. Zahl nicht das regelmäßige ov, sondern i, also: hosti, koni, peňazi.

6. Der Akk. bei den nicht persönlichen geht auf e aus; z. B. jelene, medvede.

7. Von dem kurzen Inst. auf i gilt dasselbe, was in den Bemerkungen der hart auslautenden von y gesagt worden ist. (§. 12. I. Bem. 8.).

8. Die auf a oder o ausgehenden männlichen weichen auch hier ab, und folgen im Akk. und Vok. dem weiblichen Muster „vôňa" (§. 13. II. Must.), im Gen. jedoch richten sie sich entweder nach dem ihnen gebührenden Muster „muž", oder sie werden mit i gegeben; z. B. súdca, Gen. súdca oder súdci, Akk. súdcu, Vok. súdco ꝛc.

Aufgaben zum §. 12. III. und IV. Muſter.

IV.

Gebildete Völker ſind Freunde des Friedens. — Wir haben einen Igel gefangen. — Lobe deinen Schöpfer. — Man hat den Lehrern die Beſoldung erhöht. — Die Schmerzen eines kranken Menſchen. — Hier haſt du einen Wieſenſchnarrer und zwei Baum= hacker. — Starker Huſten verdirbt die Lunge. — Gib Acht, Knabe! — Ein Soldat auf dem Pferde. — Der Palaſt unſeres Königs. — Die Väter ſind geſtorben, und die Söhne leben.

Gebildete, vzdelané.	Zwei, dva.
Wir haben — gefangen, chytili sme.	Starker, silný.
Lobe, chváľ.	Verdirbt, zhubí.
Deinen, tvojho.	Gib, daj.
Man hat — erhöht, povýšili.	Acht, pozor.
Die Beſoldung, plat.	Auf dem Pferde, na koni.
Eines kranken, nemocného.	Sind geſtorben, zomreli.
Hier haſt du, tu máš.	Leben, žijú.
Einen, jednoho.	

V.

Ich habe drei Könige (im Kartenſpiel). — Das ſind unſere Eltern. — Euere Gäſte ſind euere Richter. — Hier ſind fünf Hir= ſche, und dort iſt ein Haufe von Hirſchen. — Der Riemermeiſter verkauft Peitſchen. — Wir haben ſieben Pferde gekauft. — Er hat viel Gäſte und wenig Geld. — Ein Monat und drei Tage. — In zwei Wochen werde ich die Arbeit beendigen. — Jage die Weſpen hinaus. — Man hat unſeren Richter des Amtes entſetzt. — Hier ſind die Knechte des vorſichtigen Schafhirten.

Ich habe, ja mám.	Sieben, sedem.
Drei, tri.	Er hat viel, on má mnoho.
Das ſind, to sú.	Wenig, málo.
Euere, vaši.	Werde — beendigen, dokončím.
Fünf, päť.	Jage — hinaus, vyžeň.
Ein Haufe von Hirſchen, kopa jele- ňov.	Man hat — entſetzt, zložili.
Der Riemermeiſter, remenár.	Unſeren, nášho.
Verkauft, predáva.	Des Amtes, z úradu.
Wir haben — gekauft, kúpili sme.	Des vorſichtigen, opatrného.

VI.

Šaty vašeho tovaryša. — Bez bôľov niet preporodu. — Poďme do kúpeľa. — Otcovia slovanských národov. — Ja mám dva krále. — Boli tu traja králi a jeden vojvoda. — Hostí dosť ale málo priateľov. — Tu jesto veľa kostí. — Vaši zaťovia zle

gazdujú. — Zbojníci ozbíjali baču. — Mluvnica ostrovtipného
Hodži. — Chmuľu pochválil, a múdreho pohanil.

Šata, das Kleid.	Zle gazdujú, wirthſchaften ſchlecht.
Bez, ohne (mit Gen.).	Zbojník, der Räuber.
Niet, gibt es keine.	Ozbíjali, haben ausgeraubt.
Preporod, die Wiedergeburt.	Mluvnica, die Sprachlehre.
Poďme, gehen wir.	Ostrovtipného, des ſcharfſinnigen.
Do, in (im Slov. mit Gen.).	Chmuľo, der Dummkopf.
Boli tu, es waren hier.	Pochválil, hat gelobt.
Dosť, genug.	Múdreho, den Geſcheidten.
Tu jesto, hier gibt es.	Pohanil, hat getadelt.
Veľa, viel.	

§. 13.
Von der Abänderung der weiblichen Hauptwörter.

In der Abänderung der weiblichen Hauptwörter wird auf den
Umstand, ob ſie belebte oder lebloſe Weſen bezeichnen, keine Rück=
ſicht genommen, ſondern nur auf ihre Endung geachtet. In dieſer
Hinſicht werden folgende vier Muſter aufgeſtellt:

I. Muſter.

Einf. Zahl.	Mehrf. Zahl.
N. ryb-a, der Fiſch.	ryb-y, die Fiſche.
G. ryb-y, des Fiſches.	rýb, der Fiſche.
D. ryb-e, dem Fiſche.	ryb-ám, den Fiſchen.
A. ryb-u, den Fiſch.	ryb-y, die Fiſche.
V. ryb-o. —	ryb-y. —
L. ryb-e. —	ryb-ách. —
I. ryb-ou. —	ryb-ami. —

II. Muſter.

Einf. Zahl.	Mehrf. Zahl.
N. vôň-a, der Geruch.	vôn-e, die Gerüche.
G. vôn-e, des Geruches.	vôň, der Gerüche.
D. vôn-i, dem Geruche.	vôň-am, den Gerüchen.
A. vôň-u, den Geruch.	vôn-e, die Gerüche.
V. vôň-o. —	vôn-e. —
L. vôn-i. —	vôň-ach. —
I. vôň-ou. —	vôň-ami. —

A) Nach dem I. Muſter werden abgeändert:

a) Alle weiblichen Hauptwörter, die auf a ausgehen und
deren vorletzter Laut hart iſt; z. B. hańba, die Schande; brada,

das Kinn; stryga, die Here; noha, der Fuß; Europa, Afrika, Amerika ꝛc.

b) Die bloß in mehrf. Zahl gebrauchten und auf y ausge= henden; z. B. vidly, die Gabel; vážky, die Wage; Čechy, das Böhmerland ꝛc.

B) Nach dem II. Muster werden abgeändert:

a) Alle weiblichen Hauptwörter, die auf a ausgehen und deren vorletzter Laut weich ist; z. B. vôľa, der Wille; dyňa, die Melone; hrča, die Geschwulst; duša, die Seele; rohoža, die Binsendecke; šija, der Nacken; svieca, die Kerze; núdza, das Elend ꝛc.

b) Die fremden Wörter auf ia; z. B. Asia, Maria, hi- storia ꝛc.

c) Die nur in mehrf. Zahl gebräuchlichen auf ce; z. B. Košice, Kaschau; hromnice, die Lichtmesse ꝛc.

I. Bemerkungen.

1. Der Gen. mehrf. Zahl wird gebildet durch das Wegwerfen der weiblichen Endung a und das Verlängern des Stamm-, Selbst- oder Halb- selbstlautes; z. B. ruka, die Hand, rúk; kuchyňa, die Küche, kuchýň; vlna, die Wolle, vĺn ꝛc. Ist aber die vorletzte Sylbe schon lang, so muß im Sinne des §. 3. *B.* die letzte kurz bleiben; z. B. zástava, die Fahne, zástav; priekopa, der Graben, priekop ꝛc. Ferner wenn nach dem Weg- werfen des a zwei oder mehrere ohne Selbstlaut schwer aussprechbare Mit- laute zurückbleiben, dann wird zwischen solche ein ie, bei langen vorletzten aber ein o eingeschoben; z. B. matka, die Mutter, matiek; čiarka, das Strichlein, čiarok ꝛc. Manche mit vorletztem weichen, und das einzige tma mit vorletztem harten Laut, nehmen im Gen. mehrf. Zahl i an; z. B. väža, der Thurm, väží; duša, die Seele, duší; tma, die Finsterniß, tmí ꝛc.

2. Im Dat. und Lok. mehrf. Zahl muß, wenn die vorletzte Stamm- sylbe lang ist, der Laut á außer der Regel nach §. 3. *B.* kurz bleiben; z. B. brána, das Thor, bránam, v bránach ꝛc. In den mit vorletztem weichen geht das a in ia gerne über; z. B. duša, die Seele, dušiam, v dušiach ꝛc.

3. Ruka, die Hand und noha, der Fuß, werden hie und da noch in der zweifachen Zahl gebraucht, und zwar im Nom., Akk. und Vok. ruce, Gen. und Lok. rukú, v rukú, Inst. rukama ꝛc.

4. Eine abweichende Abänderung besitzen: kráľovna, die Königin; gazdina, die Wirthin, und mehrere dieser Gattung, indem sie statt der re- gelmäßigen hauptwörtlichen, die den unbestimmten Beiwörtern (§. 27.) eigene Abänderung annehmen, nämlich im Gen., Dat. und Lok. einf.

Zahl nehmen sie an ej : kráľovnej ; im Nom., Akk. und Vok. mehrf. Zahl e statt y : kráľovne ꝛc.

Aufgaben zum §. 13. I. und II. Muster.

VII.

Barbiere dein Kinn. — Man hat ihn mit Wasser begossen. — Man hat ihm die Hände und die Füße gebunden. — Zwei Kühe und vier Ziegen. — Gib den Weibern Ruhe. — Er starb in der Schande. — Es gibt keine Heren in der Welt. — In Europa sind die Menschen weiß und in Afrika schwarz. — Sie sind nach Amerika ausgewandert. — Die Wage der Gerechtigkeit. — Im Böhmerlande wohnen Böhmen.

Barbiere, ohoľ.
Dein, svoju.
Man hat ihn — begossen, obliali ho.
Mit Wasser, vodou.
Man hat ihm — gebunden, sviazali mu.
Gib — Ruhe, daj pokoj.
Er starb, zomrel.

In, v (mit Loľ.).
Weiß, bieli.
Schwarz, čierni.
Sie sind — ausgewandert, vystehovali sa.
Nach, do (mit Gen.).
Wohnen, bývajú.

VIII.

Ohne Seele gibt es kein Leben. — Ein Fußboden aus der Binsendecke. — Er leuchtet mit vier Kerzen. — So steht in der Geschichte. — In Kaschau ist eine Akademie. — Er bekam es aus meinen Händen. — Es waren dort sieben Fahnen. — Die Freunde der slovakischen Mütter. — Er ist in eine Grube gefallen. — Was wird aus unseren Seelen werden? — In den Thürmen halten sich die Fledermäuse auf. — Ich gab den Enten Wasser. — Helfe den Witwen und den Waisen.

Ohne, bez (mit Gen.).
Gibt es kein Leben, nieto života.
Aus, z (mit Gen.).
Er leuchtet, svieti.
Mit vier, štyrmi.
So steht, tak stojí.
In, v (mit Loľ.).
Er bekam, dostal.
Aus meinen, z mojich.

Es waren dort, bolo tam.
Sieben, sedem.
Der slovakischen, slovenských.
Er ist — gefallen, zpadol.
In, do (mit Gen.).
Was wird — werden, čo bude.
Halten sich — auf, zdržujú sa.
Ich gab, dal som.
Helfe, pomáhaj.

IX.

Žiak knihami a vojak šabľou. — V zahrade sú dve studne. — Bez kariet hrať sa nemožno. — V Amerike panuje slobodná obec. — Slováci bývajú v Uhrách. — V Pešti predávajú mnoho

dýň. — To je vôľa vašich matiek. — Syn našej gazdinej. — Vôl
žere trávu a kôň ďatelinu. — Človek bez myšlienky nemá ceny.

Žiak, ber Schüler.
Kniha, baš Buch.
Vojak, ber Soldat.
Šabľa, ber Säbel.
Zahrada, ber Garten.
Dve, zwei.
Studňa, ber Brunnen.
Bez, ohne (mit Gen.)
Karty, Spielkarten.
Hrať sa nemožno, kann nicht gespielt
werben.

Panuje slobodná obec, herrscht eine
Republik.
Predávajú, verkaufen.
Mnoho, viel (im Slov. mit Gen.).
To je, baš ist.
Vôl, ber Ochs.
Žere, frißt.
Tráva, baš Gras.
Ďatelina, ber Klee.
Myšlienka, ber Gedanke.
Nemá ceny, hat keinen Werth.

III. Muster.

Einf. Zahl.	Mehrf. Zahl.
N. zem, bie Erbe.	zem-e, bie Erben.
G. zem-e, ber Erbe.	zem-í, ber Erben.
D. zem-i, ber Erbe.	zem-am, ben Erben.
A. zem, bie Erbe.	zem-e, bie Erben.
V. zem. —	zem-e. —
L. zem-i. —	zem-ach. —
I. zem-ou. —	zem-ami. —

IV. Muster.

Einf. Zahl.	Mehrf. Zahl.
N. kosť, baš Bein.	kost-i, bie Beine.
G. kost-i, beš Beines.	kosť-í, ber Beine.
D. kost-i, bem Beine.	kosť-am, ben Beinen.
A. kosť, baš Bein.	kost-i, bie Beine.
V. kosť. —	kost-i. —
L. kosť-i. —	kosť-ach. —
I. kosť-ou. —	kosť-mi, -ami.

C) Nach bem III. Muster werben abgeändert:

a) Alle weiblichen auf v, m, ň, ľ (ausgenommen: myseľ
und soľ), aj, ej, oj, š (ausgenommen veš), až, ež und šť; z.
B. krev, baš Blut; daň, bie Steuer; posteľ, baš Bett; obyčaj,
bie Gewohnheit; nádej, bie Hoffnung; zbroj, bie Waffe; faleš,
bie Falschheit; stráž, bie Wache; krádež, ber Diebstahl; Pešť,
bie Stabt Pešt ꝛc. Dann aus ben auf č ausgehenben: obruč, ber
Reif; auf c: obec, bie Gemeinbe; pec, ber Ofen.

b) Die in mehrf. Zahl gebräuchlichen auf e; z. B. hrable,
ber Rechen; jasle, bie Krippe; prse, bie Bruft ꝛc.

D) Nach dem IV. Muster werden abgeändert alle übrigen weiblichen auf ď, ľ, sľ, č, š, ž, ŕ, c, s, z, r, dz; z. B. loď, das Schiff (Nom. mehrf. Zahl: lode); obeľ, das Opfer (Nom. mehrf. Zahl: obete); milosľ, die Gnade; reč, die Sprache; veš, die Laus; soľ, das Salz; myseľ, das Gemüth; noc, die Nacht; hus, die Gans; reťaz, die Kette; tvár, das Antlitz; mosadz, das Messing ꝛc.

II. Bemerkungen.

1. Die Endung des Inst. mehrf. Zahl bei den nach dem III. Muster abgeänderten wird manchmal, wenn es die leichte Aussprache zuläßt, statt des ami, mit mi geschlossen; z. B. statt dverami kann man sagen dvermi ꝛc.

2. Mati oder maľ, die Mutter, nimmt im Gen. und in allen übrigen Endungen die Sylbe er an, und wird dann wie „zem" abgeändert: matere, materi ꝛc.

3. Pani, die Frau, wird vor anderen Hauptwörtern stehend nicht abgeändert; z. B. pani matka, pani matke, pani matku ꝛc.; sonst aber ist die Abänderung folgende: einf. Zahl Nom. und Vok. pani, Gen., Dat. und Lok. panej, Akk. paňu, Inst. paňou; mehrf. Zahl Nom., Akk. und Vok. panie, Gen. paní, Dat. paniam, Lok. pri paniach, Inst. paniami.

Aufgaben zum §. 13. III. und IV. Muster.

X.

Die Lehre der katholischen Kirche. — Im Blute ist das Leben. — Die Bürger zahlen verschiedene Steuer. — In den Betten ist gut schlafen. — Das Rad geht in dem Geleise. — Den Waffen können wir nicht widerstehen. — Er hat sich durch den Diebstahl bereichert. — Es gibt in Pest sehr viel Slovaken. — Mit eisernen Reifen beschlagen. — In freien Gemeinden ist gut wohnen. — Man hat diesen Ofen zerstört. — Aus voller Brust. — Mit dem Rechen schlagen. — Das Pferd steht bei der Krippe.

Der katholischen, katolickej.	Mit eisernen — beschlagen, železný-
Zahlen, platia.	mi — okuvaný.
Verschiedene, rozličné.	In freien — ist gut wohnen, v slo-
Ist gut schlafen, je dobre spať.	bodných — je dobre býval.
Geht, ide.	Man hat — zerstört, rozbúrali.
Können wir nicht widerstehen, nemô-	Aus voller, z celých.
žeme odolať.	Schlagen, biť.
Er hat sich — bereichert, on sa obohatil.	Steht, stoji.
Durch, kroz (mit Akk.).	Bei, pri (mit Lok.).
Es gibt — sehr viel, jesto veľmi mnoho.	

XI.

Auf der Donau gibt es viel Dampfschiffe. — Wir sind durch
die Eintracht kräftig. — Ich war bei der Beichte. — In den Spra=
chen spiegeln sich die Nationen ab. — Verschiedene Salze. — Sei
guten Gemüthes. — Es gibt wenig solche Nächte. — Ich habe dich
in meiner Gewalt. — Sie schreien wie die Gänse. — Eine Person
von schönem Antlitze. — Dieser Leuchter ist von Messing.

Auf, na (mit Lok.).	Ich habe dich in meiner, mám ťa
Wir sind — kräftig, my sme silní.	v mojej.
Ich war, bol som.	Sie schreien, kričia.
Bei, pri (mit Lok.).	Wie, jako.
Die Beichte, spoveď.	Die Person, osoba.
Spiegeln sich — ab, zrkadllia sa.	Von schönem, krásnej.
Verschiedene, rozličné.	Dieser, tento.
Sei guten, buď dobrej.	Der Leuchter, svietnik.
Wenig solche, málo takých.	Von, z (mit Gen.).

XII.

Myši sa veľmi rozmnožujú. — Do týchto vecí sa nerozu-
mieš. — Hľadaj spravodlivosť. — Polievka bez soli. — Povedz
mojej materi. — Dieťa bez matere. — Zavolajte vašu mater.
— Muž mojej panej. — Prišiel so svojou paňou. — Bez pani
sestry. — Pani kuchárke. — Najprv vašim paniam a potom
pani krajčírkam.

Sa — rozmnožujú, vermehren sich.	Zavolajte, rufet.
Do týchto, in diese.	Vašu, euere.
Sa nerozumieš, verstehst du dich nicht.	Prišiel, er kam.
Hľadaj, suche.	So svojou, mit seiner.
Spravodlivosť, die Gerechtigkeit.	Najprv, zuerst.
Polievka, die Suppe.	Vašim, eueren.
Povedz, sage.	Potom, dann.
Mojej, meiner.	

§. 14.

Von der Abänderung der sächlichen Hauptwörter.

In der Abänderung der sächlichen Hauptwörter wird, wie
bei den weiblichen, bloß auf ihre Endung geachtet. In dieser Hin=
sicht werden folgende fünf Muster aufgestellt:

I. Muster.

Einf. Zahl.	Mehrf. Zahl.
N. del-o, die Kanone.	del-á, die Kanonen.
G. del-a, der Kanone.	diel, der Kanonen.
D. del-u, der Kanone.	del-ám, den Kanonen.
A. del-o, die Kanone.	del-á, die Kanonen.
V. del-o. —	del-á. —
L. del-e. —	del-ách. —
I. del-om. —	del-y, -mi, -ami. —

II. Muster.

Einf. Zahl.	Mehrf. Zahl.
N. pol-e, das Feld.	pol-ia, die Felder.
G. poľ-a, des Feldes.	pol-í, der Felder.
D. poľ-u, dem Felde.	pol-iam, den Feldern.
A. pol-e, das Feld.	pol-ia, die Felder.
V. pol-e. —	pol-ia. —
L. pol-i. —	pol-iach. —
I. poľ-om. —	pol-i, -'mi, -'ami. —

A) Nach dem I. Muster werden abgeändert:

a) Alle sächlichen Hauptwörter, die auf o ausgehen und deren vorletzter Mitlaut hart ist; z. B. okno, das Fenster; kolo, das Rad; zlato, das Gold; brucho, der Bauch; vojsko, das Militär ꝛc.

b) Die in mehrf. Zahl gebräuchlichen auf a; z. B. vráta, das Thor; ústa, der Mund ꝛc

B) Nach dem II. Muster werden abgeändert:

a) Alle sächlichen auf e und šte; z. B. srdce, das Herz; vajce, das Ei; oje, die Deichsel; more, das Meer; nebe, der Himmel (nur in der einf. Zahl); ohnište, der Herd; bičište, der Peitschenstiel ꝛc. Die meisten von diesen sind aber auch mit o gebräuchlich: srdco, vajco, ojo, nebo, ohništo, bičišto ꝛc.

b) Das nur in der mehrf. Zahl vorkommende: plúca, die Lunge.

c) Die fremden Wörter auf ium, welche aber in der einf. Zahl nicht abzuändern sind; z. B. lilium, evanjelium.

I. Bemerkungen.

1. Jene Wörter, welche vor o die Kehllaute h, ch, k haben, nehmen im Lok. einf. Zahl u anstatt e; z. B. brucho, v bruchu; oko, v oku ꝛc.

2. Der Gen. mehrf. Zahl wird ebenso gebildet, wie bei den weiblichen des I. und II. Musters, nämlich: das o oder e wird weggeworfen und die letzte Sylbe wird gedehnt; z. B. pivo, das Bier, pív; zrno, das Korn, zín; srdce, das Herz, srdce; jablko, der Apfel, jabík; ohnište, der Herd, ohníšť ꝛc. Nur ovoce, das Obst, hat ovocí. Bei den auf ovo ausgehenden ist die Verlängerung der letzten überflüßig; z. B. olovo, das Blei, olov. Zwischen zwei schwer aussprechbare Mitlaute setzt man ein ie; z. B. mydlo, die Seife, mydiel; okno, das Fenster, okien. Die auf sko ausgehenden bleiben nach Wegwerfen des o unverändert; z. B. vojsko, das Militär, vojsk; die auf stvo ausgehenden nehmen an i; z. B. biskupstvo, das Bisthum, biskupství; oder zwischen t und v wird ie hineingeschoben: biskupstiev. Kolo mit dem Augment es: koleso, hat kolies; nebo mit demselben Augment nebeso folgt in der mehrf. Zahl das I. Muster und hat im Gen. nebies. Bei fremden Namen wird das i in ij verwandelt; z. B. statt evanjeli, schreibt man evanjelij ꝛc.

3. Im Dat. und Lok. mehrf. Zahl geschieht dasselbe mit dem langen á, was im §. 13. I. Bem. 2. bei den weiblichen gesagt worden ist: kridlo, der Flügel, kridlam, na kridlach. More, nebe und oje haben á anstatt ia: morá, morám, na morách ꝛc.

4. Von dem Inst. mehrf. Zahl auf y und i gilt dasselbe, was im §. 12. I. Bem. 8. gesagt worden ist.

5. Oko, das Auge und ucho, das Ohr, als Instrumente des Sehens und Hörens haben die zweifache Zahl mit der mehrfachen gemischt beibehalten: Nom., Akt. und Vok. oči, uši, Gen. očí, uší, Dat. očam, ušam, Lok. v očach, v ušach, Inst. očima, ušima. Oká in mehrf. Zahl bedeutet entweder die Netzschlingen, oder die Kettenringe, oder die auf den Karpathen vorkommenden großen Wasserlachen, morské oká, Meeraugen genannt; uchá aber bedeutet entweder die Nadellöcher, oder die Handgriffe auf den Geräthschaften.

Aufgaben zum §. 14. I. und II. Muster.

XIII.

Das Schwert ist von Eisen. — Dieser Speise ist nicht zu trauen. — Mit Gold und Silber kann man viel ausrichten. — Unsere Fenster sind klein. — Er dient dem Bauche und nicht dem Geiste. — Er war beim Thore und hat mich nicht gesehen. — Aus dem Ei ist Alles entstanden. — Er hat mit der Deichsel ein Pferd durchgestochen. — Bei dem Herde arbeiten. — Unser Kutscher hat verschiedene Peitschenstiele.

Von, zo (mit Gen.).   Er dient, on slúži.
Dieſer, tomuto.   Er war, on bol.
Iſt nicht zu trauen, niet čo veriť.   Hat mich nicht geſehen, uevidel ma.
Kann man viel ausrichten, mnoho sa   Iſt Alles entſtanden, všetko povstalo.
   vykonať môže.   Hat — durchgeſtochen, prepchnul.
Unſere, naše.   Arbeiten, pracovať.
Klein, malé.   Verſchiedene, rozličné.

XIV.

Seine Weisheit wohnt im Bauche. — Es iſt ihm ein Dorn im Auge. — In dieſem Apfel iſt ein Wurm. — Wenig Körner, ſchlechte Ernte. — Ich habe zehn Äpfel gekauft. — Aus dem Fenſter hängt eine Fahne heraus. — Der heilige Stephan gründete zehn Bisthümer. — Eine Dampfmaſchine hat viel Räder. — Mit den Augen blinzeln. — Schaue mir in die Augen. — Dieſe Kette hat große Ringe. — Zwei Krüge haben zwei Handgriffe.

Seine, jeho.   Hängt, visí.
Wohnt, býva.   Gründete, založil.
Es iſt ihm, jo mu.   Blinzeln, mihať.
Wenig, málo.   Schaue mir, pozri mi.
Schlechte, zlá.   In, do (mit Gen.).
Ich habe — gekauft, kúpil som.   Haben, majú.

XV.

Bez mäsa niet dobrá polievka. — Uviaznul do blata. — Neumytými ústami obrážajú sa dobré mravy. — Cítim bolesť v srdci. — Na mýte nádobno zastať. — Koľko okien toľko okeníc. — Bez krídel nemožno letieť. — Do sídel chytajú vtákov. — Na morách plávajú lode. — Človek vidí očima a čuje ušima.

Mäso, das Fleiſch.   Nádobno zastať, muß man ſtehen
Niet dobrá, iſt keine gute.   bleiben.
Uviaznul, iſt — verſunken.   Koľko — tolko, wie viel — ſo viel.
Do, in (mit Gen.).   Okenica, der Fenſterladen.
Blato, der Koth.   Nemožno letieť, kann man nicht
Neumytými, mit ungewaſchenen.   fliegen.
Obrážajú sa, beleidigt man.   Sídlo, das Netz.
Cítim, ich fühle.   Chytajú, fängt man.
Bolesť, der Schmerz.   Plávajú, ſchwimmen.
V, in (mit Lok.).   Vidí, ſieht.
Na, auf (mit Lok.).   Čuje, hört.

III. Muster.

Einf. Zahl.	Mehrf. Zahl.
N. umen-ie, die Wiſſenſchaft.	umen-ia, die Wiſſenſchaften.
G. umen-ia, der Wiſſenſchaft.	umen-í, der Wiſſenſchaften.
D. umen-iu, der Wiſſenſchaft.	umen-iam, den Wiſſenſchaften.
A. umen-ie, die Wiſſenſchaft.	umen-ia, die Wiſſenſchaften.
V. umen-ie. —	umen-ia. —
L. umen-í. —	umen-iach. —
I. umen-ím. —	umen-iami. —

C) Nach dem III. Muſter werden abgeändert:

a) Alle zeitwörtlichen auf nie und tie; z. B. videnie, das Sehen; sedenie, das Sitzen; bytie, das Sein ꝛc.

b) Die Sammelnamen; z. B. kamenie, das Geſtein; zbožie, das Getreide; uhlie, die Kohlen ꝛc. Dieſe, weil ſie ſchon in der einf. Zahl Mehrheit bedeuten, entbehren der mehrf. Zahl.

c) Die abgeleiteten; z. B. zdravie, die Geſundheit; svedomie, das Gewiſſen; šťastie, das Glück ꝛc., welche ebenfalls der mehrf. Zahl entbehren.

Aufgaben zum §. 14. III. Muſter.

XVI.

Das war zu ſeinem Heile. — Ohne Lehren gibt es keine Kenntniſſe. — Im Leben zeigt ſich die Weisheit. — Die Verſammlungen halten ihre Sitzungen. — Aus den Kohlen wird das Gas bereitet. — Ein ruhiges Gewiſſen iſt ein Zeichen guter Überzeugung. — Im Unglück altern die Leute ſchnell.

Das war zu ſeinem, to bolo k jeho.	Das Gewiſſen, svedomie.
Gibt es keine, nieto.	Iſt ein Zeichen, je znamením
Zeigt ſich, ukazuje sa.	Guter, dobrého.
Halten ihre, držia svoje.	Die Überzeugung, presvedčenie.
Aus, z (mit Gen.).	Das Unglück, neštastie.
Wird das Gas bereitet, sa plyn vyrábä.	Altern die Leute ſchnell, sa ľudia rychle sostarávajú.

XVII.

Buď mierny v jedení a pití. — Onemocnel od mnohého sedenia. — Prišli k voleniu a nehlasovali. — Z kamenia sa domy stavajú. — Života niet bez povedomia. — K hrmeniu sa blyskavica pridružila. — V mučení zvierat sa neľudskosť projavuje. — Odišiel s otcovym požehnaním.

4

Buď mierny, ſei mäßig. | Povedomie, das Bewußtſein.
Jedenie, das Eſſen. | Hrmenie, das Donnern.
Pitie, das Trinken. | Blyskavica, das Blitzen.
Onemocnel, iſt krank geworben. | Sa pridružila, hat ſich beigeſellt.
Od mnohého, vom vielen. | Mučenie, das Quälen.
Prišli, ſie kamen. | Zviera, das Thier.
K, zu (mit Dat.). | Neľudskosť, die Unmenſchlichkeit.
Volenie, die Wahl. | Sa — projavuje, offenbart ſich.
Nehlasovali, haben nicht geſtimmt. | Odišiel, er ging.
Sa domy stavajú, werden Häuſer ge= | S otcovym, mit dem väterlichen.
baut. | Požehnanie, der Segen.

IV. Muster.

Einf. Zahl.	Mehrf. Zahl.
N. sem-ä, der Same.	sem-ená, die Samen.
G. sem-čňa, des Samens.	sem-ien, der Samen.
D. sem-eňu, dem Samen.	sem-enám, den Samen.
A. sem-ä, den Samen.	sem-ená, die Samen.
V. sem-ä. —	sem-ená. —
L. sem-eni. —	sem-enách. —
I. sem-eňom. —	sem-eny, -enami. —

V. Muster.

Einf. Zahl.	Mehrf. Zahl.
N. haď-a, das Schlänglein.	haď-atá, die Schlänglein.
G. haď-aťa, des Schlängleins.	had-iat, der Schlänglein.
D. haď-aťu, dem Schlänglein.	haď-atám, den Schlänglein.
A. haď-a, das Schlänglein.	haď-atá, die Schlänglein.
V. haď-a. —	haď-atá. —
L. haď-ati. —	haď-atách. —
I. haď-aťom. —	haď-aty, -atami. —

D) Nach dem IV. Muster werden abgeändert: bremä, die Bürde; ramä, der Arm; plemä, die Brut; temä, das Vorder= haupt; vemä, das Euter, welche öfters durch das Hinfügen der Sylbe en nach dem Muster „delo“ abgeändert werden: bremeno, rameno, plemeno, temeno, vemeno oder vymeno ꝛc.

E) Nach dem V. Muster endlich werden abgeändert die ver= kleinerten, als: dievča, das Mädchen; chlapča, der Bube; diela, das Kind, und die Benennungen ganz junger Thiere, als: jahňa, das Lämmlein; osľa, das Esellein; žriebä, das Füllen; kura oder kurča, das Hähnlein ꝛc.

II. Bemerkungen.

1. Manche aus den zum V. Muster gehörigen nehmen in mehrf. Zahl statt atá noch lieber ence an; z. B. statt kuratá sagt man kurence; morčatá, morčence; dievčatá, dievčence ꝛc.; in diesem letzteren Falle werden sie folgendermaßen abgeändert: Nom., Akk. und Bok. kurence, Gen. kureniec oder kurencov, Dat. kurencam oder kurencom, Lok. pri kurencach oder kurencoch, Inst. kurenci oder kurencami.

2. Dieťa, das Kind, wird statt der regelmäßigen aber nicht gebrauchten mehrf. Zahl: dieťatá, noch folgendermaßen abgeändert: Nom., Akk. und Bok. deti oder dietky, Gen. detí oder dietok, Dat. deťom oder dietkam, Lok. pri deťoch oder dietkach, Inst. deťmi oder dietkami.

Aufgaben zum §. 14. IV. und V. Muster.

XVIII.

Er hat sich aus seinen Armen befreiet. — Schwere Bürden sind nicht zu ertragen. — Man wird mit dieser Brut nichts ausrichten. — Er hat ihm in das Vorderhaupt geschossen. — Aus den Eutern fließt die Milch. — Der Vater ging mit seinem Mädchen in die Kirche. — In diesem Buben ist eine große Bosheit. — Zeige dem Kinde den Weg.

Hat sich — befreiet, sa vyslobodil.
Aus seinen, z jeho.
Schwere, ťažké.
Sind nicht zu ertragen, sú nesnesitedlné.
Man wird — nichts ausrichten, nič sa nevykoná.
Mit dieser, s týmto.

Er hat ihm — geschossen, on mu strelil.
In, do (mit Gen.).
Fließt, tečie.
Ging mit seinem, šiel so svojím.
In diesem, v tomto.
Ist eine große Bosheit, je veľká zlosť.
Zeige, ukáž.

XIX.

Z dobrého som ja plemeňa. — Na rameni ho odniesol. — Naša krava má veľké vymeno. — Bol tu so svojím chlapčaťom. — Naše žriebätá a vaše osľatá sú na pasienku. — Koľko je tu kureniec? — Pekné sú tie slovenské dievčence. — Má potešenie vo svojich dietkach.

Z dobrého som ja, ich bin aus einer guten.
Na, auf (mit Lok.).
Odniesol ho, hat er ihn weggetragen.
Naša, unsere.
Má veľké, hat ein großes.
Bol tu so svojím, er war hier mit seinem.

Sú na pasienku, sind auf der Hutweide.
Koľko je tu? wie viel gibt es hier?
Pekné sú tie slovenské, schön sind die slovakischen.
Má potešenie vo svojich, er hat eine Freude in seinen.

4*

§. 15.
Von dem Abkürzen, Wegwerfen und Versetzen der Selbstlaute.

Es ist aus den Bemerkungen über einzelne Endungen (§. 12.
1. Bem. 3. 5. 7. und II. Bem. 2.) ersichtlich, welchen Veränderun=
gen die Mitlaute durch die Endungspartikeln manchmal unterwor=
fen sind; es bleibt noch übrig den Einfluß derselben auf die Selbst=
laute zu erwähnen.

A) Abgekürzt wird :

a) Das á im Vok. einf. Zahl in dem Worte pán, der
Herr, pane.

b) Das ie in der ganzen Abänderung des Wortes chlieb,
das Brod, chleba, chlebu ꝛc.

c) Das ô in den Wörtern: vôl, der Ochs; kôň, das Pferd;
kôl, der Pflock; nôž, das Messer ꝛc. vola, koňa, kolu, noža ꝛc.
Dagegen bleibt dasselbe ô unverändert in pôst, die Fasten; bôb,
die Bohne; bôľ, der Schmerz; dann in den weiblichen: vôľa, der
Wille; vôňa, der Geruch; kôra, die Rinde, und selbstverständlich
auch das lange ó in fremden Wörtern, als: chór, trón ꝛc.

B) Die Laute e und o werden weggeworfen :

a) In den weiblichen auf ev; z. B. cirkev, die Kirche,
cirkve; mrkev, die Mohrrübe, mrkve ꝛc., ausgenommen: odev,
der Anzug, odeve. In manchen männlichen, als: šev, die Naht,
švu; lev, der Löwe, lva, aber auch leva; in hnev, der Zorn;
spev, der Gesang, und ähnlichen bleibt das e, weil man sie sonst
nicht aussprechen könnte: hnevu, spevu ꝛc.

b) Vor dem c in allen männlichen; z. B. otec, der Vater,
otca; konec, das Ende, konca ꝛc.

c) Vor dem k in den hergeleiteten auf ok; z. B. pondelok,
der Montag, pondelku; statok, die Herde, statku; dann in den
verkleinerten erster Stufe, als: dom, das Haus, domok, das
Häuschen, domku; syn, synak, synku ꝛc. In der zweiten Stufe
wird das e beibehalten; z. B. domček, domčeku.

d) Vor dem l und ľ bei vielen männlichen; z. B. orol, der
Adler, orla; kašeľ, der Husten, kašľa ꝛc. In kostol, die Kirche;
popol, die Asche; dann in den zeitwörtlichen auf teľ: učiteľ, der
Lehrer; spasiteľ, der Heiland ꝛc.; ferner in den weiblichen: kú-
deľ, das Werg; oceľ, der Stahl; posteľ, das Bett, wird beibe=
halten: kostola, popola, učiteľa, kúdele, ocele, postele; myseľ
jedoch hat mysli.

e) Vor dem ň, wenn das e nach den Mitlauten ď, h, ch, p, s, š, z, ž steht; z. B. deň, der Tag, dňa; oheň, das Feuer, ohňa; stupeň, die Stufe, stupňa; piceseň, das Lied, piesne; sršeň, die Horniß, sršňa; bázeň, die Furcht, bázne; žížeň, der Durst, žížne; ferner : buben, die Trommel, bubna; dubeň, April, dubňa; ausgenommen : kepeň, der Mantel, kepeňa; jaseň, der Herbst, jasene; jaseň, die Esche, jaseňa; hrebeň, der Kamm, hrebeňa, und alle, in welchen das e nach l, m, r folgt; z. B. jeleň, der Hirsch, jeleňa; plameň, die Flamme, plameňa; koreň, die Wurzel, koreňa ꝛc.

f) Vor m in den von jať, nehmen, hergeleiteten : príjem, die Einnahme, príjmu; nájom, das Aufdingen, nájmu.

g) Vor r in: vetor, der Wind, vetru; ker, der Busch, kru.

h) Vor s und š in: pes, der Hund, psa; ovos, der Hafer, ovsa; ves, das Dorf, vsi; veš, die Laus, vši; faleš, die Falsch= heit, falše.

i) Vor t und ť in : ocet, der Essig, octu; nechet, der Nagel, nechtu; chrbet, der Rücken, chrbtu; počet, die Rech= nung, počtu; vecheť, das Strohbündel, vechťa; decheť, der Deckel, dechťa; lakeť, die Elle, lakťa; in dem Worte česť, die Ehre, wird sammt e auch s weggeworfen und lautet : cti, cťou ꝛc.

C) Der Laut e wird versetzt in den Wörtern: žnec, der Schnitter, ženca; švec, der Schuster, ševca.

Aufgaben zum §. 15.

XX.

Diesem Brode fehlt etwas. — Wir haben zwei Ochsen und vier Pferde. — Er hat sich mit seinem Messer verwundet. — Ih= rem Willen gemäß habe ich es gethan. — In der Fastenzeit pflegt man keine Hochzeit zu halten. — Sie haben sich in der Kirche ver= sammelt. — Ohne Anzug könnten wir im Winter nicht bestehen. — Ehre deinen Vater. — Wir haben keinen Adler, aber wir werden dafür einen Falken haben.

Diesem, tomuto.	Pflegt man keine — halten, sa ne-
Fehlt etwas, něco chybuje.	držieva.
Wir haben, my máme.	Sie haben sich — versammelt, shro-
Er hat sich — verwundet, sa pora-	maždili sa.
nil.	Könnten wir — nicht bestehen, ne-
Ihrem — gemäß, dľa vašej.	mohli by sme obstáť.
Habe ich es gethan, som to urobil.	Im Winter, v zime.

Ehre deinen, cti svojho.　　　| Aber wir werden dafür — haben,
Wir haben keinen, nemáme.　　|　　ale budeme zato mať.

XXI.

Piese bez konca. — V noci z pondelku na utorok. —
Pristúpte k ohňu. — Bez bázne niet kázne. — Zakryl ho ke-
peňom. — Hovorí do vetra. — Kto so psy spáva, s blchami
vstáva. — Oharky s octom a káva s cukrom. — Ženci už do-
mov dorazili. — Človek beze cti nemá platnosti. — Bolo jich
bez počtu. — Nechaj ševca pri svojom kopyte.

V noci, in der Nacht.	Vstáva, steht auf.
Na, auf (mit Akk.).	Oharok, die Gurke.
Pristúpte, tretet.	Domov dorazili, sind zu Hause ge-
K, zu (mit Dat.).	kommen.
Niet kázne, gibt es keine Zucht.	Nemá platnosti, hat keinen Werth.
Zakryl ho, er hat ihn bedeckt.	Bolo jich, sie waren.
Hovorí, er spricht.	Nechaj, lasse.
Do, in (mit Gen.).	Pri svojom kopyte, bei seinem Lei-
Kto — spáva, wer — schlafen pflegt.	sten.
Blcha, der Floh.	

Zweites Kapitel.

§. 16.

Von dem Fürworte.

Das Fürwort (pronomen, všemeno) vertritt die Stelle
des Namens und bezeichnet zugleich das Verhältniß, in welchem
der Gegenstand zu dem Sprechenden steht; z. B. *môj* dom, *mein*
Haus; *onen* člověk, *jener* Mensch.

Ihrer Bedeutung nach werden die Fürwörter eingetheilt in:

a) Persönliche (personalia, osobné), welche die Stelle
des Namens der in der Rede vorkommenden Gegenstände vertreten;
z. B. ja, ich; ty, du; on, er ꝛc.

b) Zueignende (possessiva, privlastňovacie), die einen
Gegenstand als einer Person angehörig darstellen; z. B. môj, mein;
tvoj, dein; jeho, sein ꝛc.

c) Hinweisende (demonstrativa, ukazovacie), die auf
einen Gegenstand hinweisen, als: ten, jener; tento, dieser ꝛc.

d) Fragende (interrogativa, opytovacie), mit wel-
chen man nach Personen oder Sachen fragt, als: kto? wer;
čo? was ꝛc.

e) Beziehende (relativa, poťažné), welche einen Satz auf eine vorher genannte Person oder Sache beziehen, als: ktorý, welcher ꝛc.

f) Unbestimmte (indefinita, neurčité), welche Perso= nen und Sachen auf unbestimmte Weise bezeichnen, als: nektorý, mancher; taký, solcher; žiaden, keiner ꝛc.

§. 17.
Von den persönlichen Fürwörtern.

Man unterscheidet in der Rede drei Personen. Die **erste Person,** welche spricht, wird durch das Fürwort ja, ich, ohne Unterschied des Geschlechtes ausgedrückt; die **zweite Person,** zu welcher man spricht, wird durch das Fürwort ty, du, auch ohne Unterschied des Geschlechtes; und die **dritte Person,** von welcher man spricht, durch on, er, für das männliche, ona, sie, für das weibliche, und ono, es, für das sächliche Geschlecht aus= gedrückt. Das **rückwirkende** (reflexivum, zvratné) seba oder sa bezieht sich in der slovakischen Sprache auf alle drei Geschlechter.

Die Abänderung der persönlichen Fürwörter ist folgende:

I. Muster.

Einfache Zahl.

1. Person.	2. Person.	Rückwirkend.
N. ja, ich.	ty, du.	— —
G. mňa, ma, meiner.	teba, ťa, deiner.	seba, sa, seiner.
D. mne, mi, mir.	tebe, ti, dir.	sebe, si, sich.
A. mňa, ma, mich.	teba, ťa, dich.	seba, sa, sich.
L. mne. —	tebe. —	sebe. —
I. mnou. —	tebou. —	sebou. —

Mehrfache Zahl.

N. my, wir.	vy, ihr.	
G. nás, unser.	vás, euer.	
D. nám, uns.	vám, euch.	
A. nás, uns.	vás, euch.	Wie die einf. Zahl.
L. nás. —	vás. —	
I. nami. —	vami. —	
Dl. nama. —	vama. —	

II. Muſter.

Einfache Zahl.

3. Perſon männl.	— weibl.	— ſächl.
N. on, er.	on-a, ſie.	on-o, es.
G. je-ho, ne-ho, ſeiner.	je-j, ne-j, ihrer.	je-ho, ne-ho, ſeiner.
D. je-mu, mu, ne-mu, ihm.	je-j, ne-j, ihr.	je-mu, mu, ne-mu, ihm.
A. je-ho, ho, ne-ho, ň, ihn.	ju, ňu, ſie.	je-ho, ho, ne-ho, ň, es.
L. ň-om. —	ne-j. —	ňo-m. —
I. ní-m. —	ňou. —	ní-m. —

Mehrfache Zahl.

N. on-i, ſie.	on-y ob. on-e, ſie.	
G. ji-ch, ni-ch, ihrer.	ji-ch, ni-ch, ihrer.	
D. ji-m, ni-m, ihnen.	ji-m, ni-m, ihnen.	
A. ji-ch, ni-ch, ne, ſie.	ji-ch, ne, ſie.	Wie weiblich.
L. ni-ch. —	ni-ch. —	
I. ni-mi. —	ni-mi. —	
Dl. ni-ma. —	ni-ma. —	

Bemerkungen.

1. Die Formen mit vorgeſetztem ň in der 3. Perſon werden nur nach den Vorwörtern gebraucht; z. B. od neho, von ihm; v ňom, in ihm; k nej, zu ihr ꝛc. Im Inſt. ſowohl der einf. als auch der mehrf. Zahl jedoch wird das ň auch ohne Vorwort beibehalten; z. B. ja som zemänom oddávna, tys' *nim* len teraz zostal, ich bin ſeit langeher ein Edelmann, du biſt erſt jetzt einer geworden. Der kurze Akk. auf ň kommt vor mit Vorwörtern: za-ň, ſtatt za neho, für ihn; pre-ň, ſtatt pre neho, für ihn; oder das e wird weggeworfen: zaňho, preňho, naňho.

Akk. der mehrf. Zahl jich gleich dem Gen. gilt für alle drei Geſchlechter; wird derſelbe aber mit Vorwörtern gebraucht, dann bezieht ſich nich bloß auf die perſönlichen männlichen Geſchlechtes; z. B. pre *nich* (mu-žov), für ſie, nämlich für die Männer; iſt dagegen die Rede von Gegenſtänden, die entweder unperſönlich, oder weiblich, oder ſächlichen Geſchlechtes ſind, ſo wird ne gebraucht; z. B. pre ne (kone, ženy, delá), für ſie, näm-lich entweder für die Pferde, oder für die Weiber, oder für die Kanonen.

2. Die längeren Formen des Dat.: mne, tebe, sebe, jemu, und des Akk.: mňa, teba, seba, jeho werden gebraucht:

a) Im Anfange des Satzes; z. B. *jemu* česť a sláva, ihm ſei die Ehre und der Ruhm; *teba* tam zabijú, dich wird man dort erſchlagen.

Daher man auch auf die Fragen mit längeren Formen antwortet; z. B.
koho viedli? *teba*, wen hat man geführt? dich.

b) Mit den Vorwörtern; z. B. hnevám sa *na* teba, ich bin böse
auf dich. Der kurze Akk. auf ň, wie oben unter 1. gesagt worden ist,
macht eine Ausnahme, indem derselbe mit der längeren und kürzeren Form
ausgedrückt werden kann.

c) Wo das Fürwort mit Nachdruck gebraucht wird; z. B. pán *mňa*
potrestal, der Herr hat mich (nicht Jemand anderen) gestraft.

Sonst werden stets die kürzeren Formen: mi, ti, si, mu, ma, ťa, sa,
ho gebraucht; z. B. daj *mi* pokoj, gib mir Ruhe; nikto *mu* neverí, Nie-
mand glaubt ihm; matka *la* volá, die Mutter ruft dich; veľmi *ho* ľúbim,
ich liebe ihn sehr ꝛc.

Aufgabe zum §. 17.

XXII.

Dich hat er gerufen und mir hat er gesagt. — Ohne mich
und dich werden sie nichts ausrichten. — Wir werden euch fortja-
gen, wenn ihr uns nicht gehorchet. — In dir wohnt ein böser
Geist. — Er hat seine Gemahlin mit sich genommen. — Die
Schwester ihrer Mutter ist gestorben. — Ich sage euch, daß ihr
mit ihnen gut umgehet. — Er kam zu ihr und hat sie begrüßt. —
Man hat Alles auf ihn geschoben. — Für ihn möchte ich sterben.
— Man hat dich ausgezeichnet. — Wem gehört dieses? Dir. —
Verzeihe mir, wenn ich dich beleidiget habe.

Hat — gerufen, volal.	Er kam, prišiel.
Hat — gesagt, povedal.	Zu, k (mit Dat.).
Werden — nichts ausrichten, nič nevykonajú.	Hat — begrüßt, pozdravil.
	Man hat — geschoben, zvalili.
Wir werden—fortjagen, odoženieme.	Alles, všetko.
Wenn, jestli.	Auf, na (mit Akk.).
Nicht gehorchet, nebudete poslušní.	Für, za (mit Akk.).
In, v (mit Lok.).	Möchte ich sterben, by som chcel zomreť.
Ein böser Geist, zlý duch.	
Hat — genommen, vzal.	Man hat — ausgezeichnet, vyzna- čili.
Mit, so (mit Inst.).	
Die Gemahlin, manželka.	Gehört, prináleží.
Ist gestorben, zomrela.	Dieses, toto.
Ich sage, hovorím.	Verzeihe, odpusť.
Daß ihr — gut umgehet, aby ste — dobre zachádzali.	Beleidiget habe, som — obrazil.

§. 18.
Von den zueignenden Fürwörtern.

Zueignende Fürwörter zeigen an, welcher von den drei Personen der Besitz einer Sache zukommt. Sie werden von den persönlichen in Form der Beiwörter abgeleitet und sind folgende: môj, mein; tvoj, dein; svoj, sein; náš, unser; váš, euer.

Um einen Besitz des männl. oder sächl. Geschlechtes 3. Person anzuzeigen, mag die besessene Sache welches Geschlechtes immer und in was immer für einer Zahl oder Endung sein, wird jeho gebraucht; z. B. jeho kôň, sein Pferd; jeho žena, sein Weib; jeho deti, seine Kinder; jeho sluhom, seinen Dienern ꝛc. Ist es aber eine Besitzerin, so steht jej; z. B. jej muž, ihr Mann; jej sestru, ihre Schwester ꝛc. Sind endlich mehrere Besitzer, so wird ohne Unterschied der Geschlechter jejich gebraucht; z. B. jejich domy, ihre Häuser; jejich veci, ihre Sachen ꝛc.

Die Abänderung der zueignenden Fürwörter ist folgende:

1. Muster.

Einfache Zahl.

1. Person männl.	— weibl.	— sächl.
N. V. môj, mein.	moj-a, meine.	moj-e, mein.
G. moj-eho, meines.	moj-ej, meiner.	moj-eho, meines.
D. moj-emu, meinem.	moj-ej, meiner.	moj-emu, meinem.
A. moj-eho, môj, meinen.	moj-u, meine.	moj-e, mein.
L. moj-om. —	moj-ej. —	moj-om. —
I. moj-ím. —	moj-ou. —	moj-ím. —

Mehrfache Zahl.

N. V. moj-i, -e, meine.	moj-e, meine.	
G. moj-ich, meiner.	moj-ich, meiner.	
D. moj-im, meinen.	moj-im, meinen.	
A. moj-ich, -e, meine.	moj-e, meine.	Wie weiblich.
L. moj-ich. —	moj-ich. —	
I. moj-imi. —	moj-imi. —	
Dl. moj-ima. —	moj-ima. —	

Nach dem I. Muster werden abgeändert: tvoj, tvoja, tvoje, dein, deine, dein; und svoj, svoja, svoje, sein, seine, sein.

II. Muster.

Einfache Zahl.

1. Person männl.	— weibl.	— sächl.
N. V. náš, unſer.	naš-a, unſere.	naš-e, unſer.
G. naš-eho, unſeres.	naš-ej, unſerer.	naš-eho, unſeres.
D. naš-emu, unſerem.	naš-ej, unſerer.	naš-emu, unſerem.
A. naš-eho, náš, unſe= ren.	naš-u, unſere.	naš-e, unſer.
L. naš-om. —	naš-ej. —	naš-om. —
I. naš-ím. —	naš-ou. —	naš-ím. —

Mehrfache Zahl.

N. V. naš-i, -e, unſere.	naš-e, unſere.	
G. naš-ich, unſerer.	naš-ich, unſerer.	
D. naš-im, unſeren.	naš-im, unſeren.	
A. naš-ich, -e, unſere.	naš-e, unſere.	Wie weiblich.
L. naš-ich. —	naš-ich. —	
I. naš-imi. —	naš-imi. —	
Dl. naš-ima. —	naš-ima. —	

Nach dem II. Muſter wird abgeändert: váš, vaša, vaše, euer, euere, euer.

Bemerkungen.

1. Anſtatt des längeren: mojeho, mojemu; našeho, našemu wird oft mit Wegwerfen des e kurzweg: môjho, môjmu; nášho, nášmu ge= braucht, nur muß in dieſem Falle die erſte Sylbe verlängert werden. Aber auch die ſonſt čechiſche Form: má, mé, ſtatt: moja, moje; mého, mému, ſtatt: mojeho oder môjho, mojemu oder môjmu kann in der ſlovakiſchen Schriftſprache, beſonders in Dichtungen, zweckmäßig angewendet werden. Namentlich ſind dieſe Formen in dem Gebete des Herrn (Otče náš) auch bei vielen Slovaken im Gebrauche.

2. In tvoj und svoj iſt das o kurz und nicht lang, wie in môj, weil dieſes letztere aus uo (muoj) entſtanden iſt, das iſt aber nicht der Fall bei den zwei erſteren. Das kurze o muß auch dann beibehalten werden, wenn anſtatt des längeren: tvojeho, svojeho 2c. das kürzere: tvojho, svojho ge= braucht wird. Von tvá, tvé, tvého; svá, své, svého 2c. gilt dasſelbe, was oben von má, mé 2c. geſagt worden iſt.

3. Wenn ſich das zueignende Fürwort auf das Subjekt des Satzes bezieht, ſo wird es bei allen drei Perſonen durch svoj, svoja, svoje ausge= brückt; z. B. cti otca *svojho* i matku *svoju*, ehre deinen Vater und deine Mutter; tu som aj so *svojou* deérou, hier bin ich auch mit meiner Tochter.

4. Wenn sich das deutsche sein nicht auf das Subjekt, sondern auf eine dritte Person bezieht, so setzt man in der slovakischen Sprache jeho: z. B. on hovorí so *svojou* dcérou, er spricht mit seiner (eigenen) Tochter; on hovorí s *jeho* dcérou, er spricht mit seiner (eines anderen) Tochter.

5. Wenn die 1. Person männl. Geschl. von einer anderen Person spricht, so ist der Akk. sowohl in der einf. als auch in der mehrf. Zahl gleich dem Gen.; z. B. mojeho brata, bedeutet: meines Bruders, aber auch: meinen Bruder; spricht man dagegen von einer Sache, so gleicht der Akk. dem Nom.; z. B. môj širák, mein Hut, aber auch: meinen Hut. Dies ist ein für allemal wohl zu merken.

6. In der mehrf. Zahl 1. Person männl. Geschl. wird, wenn von Personen die Rede ist, i, sonst aber e gebraucht; z. B. moji bratia, meine Brüder; moje širáky, meine Hüte; naši ženci, unsere Schnitter; naše kamene, unsere Steine.

Aufgabe zum §. 18.

XXIII.

Sage meinem Bruder und deiner Schwester meinen Gruß. — Glaube nicht meinen Feinden. — In deinem Hause haben wir uns gut unterhalten. — Auf deine Reden halte ich nichts. — Der Ruhm unseres Wohlthäters. — Durch ihre Fürsprache werden sie viel ausrichten. — Mit unserem und euerem Gelde sind sie fortgegangen. — Er ist mit seinem Vater angekommen. — Es gibt in eueren Weingärten sehr viel Bäume. — Nach unserer Ansicht ist es nicht wohl geschehen.

Sage, povedz.	Werden sie — ausrichten, vykonáte.
Glaube nicht, never.	Sind — fortgegangen, odišli.
Haben wir uns gut unterhalten, sme sa dobre zabávali.	Er ist — angekommen, prišiel.
Auf, na (mit Akk.).	Es gibt, jesto.
Halte ich nichts, nič nedržím.	Der Weingarten, vinohrad.
Der Wohlthäter, dobrodinec.	In, vo (mit Lok.).
Durch, kroz (mit Akk.).	Nach, dľa (mit Gen.).
Die Fürsprache, primluva.	Ist es nicht wohl geschehen, sa to nie dobre stalo.

§. 19.

Von den hinweisenden Fürwörtern.

Hinweisende Fürwörter weisen auf eine Person oder Sache hin und unterscheiden sie zugleich von allen anderen Personen oder Sachen; sind aber einfache: ten, tá, to, der, die, das; onen, oná, ono, jener, jene, jenes; und zusammengesetzte:

tento, táto, toto, dieſer, dieſe, dieſes; tamten oder henten, tamtá oder hentá, tamto oder hento, der dort, die dort, das dort; tenže, táže, tože, derſelbe, dieſelbe, dasſelbe.

Die Abänderung der hinweiſenden Fürwörter iſt folgende:

I. Muſter.

Einfache Zahl.

Männl.	Weibl.	Sächl.
N. te-n, der.	tá, die.	to, das.
G. to-ho, deſſen.	te-j, deren.	to-ho, deſſen.
D. to-mu, dem.	te-j, der.	to-mu, dem.
A. to-ho, te-n, den.	tú, die.	to, das.
L. to-m. —	te-j. —	to-m. —
I. tý-m. —	tou. —	tý-m. —

Mehrfache Zahl.

Männl.	Weibl.	Sächl.
N. tí, tie ob. té, die.	ty ob. tie ob. té, die.	
G. tý-ch, derer.	tý-ch, derer.	
D. tý-m, denen.	tý-m, denen.	
A. tý-ch, tie ob. té, die.	ty ob. tie ob. té, die.	Wie weiblich.
L. tý-ch. —	tý-ch. —	
I. tý-mi. —	tý-mi. —	
Dl. tý-ma. —	tý-ma. —	

Nach dem I. Muſter wird abgeändert: onen, oná, ono, jener, jene, jenes.

II. Muſter.

Einfache Zahl.

Männl.	Weibl.	Sächl.
N. ten-to, dieſer.	tá-to, dieſe.	to-to, dieſes.
G. toho-to, dieſes.	tej-to, dieſer.	toho-to, dieſes.
D. tomu-to, dieſem.	tej-to, dieſer.	tomu-to, dieſem.
A. toho-to, ten-to, dieſen.	tú-to, dieſe.	to-to, dieſes.
L. tom-to. —	tej-to. —	tom-to. —
I. tým-to. —	tou-to. —	tým-to. —

Mehrfache Zahl.

N. tí-to, tie-to ob. té- | ty-to ob. tie-to ob.
   to, tiefe. | té-to, tiefe.
G. tých-to, tiefer. | tých-to, tiefer.
D. tým-to, tiefen. | tým-to, tiefen.
A. tých-to, tie-to ob. | ty-to ob. tie-to ob. | Wie weiblich.
   té-to, tiefe. | té-to, tiefe.
L. tých-to. — | tých-to. —
I. tými-to. — | tými-to. —
Dl. týma-to. — | týma-to. —

Nach dem II. Muster werden abgeändert: tamten oder hen-
ten, der dort; und tenže, derselbe.

Bemerkung.

In den zusammengesetzten: ten-to, ten-že, tam-ten, hen-ten bleibt
die zugefügte Partikel to, že, tam, hen unverändert, und wird bloß
das einfache Fürwort ten, tá, to. wie aus dem II. Muster ersichtlich, abge-
ändert.

Aufgabe zum §. 19.

XXIV.

Weiche dem Menschen aus, der betrunken ist. -- Ich habe
jene Frau gesehen. — Mit diesem Gegenstande werden wir uns
nicht ausgleichen. — Dasselbe Buch habe ich selbst gesehen. —
Mit dem dort ist nicht zu scherzen.

Weiche — aus, vyhni. | Habe ich selbst gesehen, som sám vi-
Der betrunken ist, ktorý je opilý. | del.
Ich habe — gesehen, videl som. | Mit, s (mit Inst.).
Werden wir uns nicht ausgleichen, sa | Dort, tam.
   nevyrovnáme. | Ist nicht zu scherzen, niet božartovať.

§. 20.
Von den fragenden Fürwörtern.

Fragende Fürwörter sind diejenigen, mit welchen man
nach einer Person oder Sache fragt, und sind hauptwörtlich
einfache, als: kto? wer; čo? was; und zusammengesetzte,
als: ni-kto oder nik, Niemand; ni-č statt ni-čo, nichts; ne-
kto oder da-kto, Jemand; čo-si, etwas; kto-koľvek, wer im-
mer; čo-koľvek, was immer ꝛc. Hieher gehören ferner die bei-

wörtlich einfachen: ký, ká, ké? welcher, welche, welches; und čí (j), čia, čie, weſſen; wie auch die aus ſolchen zuſammen=geſetzten: neč-í, Jemand ſeiner; ni-čí, Niemand ſeiner; čí-kolvek, weſſen immer ꝛc.

Die Abänderung der fragenden Fürwörter iſt folgende:

1. Muſter.

Bloß einfache Zahl.

N. k-to oder k-do, wer.	čo, was.
G. ko-ho, weſſen.	čo-ho, weſſen.
D. ko-mu, wem.	čo-mu, wem.
A. ko-ho, wen.	čo, was.
L. ko-m. —	čo-m. —
I. ký-m. —	čí-m. —

Nach dieſem Muſter werden abgeändert alle oben erwähnten hauptwörtlich zuſammengeſetzten im Sinne der Bemerkung, welche zum §. 19. II. Muſter von den hinweiſenden zuſammengeſetzten ge=macht worden ſind.

II. Muſter.

Einfache Zahl.

	Männl.	Weibl.	Sächl.
N.	ký, welcher.	ká, welche.	ké, welches.
G.	ký-ho, welches.	ke-j, welcher.	ký-ho, welches.
D.	ký-mu, welchem.	ke-j, welcher.	ký-mu, welchem.
A.	ký-ho, ký, welchen.	kú, welche.	ké, welches.
L.	k-om. —	ke-j. —	ko-m. —
I.	ký-m. —	kou. —	ký-m. —

Mehrfache Zahl.

N. kí, ké, welche.	ké, welche.	
G. ký-ch, welcher.	ký-ch, welcher.	
D. ký-m, welchen.	ký-m, welchen.	
A. ký-ch, ké, welche.	ké, welche.	Wie weiblich.
L. ký-ch. —	ký-ch. —	
I. ký-mi. —	ký-mi. —	
Dl. ký-ma. —	ký-ma. —	

Bemerkung.

Das beiwörtliche **či** (j) und die daraus entstandenen: ne-**či**, ni-**či**, **či-kol'vek** werden nach dem I. Muster (§. 18.) des zueignenden Fürwortes **môj** abgeändert; z. B. **či** (j), **čijeho**, **čijemu**; **čija**, **čijej**; ne**čijemu**, v ni**čijom**; **čijehokol'vek** ꝛc.

Aufgabe zum §. 20.

XXV.

Wem gehört jenes Haus? Wem immer. — Heute hat man Jemand verurtheilt. — Was immer befohlen wird, machet. — Wessen Tochter hat man begraben? — Jemand hat Äpfel gestohlen.

Wem gehört, komu prináleží.	Machet, robte.
— hat man verurtheilt, odsúdili.	— hat man begraben, pochovali.
Befohlen wird, sa rozkáže.	Hat — gestohlen, ukradnul.

§. 21.
Von den beziehenden Fürwörtern.

Beziehende Fürwörter beziehen einen neuen Satz auf einen vorher genannten Gegenstand, und bringen diesen Gegenstand in Verbindung mit dem neuen Satze; sie sind also Fürwörter und Bindewörter zugleich. Wohl gibt es in der slovakischen Sprache eigentlich nur ein beziehendes Fürwort: ktorý, ktorá, ktoré, welcher, welche, welches, aber es werden öfters die fragenden Fürwörter im beziehenden Sinne genommen; z. B. *kto* neskoro chodí, sám sebe škodí, wer spät kommt, schadet sich selbst, anstatt: ten, ktorý ꝛc., der, welcher ꝛc.; víťaz, čo sa vás nebojí, ein Held, der euch nicht fürchtet, anstatt: víťaz, ktorý sa vás nebojí ꝛc.

Das beziehende Fürwort ktor-ý, -á, -é wird ganz so, wie das Beiwort dobr-ý, -á, -é, (§. 26. I. Must.) abgeändert, und stimmt mit dem Worte, auf welches es sich bezieht, im Geschlechte und in der Zahl, aber nicht immer in der Endung überein; z. B. človek, ktorý má rozum, ein Mensch, welcher Verstand hat; hra, ktorú milujem, ein Spiel, welches ich liebe ꝛc.

Aufgabe zum §. 21.

XXVI.

Ein Mensch, welchem man nicht trauen kann. — Die Gedanken, welche in unseren Köpfen entstanden sind. — Diejenigen

Leute, deren Land man verwüstete. — Mit welchem Mädchen wollen sie sich verheirathen? — Das sind Städte, in welchen die Gerechtigkeit ausgeübt wird.

Nicht trauen kann, nemožno veriť.	Wollen sie, chcete.
Entstanden sind, povstaly.	Sich verheirathen, sa oženiť.
— man verwüstete, zpustošili.	Ausgeübt wird, sa vykonáva.

§. 22.
Von den unbestimmten Fürwörtern.

Unbestimmte Fürwörter werden jene Redetheile genannt, welche der Form nach Beiwörter, der Beschaffenheit nach Fürwörter sind, von denen aber schwer zu bestimmen ist, in welche Kathegorie der Fürwörter sie gehören und deswegen unbestimmte heißen. Solche sind : jaký, jaká, jaké, was für einer, — eine, — eins; tak-ý, -á, -é, solch=er, =e, =es; und aus diesen zusammengesetzte: ne-jaký oder da-jaký, jaký-si, irgend einer; ni-jaký, keinerlei; všeli-jaký, mancherlei; jaký-koľvek, was immer für einer; ne-taký, nicht solcher 2c.; koľk-ý, -á, -é, der, die, das wievielste; druhý, iný, inší, inakší, ein anderer; jediný, ein einziger; nektorý, mancher; samý, lauter; každý, jeder; samotný, allein; jeden-každý, ein jeder; žiaden, niemand; sám, selbst 2c.

Alle diese Fürwörter werden regelmäßig, wie die Beiwörter „dobrý" und „boží" (§. 26. I. und II. Must.) abgeändert; nur die drei letzteren: jedenkaždý, žiaden und sám weichen in etlichen Endungen ab. (Sieh §. 30. Bem. 1.)

Aufgabe zum §. 22.

XXVII.

Was für einen Knaben haben sie gerufen? Einen solchen, welcher ihnen gefallen wird. — Er spricht mit irgend einem Handwerker. — Hier gibt es mancherlei Gebräuche. — Einen jeden haben sie verwundet. — Mit einem jeden ist erlaubt zu sprechen.

Haben sie gerufen, ste zavolali.	Der Gebrauch, obyčaj.
Gefallen wird, sa — bude ľúbiť.	Haben sie verwundet, poranili.
Er spricht, on hovorí.	Ist erlaubt zu sprechen, je slobodno
Hier gibt es, tu jesto.	hovoriť.

Drittes Kapitel.

§. 23.

Von dem Beiworte.

Das Beiwort (nomen adjectivum, meno prídavné) bezeichnet irgend eine dem Gegenstande beigelegte Eigenschaft oder Beschaffenheit desselben; z. B. studený kameň, kalter Stein; biely koň, weißes Roß ꝛc. und ist der Endung nach ein bestimmtes (determinatum, určité) und ein unbestimmtes (indeterminatum, neurčité).

A) Die bestimmten Beiwörter schließen im männl. Geschlechte mit ý oder í, im weibl. mit á oder ia, im sächl. mit é oder ie; wenn aber die vorhergehende Sylbe lang ist, der im §. 3. *B.* angegebenen Regel nach, schließen sie mit kurzen y, i, a, e und werden dort gebraucht, wo in der deutschen Sprache das Beiwort mit dem Geschlechtsworte vorkommt; z. B. zdravý človek, der gesunde Mensch; zdravá osoba, die gesunde Person; zdravé telo, der gesunde Leib; krásny muž, der schöne Mann; krásna žena, das schöne Weib; krásne diefa, das schöne Kind; národní kroj, die Nationaltracht; národnia reč, die Nationalsprache; národnie divadlo, das Nationaltheater; božia vôľa, der Wille Gottes, wörtlich, der göttliche Wille ꝛc.

Wann ein bestimmtes Beiwort mit ý, á, é, also hart: pekný, pekná, pekné, der, die, das schöne; und wann mit í, ia, ie, also weich: národní, národnia, národnie, der, die, das nationale, schließen soll, ist in manchen Fällen schwer zu bestimmen. In der böhmischen Rechtschreibung macht man den Unterschied zwischen adjectiva concreta, etwas in sich fassende (obsažné lebo skutočné) und relativa oder contracta, beziehende oder zusammengezogene Beiwörter (poľažné lebo stiahnuté), und man stellt dann die Regel auf: die concreta werden stets hart, die relativa oder contracta aber weich geschlossen; z. B. mladý, jung, faßt in sich die Jugend, also konkret, folglich hart geschlossen; dnešní, heutig, bezieht sich auf den heutigen Tag, also relativ oder kontrakt, folglich weich geschlossen. Allein diese Regel läßt sich in der böhmischen Rechtschreibung selbst, wo sie von größerer Wichtigkeit ist als bei uns, mit aller Sicherheit und in allen Fällen nicht anwenden. Wir wollen also auch hierin den Werken Hattala's folgen, der jene Fälle angibt, in

welchen das Beiwort mit í, ia, ie, also weich geschlossen werden
soll; selbstverständlich muß dann bei allen übrigen Beiwörtern der
harte Schluß vorausgesetzt werden; die Fälle aber sind:

a) Alle Beiwörter, die von den Hauptwörtern, welche be-
lebte Wesen bezeichnen, besonders Thiernamen abgeleitet werden,
schließen mit í, ia, ie, oder wenn die vorletzte Sylbe schon lang
ist, im Sinne des §. 3. *B.* mit i, a, e; z. B. Boh, Gott, boží;
človek, der Mensch, člověčí; vlk, der Wolf, vlčí; ryba, der
Fisch, rybí; hus, die Gans, husí; pes, der Hund, psí; koza,
die Ziege, kozí; had, die Schlange, hadí; jeleň, der Hirsch,
jelení; knieža, der Fürst, kniežací; zviera, das Thier, zvie-
rací; hieher gehört auch domáci, von dom, das Haus und ná-
rodní, von národ, die Nation.

Diese Form der slovakischen Beiwörter entspricht dem Gen.
anderer Sprachen; z. B. božie slovo, verbum Dei, das Wort
Gottes ꝛc. Im Deutschen werden außerdem diese Beziehungen
durch ein anderes bestimmendes Hauptwort, das mit dem bestimm-
ten zu einem neuen Begriffe zusammenschmilzt, gegeben; z. B.
hovädzie mäso, das Rindfleisch); jelení roh, das Hirschgeweih ꝛc.

b) Manche, welche durch ní, nia, nie und tí, tia, tie ge-
bildet werden, als: predni, der vordere; sredni, der mittlere;
zadní, der hintere; první, der erste; ostatní, der letzte; vrchní,
der obere; spodní, der untere; všední, der tägliche; treti, der
dritte ꝛc.

c) Die von dem Mittelworte der gegenwärtigen und vergan-
genen Zeit gebildeten Beiwörter; z. B. nesúc, tragend, nesúc-i,
-a, -e, der, die, das tragende; ležiac, liegend, ležiac-i, -a,
-e, der, die, das liegende; byv, gewesen, von byľ, sein, byvši,
byvša, byvšie, der, die, das gewesene ꝛc.

d) Die vom Infinitiv der Zeitwörter, das ľ in c verwan-
delnd, gebildeten; z. B. ukazovať, zeigen, ukazovac-í, -ia,
-ie, der, die, das zeigende; písať, schreiben, písac-í, -ia, -ie,
der, die, das schreibende ꝛc.

e) Jene Beiwörter, welche von Nebenwörtern durch ší oder
ejší gebildet werden; z. B. tuto, hier, tutejší, der hiesige; tam,
dort, tamejší, der dortige. (Sieh §. 25. Bem.)

f) Die Steigerungen der Beiwörter sowohl in der ersten
als auch in der zweiten Stufe (comparativus et superlativus);
z. B. krásnejší, der schönere, najkrásnejší, der schönste ꝛc.

g) Endlich ist als Richtschnur zu beobachten, daß ein jedes
bestimmte Beiwort, dessen vorletzter Mitlaut weich ist (§. 1. Bem.
2.), ohne alle andere Rücksichten weich schließen muß.

Alle übrigen Beiwörter werden, wenn sie sich in eine oder andere der hier aufgezählten Kathegorien nicht einreihen lassen, mit ý, á, é, und in Bezug auf den §. 3. *B.* mit y, a, e, also hart geschlossen; z. B. slep-ý, -á, -é, der, die, das blinde; úzk-y, -a, -e, der, die, das schmale 2c.

B) Die unbestimmten Beiwörter, welche man einst dort gebrauchte, wo in anderen Sprachen das Beiwort ohne Geschlechts= wort stand; z. B. ja som zdrav, ich bin gesund, sind in der slo= vakischen Sprache beinahe gänzlich außer Gebrauch gekommen, und schließen im männl. Geschl. mit einem harten Mitlaut, im weibl. mit a, und im sächl. mit o. Solche gibt es eigentlich nur vier: dlžen, dlžna, dlžno, schuldig; hoden, hodna, hodno, werth; vinen, vinna, vinno, strafbar, und rád, rada, rado, erfreut.

Außer diesen gehören zu den unbestimmten noch die zueig= nenden Beiwörter, welche so gebildet werden, wenn man zu dem Hauptworte im männl. Geschl. ov, ova, ovo, im weibl. aber, mit Hinweglassung des letzten Lautes, in, ina, ino beifügt; z. B. pán, der Herr, pán-ov, pán-ova, pán-ovo, dem Herrn eigen; matka, die Mutter, matk-in, matk-ina, matk-ino, der Mutter eigen 2c.

§. 24.
Von den Vergrößerungs- und Verkleinerungsformen der Beiwörter.

So wie die Hauptwörter (§. 7.), können auch die Beiwörter in vergrößerter und verkleinerter Form gebraucht werden.

A) Die Vergrößerungen geschehen:

a) Durch die Endung atý, atá, até; z. B. nos, die Nase, nos-atý, der großnasige 2c.; ausgenommen: bohatý, reich; stra= katý, scheckig; gul̕atý, rund.

b) Durch natý, natá, naté; z. B. hora, das Gebirge, hor= natý, gebirgig; skala, der Felsen, skal-natý, felsig 2c.

c) Durch ižný, ižná, ižné, wo das k in č übergeht; z. B. veliký, groß, velič-ižný, sehr groß; vysoký, hoch, vysoč-ižný, sehr hoch 2c.

B) Die Verkleinerungen geschehen:

a) Durch ičký oder učk-ý, -á, -é; z. B. malý, klein, mal-ičký oder mal̕-učky, sehr klein; krátky, kurz, krat-učký, sehr kurz 2c.

b) Durch inký oder unk-ý, -á, -é; z. B. malý, mal-inký; sladký, süß, slad-unký, sehr süß; biely, weiß, biel-unký, sehr weiß 2c.

c) Durch ičičký, učičký, ilinký, ulinký mit Verdoppelung der oben erwähnten; z. B. mal-ičičký, krat-učičký, mal-ilinký, drobn-ulinký 2c.

§. 25.
Von der Steigerung der Beiwörter.

Man kann einem jeden Gegenstande die ihm zukommende Eigenschaft entweder unbedingt und ohne Vergleich, oder beziehungsweise und im Vergleich mit anderen Gegenständen beilegen; z. B. ein Stoff kann an und für sich hart sein, aber ein anderer, mit dem man ihn vergleicht, kann mehr hart sein, und noch ein anderer kann im Vergleich mit diesem und mehreren anderen am meisten hart sein. Dieser verschiedene Zustand der Eigenschaft wird Stufe (gradus, stupeň), und die Art, wie dieser Zustand den Regeln gemäß angedeutet werden soll, Steigerung (comparatio, stupňovanie) genannt.

Wird der Gegenstand mit keinem anderen verglichen, so befindet sich derselbe in dem natürlichen Zustande; z. B. slabý muž, ein schwacher Mann; stellt man aber einen Vergleich an, so entsteht die Steigerung, und dann ist Folgendes zu beobachten:

A) Die erste Stufe der Steigerung (gradus comparativus, stupeň prvý) entsteht, wenn die im natürlichen Zustande sich befindlichen Beiwörter im männl. Geschl. ší oder ejší, im weibl. šia oder ejšia und im sächl. šie oder ejšie annehmen.

Die kürzere Form auf ší, šia, šie, vor welcher das s in š und z in ž übergeht, nehmen an:

a) Jene Beiwörter, welche mit ký, eký, oký endigen und diese Endungen in besagte Formen verwandeln; z. B. hlad-ký, der glatte, hlad-ší; ďal-eký, der entfernte, ďal-ší; vys-oký, der hohe, vyš-ší; níz-ky, der niedere, niž-ší 2c., ausgenommen: horký, bitter; trpký, herbe; rezký, munter; krehký, zerbrechlich, welche die längere Form auf ejší verlangen: horkejší, trpkejší, rezkejší, krehkejší.

b) Jene, welche vor dem Auslaut ý oder y die Mitlaute b, d, h, ch, p haben; z. B. slabý, schwach, slabší; mladý, jung, mladší; drahý, theuer, drahší; suchý, trocken, suchší; tupý, abgestumpft, tupší. Dazu kommen: zdravý, gesund, zdravší;

tmavý, finfter, tmavší; starý, alt, starší; bohatý, reich, bohatší.

c) Die unregelmäßigen: dobrý, gut, lepší; zlý, schlecht, horší; malý, klein, menší; veľký, groß, vätší; dlhý, lang, delší oder dlhší.

Alle übrigen Beiwörter, die zu den oben angegebenen nicht gehören, nehmen die längere Form ejší, ejšia, ejšie an; z. B. pekný, hübsch, peknejší; hustý, dicht, hustejší ꝛc.

Beide Formen sind gebräuchlich in: krásny, schön, krajší oder krásnejší; biely, weiß, belší oder belejší; milý, lieb, milší oder milejší; planý, wild, planší oder planejší.

B) Die zweite Stufe (gradus superlativus, stupeň druhý) entsteht, wenn vor den Komparativ die Sylbe naj, welche aus dem Vorworte nad, über, entstanden zu sein scheint, vorgesetzt wird; z. B. krásnejší, der schönere, naj-krásnejší, der schönste; lepší, der bessere, naj-lepší, der beste ꝛc.

C) Jene Beiwörter, die insoweit eine bestimmte Eigenschaft besitzen, als man sich dabei einen höheren oder niederen Grad nicht denken kann, sind der Steigerung nicht unterworfen, solche sind:

a) Večný, ewig; časný, zeitlich; celý, ganz; mrtvý, todt; nemý, stumm; ústny, mündlich; písemný, schriftlich; jediný, einzig.

b) Alle durch ov und in gebildeten zueignenden, als: synov, dem Sohne; matkin, der Mutter gehörig; wie auch die von denselben abgeleiteten oder der Bedeutung nach ihnen ähnlichen auf ovský, inský und ský ausgehenden; z. B. bratovský, brüderlich; budínsky, Ofner; peštanský, Pester ꝛc.

c) Alle Zahl- und Fürwörter beiwörtlicher Form; z. B. prvý, der erste; dvojaký, zweifach; každý, jeder; žiadny, keiner ꝛc.

d) Die stofflichen Beiwörter, als: zlatý, goldener; srieborný, silberner; železný, eiserner; drevený, hölzerner ꝛc.

e) Alle weich geschlossenen im §. 23. unter A. a. b. c. d. angeführten; z. B. boží, göttlich; zadní, der hintere; ležiaci, der liegende; ukazovací, der zeigende ꝛc.

Bemerkung.

In der slovakischen Sprache gibt es mehrere Beiwörter, welche meistens von Nebenwörtern durch ší oder ejší, ähnlich der Steigerung, gebildet werden, die aber durchaus keinen vergleichenden Zustand ausdrücken, als: teraz, jetzt, terajší; včera, gestern, včerajší; zajtra, morgen, zajtrajší; tuto oder tuná, hier, tutejší oder tunajší; tam, dort, tamejší;

nekdy, einſt, nekdajší; vždy oder vožůy, immer, vezůa;ší; inak, anderø, inakší; iný, ein anderer, inší ꝛc.

§. 26.

Von der Abänderung der beſtimmten Beiwörter.

Die beſtimmten Beiwörter folgen zwei Abänderungsmuſtern, nämlich der harten und der weichen.

I. Muſter

(der harten).

Einfache Zahl.

Männl.	Weibl.	Sächl.
N. dobr-ý, der gute.	dobr-á, die gute.	dobr-é *), das gute.
G. dobr-ého, des guten.	dobr-ej, der guten.	dobr-ého, des guten.
D. dobr-ému, dem guten.	dobr-ej, der guten.	dobr-ému, dem guten.
A. dobr-ého, -ý, den ten.	dobr-ú, die gute.	dobr-é, das gute.
V. dobr-ý. —	dobr-á. —	dobr-é. —
L. dobr-om. —	dobr-ej. —	dobr-om. —
I. dobr-ým. —	dobr-ou. —	dobr-ým. —

Mehrfache Zahl.

N. dobr-í, -é, die guten.	dobr-é, die guten.	
G. dobr-ých, der guten.	dobr-ých, der guten.	
D. dobr-ým, den guten.	dobr-ým, den guten.	
A. dobr-ých, -é, die guten.	dobr-é, die guten.	Wie weiblich.
V. dobr-í, -é. —	dobr-é. —	
L. dobr-ých. —	dobr-ých. —	
I. dobr-ými. —	dobr-ými. —	
Dl. dobr-ýma. —	dobr-ýma. —	

---

*) Einige ſchreiben dobrô.

II. Muſter

(der weichen).

Einfache Zahl.

Männl.	Weibl.	Sächl.
N. bož-í, der göttliche.	bož-ia, die göttliche.	bož-ie, das göttliche.
G. bož-ieho, des gött-lichen.	bož-ej, der göttli-chen.	bož-ieho, des göttli-chen.
D. bož-iemu, dem göttlichen.	bož-ej, der göttli-chen.	bož-iemu, dem gött-lichen.
A. bož-ieho, -í, den göttlichen.	bož-iu, die göttli-che.	bož-ie, das göttliche.
V. bož-í. —	bož-ia. —	bož-ie. —
L. bož-om. —	bož-ej. —	bož-om. —
I. bož-ím. —	bož-ou. —	bož-ím. —

Mehrfache Zahl.

N. bož-í, -ie, die gött-lichen.	bož-ie, die göttli-chen.	
G. bož-ích, der gött-lichen.	bož-ích, der göttli-chen.	
D. bož-ím, den gött-lichen.	bož-ím, den göttli-chen.	
A. bož-ích, -ie, die göttlichen.	bož-ie, die göttli-chen.	Wie weiblich.
V. bož-í, -ie. —	bož-ie. —	
L. bož-ích. —	bož-ích. —	
I. bož-ími. —	bož-ími. —	
Dl. bož-íma. —	bož-íma. —	

A) Nach dem I. Muſter werden abgeändert:

a) Alle beſtimmten Beiwörter, welche vor dem Auslaut ý, á, é oder y, a, e einen harten Mitlaut haben; z. B. slabý, der ſchwache; chorý, der kranke; čierny, der ſchwarze; biely, der weiße ꝛc.

b) Jene Beiwörter, welche im hauptwörtlichen Sinne ge-braucht werden, ſolche ſind:

1. Familiennamen männlich auf sky, cky; weiblich auf ska, cka; z. B. Jelen-sky, -ska; Pala-cky, -cka.

2. Namen der Ämter; z. B. dúchodný, Rentmeiſter, dú-chodná, Rentmeiſters Frau; slúžny, Stuhlrichter ꝛc.

3. Gemeinschaftlich=männlichen, als: zlatý, Gulden; poddaný, Unterthan; =sächlichen, als: jarmačné, Marktgeschenk; putové, Wallfahrtsgeschenk; vstupné, Eintrittsgeld; prepitné, Trinkgeld; výslužné, Pensionsgehalt 2c.

B) Nach dem II. Muster werden abgeändert:

a) Alle jene bestimmten Beiwörter, welche im §. 23. unter *A. a. b. c. d. e.* aufgezählt worden sind; z. B. kniežaci, der fürst= liche; první, der erste; byvší, der gewesene; ukazovací, der zei= gende; tutejší, der hiesige 2c.

b) Die Steigerung der Beiwörter; z. B. krásnejší, der schönere, najkrásnejší, der schönste 2c.

Bemerkungen.

1. In der Abänderung jener bestimmten Beiwörter, in welchen die vorletzte Sylbe lang ist, müssen, der im §. 3. *B.* angegebenen Regel nach, die Endungen, den Inst. in on ausgenommen, kurz bleiben; z. B. krásny, krásneho, krásnemu.

2. Daß in derselben Abänderung d, l, n, t vor e in der Endung ausnahmsweise nicht erweicht wird, ist im §. 4. *C. b.* 2. gesagt worden.

3. Die beiwörtlichen Zunamen, hauptsächlich welche auf ni, ci, ey und ay ausgehen, statt icho, iemu, ého, ému haben iho, imu, yho, ymu ; z. B. Kubáni, Kubániho; Miškolci, Miškolciho; Sitkey, Sitkeyho; Stá= ray, Stárayho 2c.

Aufgaben zum §. 26.

XXVIII.

Die Eigenschaft des scharfen Verstandes. — Dem ausge= lassenen Menschen gehe aus dem Wege. — Kranke Leute stärken sich durch gute Suppe. — Dem schwachen Weibe und den starken Männern. — Ihr befindet euch in einer schlechten Lage. — Rufe die folgsamen Kinder hieher. — Einen verständigen Rath verwerfe nicht. — Deinen leichtsinnigen Reden wird Niemand Glauben schenken.

Ausgelassen, rozpustilý
Stärken sich, sa posilňujú.
Ihr befindet euch, vy sa vynachá-
    dzate.
Rufe — hieher, zavolaj semká.

Verständig, rozumný.
Verwerfe nicht, nezavrhuj
Leichtsinnig, ľahkomyslný.
Wird Niemand Glauben schenken,
    nikto neuverí.

XXIX.

Man hat den jüngsten Sohn des fürstlichen Beamten ausgewiesen. — Es ist nicht erlaubt die Nationalsprache zu unterdrücken. — Aus dem oberen Stockwerke sind sie herabgefallen. — Man hat dem hiesigen Kaufmanne Geld gestohlen. — Auf den höchsten Gebirgen pflegen sich die Adler aufzuhalten.

Man hat — ausgewiesen, vypovedali.	Sind — herabgefallen, dolu spadli.
Den jüngsten, najmladšieho.	Man hat — gestohlen, ukradli.
Es ist nicht erlaubt, neslobodno.	Auf den höchsten, na najvyšších.
Zu unterdrücken, utlačovať.	Das Gebirge, vrch.
Das Stockwerk, poschodie.	Pflegen sich — aufzuhalten, sa zdržievajú.

XXX.

Vo vašej zahrade červené ruže poodtrhovali. — Pani Kopeckej muža vyznačili. — Darovanému koňovi na zuby sa nehľadí. — Daj sem tú ukazovaciu ruku. — Tamejšiemu vojakovi uši zamrzly. — V suchom roku očakávaj zlú žatvu. — Statočného človeka všade radi vidia. — Majte čisté svedomie a budete šťastliví.

Vo, in (mit Lok.).	Suchý, trocken.
Červený, roth.	Očakávaj, warte.
Poodtrhovali, man hat — abgerissen.	Statočný, ehrlich.
Darovaný, geschenkt.	Všade, überall.
Sa nehľadí, schaut man nicht.	Radi vidia, sieht man gerne.
Na, auf (mit Akk.).	Majte, habet.
Daj sem, gib hieher.	Čistý, rein.
Zamrzly, sind gefroren.	Budete, ihr werdet.

§. 27.

Von der Abänderung der unbestimmten Beiwörter.

Die einstige hauptwörtliche oder natürliche Abänderung der unbestimmten Beiwörter ist jetzt, wenige Reste (§. 13. I. Bem. 4.) ausgenommen, in der slov. Sprache gänzlich außer Gebrauch gekommen, und unterscheidet sich nur durch kurze Auslaute von der Abänderung der bestimmten Beiwörter.

Muſter.

Einfache Zahl.

Männl.	Weibl.	Sächl.
N. synov, Sohn ſeiner.	synov-a, Sohn ſeine.	synov-o, Sohn ſein.
G. synov-ho, Sohn ſeines.	synov-ej, Sohn ſeiner.	synov-ho, Sohn ſeines.
D. synov-mu, Sohn ſeinem.	synov-ej, Sohn ſeiner.	synov-mu, Sohn ſeinem.
A. synov-ho, synov, Sohn ſeinen.	synov-u, Sohn ſeine.	synov-o, Sohn ſein.
V. synov. —	synov-a. —	synov-o. —
L. synov-om. —	synov-ej. —	synov-om. —
I. synov-ym. —	synov-ou. —	synov-ym. —

Mehrfache Zahl.

Männl.	Weibl.	Sächl.
N. synov-i, -e, Sohn ſeine.	synov-e, Sohn ſeine.	
G. synov-ych, Sohn ſeiner.	synov-ych, Sohn ſeiner.	
D. synov-ym, Sohn ſeinen.	synov-ym, Sohn ſeinen.	Wie weiblich.
A. synov-ych, -e, Sohn ſeine.	synov-e, Sohn ſeine.	
V. synov-i, -e. —	synov-e. —	
L. synov-ych. —	synov-ych. —	
I. synov-ymi. —	synov-ymi. —	
Dl. synov-yma. —	synov-yma. —	

Nach dieſem Muſter werden abgeändert alle unbeſtimmten zueignenden Beiwörter auf ov, ova, ovo, als: pán-ov, -ova, -ovo, dem Herrn gehörig, und in, ina, ino, als: matk-in, -ina, -ino, der Mutter gehörig.

Hieher gehören auch etliche weibliche Hauptwörter, als: kráľovna, die Königin; gazdina, die Wirthin ꝛc., wie im §. 13. I. Bem. 4. angedeutet worden iſt.

Die übrigen unbeſtimmten, nämlich: dlžen, hoden, vinen, folgen dieſem Muſter nur im Nom. und Akk. ſowohl der einf. als auch der mehrf. Zahl. In den übrigen Endungen werden ſie nach dem Muſter der beſtimmten „dobrý“ (§. 26.) abgeändert, alſo: dlžného, dlžnému ꝛc. Rád, gerne, und zuſammengeſetzt: nerád,

ungerne, nebenwörtlich gebraucht, werden nur im Nom. abgeän=
dert: einf. Zahl männl. rád, weibl. rada, sächl. rado; mehrf.
Zahl männl. radi, weibl. und sächl. rady.

Bemerkung.

Daß in dieser Abänderung n vor e im Gen., Dat. und Lok. einf.
Zahl: matkinej, kráľovnej; dann im Nom., Akk. und Vok. mehrf. Zahl:
matkine, kráľovne, nicht erweicht wird, ist im §. 4. C. 3. gesagt worden.

Aufgaben zum §. 27.

XXXI.

Ich fürchte den Hund des Nachbarn. — Ich habe es dem
Kutscher des Pfarrers gegeben. — Das Wort des Menschen kann
sehr viel ausrichten. — Man tödtete den Sohn des Soldaten. —
Ich habe den Töchtern des Goldarbeiters etwas gesagt. — Mit
den Worten des Vaters bin ich zufrieden.

Ich fürchte, bojím sa.	Man tödtete, zabili.
Ich habe — gegeben, dal som.	Ich habe — gesagt, povedal som.
Kann — ausrichten, môže vyko-	Der Goldarbeiter, zlatník.
nať.	Zufrieden, spokojný.

XXXII.

Die Tochter soll nichts thun ohne den Rath der Mutter. —
Dem Sohne der Bäuerin hat der Richter etwas befohlen. — Er
war stumm auf die Bitte der Witwe. — Das sind Spielereien der
Kinder der Gräfin. — Befehle den Mägden der Frau, daß sie in
den Garten gehen. — Das habe ich für die Gelder der Schwester
gekauft.

Soll nichts thun, nemá nič ro-	Die Spielerei, hračka.
biť.	Befehle, rozkáž.
Hat — befohlen, rozkázal.	Daß sie — gehen, aby išly.
Er war, on bol.	Das habe ich — gekauft, to som
Auf, na (mit Akk.).	kúpil.
Das sind, to sú.	Für, za (mit Akk.).

XXXIII.

Zemänovho sluhu za vojaka nebrali. — Pri kňazovom
dome oheň vypuknul. — Tak som čítal v knihách Bernoláko-
vych. — Polož k otcovym listom i moje písmo. — Kuchárkina
čistota je nado všetko. — Bez kmotrinej pomoci bola by zahy-
nula. — Povedz sestrinym deťom, aby do úradníkovho dvora
nechodily.

Zemän, der Edelmann.
Za, zu (mit Akk.).
Nebrali, man hat — nicht genommen.
Pri, bei (mit Lok.).
Vypuknul, ist ausgebrochen.
Tak som čital, so habe ich gelesen.
Polož, lege.
List, der Brief.
Písmo, das Schreiben.

Čistota, die Reinlichkeit.
Je nado všetko, ist über Alles.
Kmotra, die Gevatterin.
Pomoc, die Hilfe.
Bola by zahynula, wäre sie umge-
kommen.
Do, in (mit Gen.).
Aby — nechodily, daß sie — nicht
gehen.

Viertes Kapitel.

§. 28.
Von dem Zahlworte.

Das Zahlwort (numerale, číselné) zeigt die Zahl und Menge der Gegenstände an. Dieses geschieht entweder bestimmt oder unbestimmt; es gibt daher bestimmte (determinata, určité) und unbestimmte (indeterminata, neurčité) Zahlwörter.

Die bestimmten werden eingetheilt in Grundzahlen (cardinalia, základné) auf die Frage: koľko? wie viel? z. B. jeden, eins; dva, zwei ꝛc.; und Ordnungszahlen (ordinalia, riadové) auf die Frage: koľký? der wievielste? z. B. prvý, der erste; druhý, der zweite ꝛc.

Die unbestimmten, auch allgemeine Zahlwörter genannt, drücken eine gewisse Menge der Dinge ohne genaue Angabe der Anzahl aus; z. B. všetek, aller; mnohý, vieler ꝛc.

§. 29.
Von den bestimmten Zahlwörtern.

A) Die erste Gattung der bestimmten Zahlwörter, nämlich die Grundzahlen sind:

Jeden, jedna, jedno, eins.
Dva, dve, zwei.
Tri, drei.
Štyr-i, -y, vier.
Päť, fünf.
Šesť, sechs.
Sedem, sieben.
Osem, acht.
Deväť, neun.
Desať, zehn.
Jedenásť, eilf.

Dvanásť, zwölf.
Trinásť, dreizehn.
Štrnásť, vierzehn.
Pätnásť, fünfzehn.
Šestnásť, sechzehn.
Sedemnásť, siebzehn.
Osemnásť, achtzehn.
Devätnásť, neunzehn.
Dvacať, zwanzig.
Jeden a dvacať oder
Dvacať jeden, ein und zwanzig.

Tricať, dreißig.	Sto, hundert.
Štyrical, vierzig.	Dve sto, zwei hundert.
Pädesiat, fünfzig.	Tisíc, tausend.
Šesdesiat, sechzig.	Dve tisíc, zwei tausend.
Sedemdesiat, siebzig.	Milion, Million.
Osemdesiat, achtzig.	Dva miliony, zwei Millionen.
Devädesiat, neunzig.	2c. 2c.

Von den Grundzahlen werden abgeleitet:

a) Sammelzahlen (collectiva, hromadné), und zwar von dva, oba, beide, und tri, drei, durch oje: dv-oje, ob-oje, tr-oje; von den übrigen durch oro: štv-oro, pät-oro 2c.

b) Gattungszahlen (specialia, druhové) durch aký: dvoj-aký, zweierlei; troj-aký, dreierlei 2c.

c) Bervielfältigungszahlen (multiplicativa, množivé) durch násobný: dvoj-násobný, zweifach; troj-násobný, dreifach 2c. Statt jednonásobný sagt man jednoduchý.

d) Wiederholungszahlen (iterativa, opakovacie) durch raz oder krát: jeden-raz, einmal; dva-razy, zweimal; tri-krát, dreimal; štyri-krát, viermal 2c.

e) Von den Sammelzahlen werden durch ica und ka auch Hauptwörter gebildet: troj-ica, Dreifaltigkeit; dvoj-ka, troj-ka, štvor-ka 2c.

B) Die zweite Gattung, nämlich die Ordnungszahlen werden — ausgenommen prvý, první oder prvší, der erste, von prv, früher, und druhý, der zweite, von druh, der Geselle — von den Grundzahlen gebildet und lauten: tretí, der dritte; štvrtý, der vierte; piaty, der fünfte; šiesty, der sechste; siedmy, der siebente; ôsmy, der achte; deviaty, der neunte; desiaty, der zehnte; jedenásty, der eilfte; dvanásty, der zwölfte 2c. dvaciaty, der zwanzigste; jeden a dvaciaty oder dvaciaty prvý, der ein und zwanzigste; triciaty, der dreißigste; stý, der hundertste; tisíci, der tausendste 2c.

§. 30.

Von der Abänderung der bestimmten Zahlwörter.

Die bestimmten Zahlwörter werden verschiedenartig abgeändert. Die Grundzahlen nach folgenden drei Mustern:

I. Muster.

Einfache Zahl.

Männl.	Weibl.	Sächl.
N. jed-en, einer.	jedn-a, eine.	jedn-o, eines.
G. jedn-oho, eines.	jedn-ej, einer.	jedn-oho, eines.
D. jedn-omu, einem.	jedn-ej, einer.	jedn-omu, einem.
A. jedn-oho, jed-en, einen.	jedn-u, eine.	jedn-o, eines.
L. jedn-om. —	jedn-ej. —	jedn-om. —
I. jedn-ým. —	jedn-ou. —	jedn-ým. —

Mehrfache Zahl.

N. jedn-i, -e, einige.	jedn-y ob.-e, einige.	
G. jedn-ých, einiger.	jedn-ých, einiger.	
D. jedn-ým, einigen.	jedn-ým, einigen.	
A. jedn-ých, -e, einige.	jedn-y ob.-e, einige.	Wie weiblich.
L. jedn-ých. —	jedn-ých. —	
I. jedn-ými. —	jedn-ými. —	

II. Muster.

Zweifach-mehrf. Zahl.

Männl.	Weibl.	Sächl.
N. dv-a, zwei.	dv-e, zwei.	
G. dv-och, zweier.	dv-och, zweier.	
D. dv-om, zweien.	dv-om, zweien.	Wie weiblich.
A. dv-och, dv-a, zwei	dv-e, zwei.	
L. dv-och. —	dv-och. —	
I. dv-oma. —	dv-oma. —	

III. Muster.

Nur mehrf. Zahl.

N. tr-i, drei.	štyr-i, -y, vier.
G. tr-och, tr-ích, dreier.	štyr-och, štýr, vierer.
D. tr-om, dreien.	štyr-om, vieren.
A. tr-och, tr-i, drei.	štyr-och, štyr-y, vier.
L. tr-och. —	štyr-och. —
I. tr-omi. —	štyr-mi. —

Bemerkungen.

1. Die unbestimmten Fürwörter: jedenkaždý, ein jeder; žiaden, niemand und sám, selbst, werden eines Theils nach dem I. Muster der Grundzahlen abgeändert, und zwar in dem zusammengesetzten jedenkaždý biegt man beide Theile, jeden nach seinem Muster und každý nach dem Muster „dobrý" (§. 26.); z. B. jednoho každého, jednomu každému ꝛc. Žiaden und sám haben im Gen. žiadneho, sameho; Dat. žiadnemu, samemu; Akk. žiadneho oder žiaden, sameho oder sám. Die übrigen Endungen gleichen dem I. Muster: v žiadnom, v samom; žiadnych, samých ꝛc.

2. Oba, beide, folgt ganz dem II. Muster, nur wenn von Personen die Rede ist, pflegt man längere Formen zu gebrauchen; z. B. statt dva, obidva, sagt man: dvaja, obidvaja: dvaja chlapi, zwei Männer; obidvaja prišli, beide sind gekommen.

3. In tri und štyri sind bei Personen die längeren Formen ebenfalls im Gebrauche: traja chlapi; štyria odišli, viere sind weggegangen. Anstatt: tromi, štyrmi; hört man auch: troma, štyrma.

4. Von päť, fünf, angefangen, alle übrigen Zahlen folgen diesem Muster: Nom. piati, Gen. Akk. u. Lof. piatich, Dat. piatim, Inst. piatimi. In dieser Abänderung geht das ä und a in ia, das e in ie und das o in ô über; z. B. päť, piati; desať, desiati; šesť, šiesti; osem, ôsmi ꝛc. In den ohne Verbindung zusammengesetzten werden beide Theile, mit Verbindung bloß der letztere abgeändert; z. B. dvaciati siedmi, sedem a dvaciati ꝛc.

5. Sto wird abgeändert wie „delo" (§. 14. I. Muster); tisíc wie „meč" (§. 12. IV. Muster) und milion wie „dub" (§. 12. II. Muster); und bedeuten in der einfachen Zahl ein Ganzes, in der mehrfachen aber mehrere ganze hunderte, tausende oder Millionen; z. B. šesť od sta, sechs von hundert; tvoje tisíce, deine Tausende; vaše miliony, euere Millionen ꝛc.

6. Die Gattungszahlen: dvojí, obojí, trojí, haben im Gen. dvojího, obojího, trojího; im Dat. dvojímu, obojímu, trojímu ꝛc. Die übrigen auf aký, wie auch die Sammel- und Vervielfältigungszahlen folgen dem Muster „dobrý"; z. B. štvorakého, pätorakého, dvojnásobného ꝛc.

Die Ordnungszahlen harter Endung, als: prv-ý, -á, -é, druhý, štvrtý, desiaty, pädesiaty ꝛc. folgen dem beiwörtlichen Abänderungsmuster „dobrý" (§. 26. I. Muster); weicher Endung aber, als: prvn-í, -ia, -ie; prvš-í, -ia, -ie; tret-í, -ia, -ie folgen dem Muster „boží" (§. 26. II. Muster).

Aufgaben zum §. 30.

XXXIV.

Ich habe es von einem Herrn und einer Frau gehört. — Ohne meine zwei Freunde wollte ich nicht leben. — Für drei Pferde habe ich genug Futter. — Zwischen zwei Bäumen liegt dein Vater begraben. — Gehet in das dritte Haus, dort werdet ihr den Tischler finden.

Ich habe es — gehört, som to počul.
Von, od (mit Gen.).
Wollte ich nicht leben, nechcel bych živý byť.
Für, pre (mit Akk.).

Genug Futter, dosť obroku.
Zwischen, medzi (mit Inst.).
Liegt — begraben, leží pochovaný.
Gehet, iďte.
Werdet — finden, najdete.

XXXV.

Man hat Beide in den Kampf gesendet. — Bis halb drei Uhr werde ich zu Hause sein. — Als ich durch den dritten Wald ging, kam ich zu einem See. — Deine Tausende verlange ich nicht. — Vor acht Jahren war ich in Frankreich. — Ich habe den zehnten Theil meines Vermögens verloren.

Man hat — gesendet, poslali.
In, do (mit Gen.).
Bis halb, až do pol.
Werde — zu Hause sein, budem doma.
Als ich — ging, keď som išiel.
Durch, skrz (mit Akk.).

Kam ich, prišiel som.
Verlange ich nicht, nežiadam.
Vor, pred (mit Inst.).
Frankreich, Francúzko.
Ich habe — verloren, ztratil som.
Der Theil, čiastka.
Das Vermögen, majetok.

XXXVI.

Z piatich detí mi len jedno zostalo. — Pri jednom veľkom dome som vášho brata videl. — On vie lepšie jednou rukou bojovať nežli vy dvoma. — Ja nebudem za druhého robiť. — V treťom poschodí býva môj švagor. — Mal som už pätorakých sluhov, ale sa mi sotva jeden ľúbil. — Daj sa do tej jednoduchej roboty. — Dajte mu za štvornásobné unovanie aspoň dvojnásobnú odmenu.

Z, aus (mit Gen.).
Len jedno zostalo, ist nur Eines geblieben.
Pri, bei (mit Lok.).
Som — videl, habe ich — gesehen.
On vie lepšie, er kann besser.
Bojovať, kämpfen.
Nežli, als.

Ja nebudem — robiť, ich werde — nicht arbeiten.
Mal som, ich hatte.
Sa mi — ľúbil, gefiel mir.
Sotva, kaum.
Daj sa do tej — roboty, verlege dich auf die — Arbeit.
Dajte mu, gebet ihm.

6

Za, für (mit Aff.). | Aspoň, wenigſtens.
Unovanie, die Bemühung. | Odmena, die Belobnung.

§. 31.
Von den unbeſtimmten Zahlwörtern und ihrer Abänderung.

Die unbeſtimmten Zahlwörter drücken entweder eine Allgemeinheit oder eine Mehrheit aus. Zu den erſteren gehören: všetek, všetka, všetko, aller; cel-ý, -á, -é, ganz; dann manche unbeſtimmte Fürwörter, als: každý, jeder; jedenkaždý, ein jeder; všeliký, všelikerý, verſchiedener; všelijaký, verſchiedenartiger, und das verneinende: žiaden, niemand. Zu der zweiten Art gehören: mnoh-ý, -á, -é, vieler; nektor-ý, -á, -é, mancher ꝛc.

Die Abänderung iſt folgende:

Muſter.
Einfache Zahl.

Männl.	Weibl.	Sächl.
N. všet-ek, aller.	všetk-a, alle.	všetk-o, alles.
G. všetk-ého, alles.	všetk-ej, aller.	všetk-ého, alles.
D. všetk-ému, allem.	všetk-ej, aller.	všetk-ému, allem.
A. všetk-ého, všetek, allen.	všetk-u, alle.	všetk-o, alles.
L. všetk-om. —	všetk-ej. —	všetk-om. —
I. všetk-ým. —	všetk-ou. —	všetk-ym. —

Mehrfache Zahl.

N. všetc-i, všetk-e, alle.	všetk-y od. -e, alle.	
G. všetk-ých, aller.	všetk-ých, aller.	
D. všetk-ým, allen.	všetk-ým, allen.	
A. všetk-ých, -e, alle.	všetk-y od. -e, alle.	Wie weiblich.
L. všetk-ých. —	všetk-ých. —	
I. všetk-ými. —	všetk-ými. —	
Dl. všetk-ýma. —	všetk-ýma. —	

Bemerkung.

Alle übrigen unbeſtimmten Zahlwörter, als: celý, každý, všelijaký ꝛc. folgen in der Abänderung dem Muſter „dobrý“ mit Abweichungen, von denen bereits im §. 30. Bem. 1. die Rede geweſen.

Aufgabe zum §. 31.

XXXVII.

Von Allem verstehe ich etwas. — Man hat die ganze Schuld mir zugeschrieben. — Man hat alle Räuber getödtet. — Ich beschäftige mich mit vieler Arbeit. — Manche Leute urtheilen ungerecht. — Das hat zu vielen Thränen Anlaß gegeben.

Verstehe, rozumiem.	Urtheilen, súďa.
Man hat — zugeschrieben, pripísali.	Ungerecht, nespravodlivo.
Man hat — getödtet, zabili.	Hat — Anlaß gegeben, zavdalo príčinu.
Ich beschäftige mich, zapodievam sa.	Zu, k (mit Dat.).

Fünftes Kapitel.

§. 32.
Von dem Zeitworte.

Das Zeitwort (verbum, sloveso) sagt von einer Person oder Sache ein Thun, oder ein Leiden, oder einen Zustand nebst der Zeitbestimmung aus. Es bezieht sich immer auf die erste Endung, welche deswegen sein Subjekt heißt.

A) Die Zeitwörter werden eingetheilt in subjektive und objektive.

Die subjektiven Zeitwörter (slovesá podmetné) drücken einen ruhigen Zustand des Subjektes oder eine solche Thätigkeit aus, welche nicht unmittelbar auf einen anderen Gegenstand einwirkt; z. B. spať, schlafen; ležať, liegen; chodiť, gehen ꝛc.

Die objektiven Zeitwörter (slovesá predmetné) hingegen bezeichnen eine Thätigkeit, die von dem Subjekte ausgehend, sich auf irgend einen Gegenstand bezieht; z. B. pán bije *sluhu*, der Herr schlägt den Diener ꝛc.

Diejenigen objektiven Zeitwörter, welche einen Akkusativ fordern, heißen übergehende (transitiva, prechodné), die übrigen objektiven aber sammt allen subjektiven heißen unübergehende (intransitiva, neprechodné).

Eine besondere Art der transitiven sind die faktitiven; z. B. pojiť, tränken, von piť, trinken; sadiť, setzen, von sedeť, sitzen.

Die subjektiven Zeitwörter, welche weder ein Thun, noch ein Leiden, sondern bloß einen ruhigen Zustand ausdrücken, nennt man Mittelzeitwörter (neutra, nijaké).

B) Die transitiven Zeitwörter können auf zweifache Art ge= braucht werden. Entweder handelt oder wirkt das Subjekt selbst, als: učiteľ chváli, der Lehrer lobt; ja ťa milujem, ich liebe dich, dann sagt man, das Zeitwort steht in der thätigen Form (forma activa, podoba činná); oder das Subjekt handelt und wirkt nicht selbst, sondern es wird auf dasselbe gewirkt, es leidet etwas, als: učiteľ je chválený, der Lehrer ist gelobt; ja som milovaný, ich bin geliebt, dann sagt man, das Zeitwort steht in der leidenden Form (forma passiva, podoba trpná).

Die intransitiven Zeitwörter können kein Passivum bilden, weil sich bei ihnen kein leidender Gegenstand denken läßt; z. B. aus spať, schlafen, kann man kein Passivum machen, weil man: ja budem spaný, ich werde geschlafen, nicht sagen kann.

Zwischen den transitiven Zeitwörtern stehen in der Mitte die rückwirkenden (reflexiva, zvratné), welche eine Handlung anzeigen, die auf das Subjekt selbst zurückgerichtet ist; z. B. umý= vať sa, sich waschen; kúpať sa, sich baden. Manche werden ohne sa sogar nie gebraucht; z. B. diviť sa, sich wundern; báť sa, sich fürchten; radovať sa, sich freuen ꝛc.

Noch sind die wechselbezüglichen (reciproca, vzájomné) zu unterscheiden, in welchen das Thun mehrerer Subjekte als ein wechselseitig einwirkendes dargestellt wird; z. B. biť sa (medzi sebou), raufen (unter einander) ꝛc.

C) Alle Zeitwörter sind ferner entweder:

a) Persönliche (personalia, osobné), die in jeder der drei Personen gebraucht werden können, als: robím, robíš, robí, ich mache, du machest, er machet ꝛc., oder

b) Unpersönliche (impersonalia, neosobné), durch welche ein Zustand ohne Bezeichnung eines wirkenden Gegenstan= des in der dritten Person einf. Zahl ausgedrückt wird; z. B. prší, es regnet; hrmí, es donnert ꝛc.

Die Hilfszeitwörter (auxiliaria, pomocné) machen nur in Hinsicht ihres gewöhnlichen Gebrauches eine besondere Gat= tung aus. So werden die Unterschiede der Zeit und Form durch byť, sein, ausgedrückt; z. B. skočil som, ich bin gesprungen; budem skákať, ich werde springen; volaný som, ich bin gerufen ꝛc. Die Unterschiede der Redeweise oder des Modus werden ausgedrückt durch: môcť, können; chceť, wollen; voleť, mögen; musel, müssen; mať, sollen; smieť, dürfen; ráčiť, belieben; dať, lassen, und verneinend: nemôcť, nicht können; nechceť, nicht

wollen ꝛc.; z. B. kto chce zarobiť, musí pracovať, wer verdie=
nen will, der muß arbeiten; deti majú byť poslušné, die Kinder
sollen folgsam sein ꝛc.

Das Hilfszeitwort byť wird auch das reine Zeitwort (ver-
bum abstractum aut purum, sloveso odľažené lebo čisté) ge=
nannt; alle übrigen sind gemischte Zeitwörter (concreta aut
mixta, skutočné lebo smiešané).

D) In Rücksicht auf die Zeit sind in der sloo. Sprache die
Zeitwörter entweder perfektive (dokonavé) oder imperfektive
(nedokonavé). Die ersteren drücken eine schnell vorüberge=
hende Handlung aus, deswegen ihre gegenwärtige Zeit der zu=
künftigen entspricht; z. B. dám, ich werde geben; hodím, ich
werde werfen; die vergangene Zeit aber entspricht der vollkommen
vergangenen; z. B. dal, er hat gegeben; hodil, er hat geworfen.
Die letzteren dagegen, das heißt die imperfektiven drücken eine
Handlung oder einen Zustand aus, welcher in der gegenwärtigen
Zeit noch dauernd, und in der vergangenen Zeit noch nicht als
geschlossen bedeutet wird; z. B. dávam, ich gebe (dauernd);
hádžem, ich werfe (dauernd); dával, er gab (fortwährend); há-
dzal, er warf (fortwährend).

In den imperfektiven werden vier Arten unterschieden:

a) die beginnenden (inchoativa, počínavé); z. B.
mladnúť, jung werden; starnúť, alt werden;

b) die dauernden (durativa, trvavé); z. B. sedím,
ich sitze (fortwährend); bežím, ich laufe (fortwährend);

c) die veröfternden (frequentativa, častotlivé); z.
B. sedám, ich sitze (öfters); behám, ich laufe (öfters); und

d) die wiederholenden (iterativa, opakovavé) Zeitwör=
ter; z. B. sedávam, ich pflege zu sitzen; behávam, ich pflege zu
laufen.

§. 33.
Von der Bildung der Zeitwörter.

In Ansehung der Bildung sind die Zeitwörter:

A) Stammzeitwörter (primitiva, prvotné), die von
keinem anderen Worte gebildet werden; z. B. piť, trinken; spať,
schlafen ꝛc.

B) Abgeleitete (derivata, odvodené), welche von an=
deren Wörtern abgeleitet werden, und zwar:

a) von den Hauptwörtern; z. B. končiť, endigen, von
konec, das Ende; značiť, zeichnen, von znak, das Zeichen ꝛc.

b) von den Beiwörtern; z. B. bieliť, weißnen, von biely, weiß; slabiť, schwächen, von slabý, schwach ꝛc.

c) von den Zeitwörtern; z. B. vláčiť, schleppen pflegen, von vliecť, schleppen. Das Nähere hierüber ist in den Formen der Zeitwörter angegeben. (Sieh §. 34. IV. Form *a. b.*, V. Form *A. B. C. D.*, VI. Form *b.*)

C) Zusammengesetzte (composita, složené), in welchen das Bestimmungswort sein kann:

a) ein Beiwort; z. B. zlo-rečiť, fluchen, wörtlich: übelreden, von zlý, übel, und rečniť, reden;

b) trennbare Vorwörter: do, na, nad, o, od, po, pod, pre, pred, pri, s, u, v, z, za, und untrennbare: ob, roz, vy, vz; z. B. do-dať, zugeben; na-duť, aufblasen; nad-hodiť, zuwerfen; o-močiť, eintauchen; od-ťať, abhauen; po-znať, erkennen; pod-viesť, anführen; pre-niesť, übertragen; pred-ložiť, vorsetzen; pri-ložiť, zusetzen; s-kúpiť, zusammenkaufen; u-viesť, einführen; v-lieziť, hinein kriechen; z-rútiť, zerstören; za-hodiť, wegwerfen; ob-rezať, umschneiden; roz-trhať, zerreißen; vy-brať, ausnehmen; vz-nášať sa, sich emporheben;

c) das Fürwort ne; z. B. ne-veriť, nicht glauben; ne-môcť, nicht können ꝛc.

Bemerkung.

Wenn die Vorwörter: s, z, od, pod, pred, v, ob und roz mit einem wegen zwei oder mehreren Mitlauten schwer aussprechbaren Zeitworte zu verbinden sind, wird denselben ein euphonistisches o zugefügt; z. B. so-brať, zusammenbringen, statt s-brať; so auch: zo-hnať, herunterjagen; odo-hnať, wegjagen; vo-vliecť, einschleppen; obo-hrať, abgewinnen; rozo-slať, auseinander schicken ꝛc. Außerdem pflegt man, leichterer Aussprache halber, den ersten Wurzellaut v nach ob wegzulassen; z. B. anstatt ob-variť, abbrühen, sagt und schreibt man obariť; statt ob-vrátiť, umkehren, obrátiť ꝛc. Zusammengesetzte mit jať, so auch mit den Vorwörtern: v, vy, do, pri können statt j mit ň gebraucht werden; z. B. anstatt vy-jať, ausnehmen, vy-ňať; so auch: s-ňať, herunternehmen; v-nídem oder vo-ňdem, ich gehe hinein; vy-ňdem, ich gehe hinaus; do-ňdem, dojdem, ich werde kommen ꝛc.

§. 34.
Von den Formen der Zeitwörter.

Die Abwandlung und Bedeutung des slov. Zeitwortes in Bezug auf die Handlung und Zeit hängt von seinen verschiedenen

Formen ab, welche entstehen, indem die zeitwörtlichen Auslaute entweder unmittelbar, oder mittelst der Sylben und Laute: ú, ie, i, a, ova zu der Wurzel hinzugefügt werden.

Die mit einem Selbstlaut endigende Wurzel wird eine offene (radix aperta, koreň otvorený) genannt; z. B. da-ť, geben; bi-ť, schlagen. Endigt sie hingegen mit einem Mitlaut, so heißt sie geschlossen (clausa, zatvorený); z. B. pás-ť, weiden; jes-ť, essen ꝛc.

Alle slovakischen Zeitwörter lassen sich auf sechs Formen zurückführen.

I. Form -ť.

In dieser Form wird der Auslaut des Infinitiv ť unmittelbar zu der Wurzel hinzugefügt; die hieher gehörigen Zeitwörter sind:

a) Solche, die in der Wurzel auf a, i, y, u ausgehen; z. B.

da-ť, geben; dá-m, ich gebe; da-l, er hat gegeben;
bi-ť, schlagen; bi-jem, ich schlage; bi-l, er hat geschlagen;
kry-ť, decken; kry-jem, ich decke; kry-l, er hat gedeckt;
du-ť, blasen; du-jem, ich blase; du-l, er hat geblasen.

Solche sind auch: dbať, sich kümmern; hrať, spielen; mať, haben; pchať, čkať sa, sich drängen; tkať, weben; zdáť sa, scheinen; znať, kennen; hniť, faulen; piť, trinken; šiť, nähen; viť, winden; výť, heulen; ryť, stechen; myť, waschen; čuť, hören; pľuť, speien; obuť, anschuhen; vyzuť, ausschuhen; žuť, kauen; kuť, hammern; kľuť, keimen; plnť, schwimmen; snuť, herabnehmen. Die vier letzteren gehen oft in die VI. Form über, als: kovať, kľovať, plovať oder plávať, snovať.

b) Jene, deren Wurzel endigt auf:

1) s und z;
2) d und t, im Infin. übergehend in s;
3) h, im Infin. übergehend unregelmäßig in c, regelmäßig in ž, und k, übergehend in c und č;
4) n und m, welche sich aber nur in der gegenwärtigen Zeit des Indik., Imper. und des Partizip erhielten; z. B.

pás-ť, weiden; pas-iem, ich weide; pás-ol, er hat geweidet;
viez-ť, führen; vez-iem, ich führe, viez-ol, er hat geführt;
klás-ť, legen; klad-iem, ich lege; klád-ol, er hat gelegt;
mies-ť, kehren; met-iem, ich kehre; miet-ol, er hat gekehrt;

striec-ť, wachen; strež-iem, ich wache; strieb-ol, er hat gewacht;
piec-ť, backen; peč-iem, ich backe; piek-ol, er hat gebacken;
ža-ť, ernten; žn-em, ich ernte; ža-l, er hat geerntet;
(po)-ja-ť, zu sich nehmen; (po)-jm-em, ich nehme zu mir; (po)-jal,
er hat zu sich genommen.

Solche sind: niesť, tragen; triasť, schütteln; hrýzť, beißen;
liezť, klettern; priasť, spinnen; viesť, begleiten; pliesť, flechten;
hniesť, nisten; rásť, wachsen; môcť, können; riecť, reden; tiecť,
fließen; tlcť, stoßen; vliecť, schleppen; piať, spannen; počať, an=
fangen; ťať, hauen; zažať, anzünden, und der Analogie nach auch
stať, aufstehen; dann mit jať zusammengesetzte: vzjať, nehmen;
najať, aufdingen; dojať, sich bemächtigen; vyjať oder vyňať, aus=
nehmen; zajať, gefangen nehmen.

Bemerkungen.

1. Aus den vorgeführten Beispielen ist zu erlernen, wo und wann
die Stammselbstlaute zu verlängern sind. Eine Ausnahme macht môcť, wel=
ches auch in der gegenwärtigen Zeit des Indik. ô behält; dasselbe gilt auch
von ziabať, frieren; ziabem, ich friere.

2. Zu der I. Form gehören auch folgende unregelmäßige Zeitwörter:
is-ť, gehen; idem, ich gehe; šiel oder išol, er ist gegangen;
jes-ť, essen; jem oder jím, ich esse; jedol, er hat gegessen;
by-ť, sein; budem (som), ich bin; bol (byl), er ist gewesen.

II. Form -nú-ť.

Zeitwörter, welche zu dieser Form gehören, nehmen vor dem
Auslaut des Infin. ť die Sylbe nú an, und sind:

a) Offener Wurzel mit dem Indik. in niem; z. B.

hy-núť, vergehen; hy-niem, ich vergehe; hy-nul, er ist vergangen.

So auch: minúť, vorüber sein; tonúť, sinken; hrnúť, schar=
ren; klnúť, fluchen; trnúť, zittern 2c.

b) Geschlossener Wurzel mit kurzem oder langem Selbstlaut
und Indik. in nem; z B.

krad-núť, stehlen; krad-nem, ich stehle; krad-nul, er hat gestohlen;
vlád-núť, regieren; vlád-nem, ich regiere; vlád-nul, er hat regiert.

So auch: padnúť, fallen; kľaknúť, knieen; hnúť, bewegen;
zivnúť, gähnen; dýchnuť, hauchen; viaznuť, stecken bleiben.

Bemerkungen.

1. Im Indik. nehmen an niem, statt nem, auch diejenigen, die mit Halbselbstlauten l und r geschlossen sind; z. B. klniem, trniem ꝛc.

2. Zeitwörter der geschlossenen Wurzel die I. Form nachahmend, nehmen oft statt nu, o an; z. B. kradol, padol, kľakol, statt: kradnul, padnul, kľaknul.

3. Die Form in nú schließt in sich sowohl die transitiven; z. B. kradnúť, stehlen; tiahnuť, ziehen, als auch die intransitiven; z. B. padnúť, fallen; viaznuľ, stecken bleiben. Minúť transitiv bedeutet: verbrauchen oder verzehren, intransitiv: vorübergehen.

4. Die von Namen, besonders Beiwörtern abgeleiteten haben eine inchoative Bedeutung; z. B. mladnúť, jung werden, von mladý, jung; chudnúť, mager werden, von chudý, mager.

III. Form -ie-ť.

Zu dieser Form gehörige Zeitwörter sind dreierlei:

a) Welche vor dem Auslaut des Infin. ť den Doppellaut ie, der auch in der gegenwärtigen Zeit verbleibt, annehmen; z. B.

bd-ieť, wachen; bd-iem, ich wache; bd-el, er hat gewacht; mn-ieť, meinen; mn-iem, ich meine; mn-el, er hat gemeint.

Solche sind auch: tlieť, glimmen; čnieť, vorstehen; znieť, klingen; nemieť, stumm werden; šedivieť, grau werden; černieť, schwarz werden; belieť, weiß werden; ozdravieť, gesund werden; rozumieť, verstehen; prispieť, beitragen ꝛc.

b) In welchen der Doppellaut ie im Infin. auf e und in der gegenwärtigen Zeit auf í abgekürzt wird; z. B.

hor-eť, brennen; hor-ím, ich brenne; hor-el, er hat gebrannt; vis-eť, hängen; vis-ím, ich hänge; vis-el, er ist gehangen.

So auch: boleť, schmerzen; chybeť, fehlen; leteť, fliegen; hľadeť, schauen; museť, müssen; mrzeť, verdrießen; svrbeť, jucken; trpeť, dulden; smrdeť, stinken; videť, sehen; voleť, mögen; vrteť, drehen; sedeť, sitzen ꝛc.

c) In welchen der Doppellaut ie nach den weichen č, š, ž, šť, die gegenwärtige Zeit auf ím ausgenommen, in a übergeht; z. B.

krič-ať, schreien; krič-ím, ich schreie; krič-al, er hat geschrieen; slyš-ať, hören; slyš-ím, ich höre; slyš-al, er hat gehört;

drž-ať, halten; drž-im, ich halte; drž-al, er hat gehalten;
prašť-ať, krachen; prašt-im, ich krache; prašť-al, er hat gekracht.

So auch: mlčať, schweigen; vrčať, knurren; pršať, regnen;
čušať, still sein; bežať, laufen; ležať, liegen; blyšťať sa, schimmern; vrešťať, lärmen ꝛc.

Bemerkungen.

1. Zeitwörter, deren Wurzel auf r oder l ausgeht, nehmen statt ie
gewöhnlich e an; z. B. treť, reiben; mreť, sterben; vreť, sieben; streť,
strecken; mleť, mahlen; so auch chceť, wollen. — Zreť, sehen und preť,
stützen, sind verschieden von zrieť, reif werden und prieť, durch die Nässe
verderben.

2. Das zusammengesetzte: odieť, anziehen; zodieť, ausziehen, wie
auch pleť, jäten; prispieť, beitragen, haben im Indik. odejem, zodejem,
plejem, prispejem; mleť, mahlen, hat melem; vedeť, wissen und zusammengesetzt povedeť, sagen, haben: viem, poviem, und im Imper. vedz,
povedz.

3. Zeitwörter dieser Form, wenige ausgenommen, als: držať, treť,
streť, mleť, sind durchwegs intransitive.

IV. Form -i-ť.

Zeitwörter dieser Form nehmen vor dem Infin. Auslaut ť
den Selbstlaut i an, welcher nach einer kurzen Sylbe in der gegenwärtigen Zeit verlängert wird; z. B.

rob-iť, machen; rob-ím, ich mache; rob-il, er hat gemacht;
súd-iť, richten; súd-im, ich richte; súd-il, er hat gerichtet.

Außer mehreren Stammzeitwörtern, wie: chytiť, fangen;
činiť, thun; pustiť, lassen; kúpiť, kaufen; meniť, wechseln; kaziť, verderben ꝛc. richten sich nach der IV. Form:

a) Die durativen, welche von manchen zur I. Form
gehörigen gebildet werden, und zwar das ie in o, nach l in a od. á
verwandelnd; z. B. nosiť, tragen, von niesť; voziť, führen, von
viezť; laziť, klettern, von liezť; vláčiť, schleppen, von vliecť ꝛc.
nosím, statt nesiem; vozím, statt veziem; lazím, statt leziem;
vláčim, statt vlečiem ꝛc.

b) Die faktitiven, welche man ebenfalls von jenen zu den
ersten drei Formen gehörigen Zeitwörtern bildet; z. B. pojiť, tränken, von piť, trinken; točiť, zapfen, von tiecť, fließen; hnojiť,
düngen, von hniť, faulen; baviť sa, verweilen, von byť, sein;

močiť, naß machen, von moknúť, naß werden; trápiť, plagen, von trpeť, leiden; sadiť, setzen, von sedeť, sitzen; povesiť, aufhängen, von viseť, hängen; položiť, niederlegen, von ležať, liegen; budiť, wecken, von bdieť, wachen; zastaviť, aufhalten, von stáť, stehen 2c.

c) Eine große Anzahl solcher, welche von anderen Redetheilen durch die Annahme des der Form eigenen i, und Verwandlung des h, ch, k, g in ž, š, č, dž gebildet werden; z. B. slúžiť, dienen, von sluha, der Diener; vážiť, wägen, von váha, die Wage; strašiť, schrecken, von strach, der Schreck; mučiť, quälen, von muka, die Qual; sušiť, trocknen, von suchý, trocken; dĺžiť, verlängern, von dlhý, lang; ženiť sa, heirathen, von žena, das Weib; ceniť, schätzen, von cena, der Preis; prisvojiť si, sich aneignen, von svoj, sein; protiviť sa, sich widersetzen, von proti, dagegen; zničiť, vernichten, von nič, nichts; ráčiť, belieben, von radšie, lieber 2c.

Bemerkung.

Alle zu dieser Form gehörigen sind transitive; von den intransitiven werden hieher nur wenige, meistens solche, die eine Art Bewegung bedeuten, gerechnet; z. B. brodiť, waten; kročiť, treten; kvapiť, eilen; skočiť, springen 2c.

V. Form -a-ť.

Hieher gehören viererlei Zeitwörter:

a) Jene, welche den Laut a nicht nur vor dem Auslaut des Infin. ť, sondern durchwegs behalten; z. B.

vol-ať, rufen; vol-ám, ich rufe; vol-al, er hat gerufen;
čak-ať, warten; čak-ám, ich warte; čak-al, er hat gewartet.

Solche sind ferner: chovať, bewahren; dívať sa, schauen; chystať, bereiten; kochať sa, sich freuen; matať, tasten; skúmať, forschen; žehnať, segnen; hľadať, suchen; mátať, spucken; mrdať, wedeln; motať, wickeln; žiadať, verlangen; rúhať sa, lästern; trhať, reißen 2c.

b) Jene, welche das a in der gegenwärtigen Zeit regelmäßig in e, manchmal in ie verwandeln, und vor welchen h, ch, k, sk in ž, š, č, šť; d, t in dz, c; s, z, dz in š, ž, dž; l, n in ľ, ň übergehen; z. B.

strúh-ať, raspeln; strúž-em, ich rasple; strúh-al, er hat geraspelt;
vlád-ať, herrschen; vládz-em, ich herrsche; vlád-al, er hat geherrscht;

plát-ať, flicken; plác-em, ich flicke; plát-al, er hat geflickt;
pís-ať, schreiben; píš-em, ich schreibe; pís-al, er hat geschrieben;
hádz-ať, werfen; hádž-em, ich werfe; hádz-al, er hat geworfen.

Solche sind auch: česať, kämmen; driemať, schlummern; chrápať, schnarchen; hýbať, bewegen; hrabať, rechen; kázať, befehlen oder predigen; kašľať, husten; kúsať, beißen; kopať, graben; klamať, betriegen; lízať, lecken; viazať, binden ꝛc. Zeitwörter, deren Wurzel auf r endigt, und die von Namen auf t oder ot abgeleiteten, nehmen in der gegenwärtigen Zeit auch lieber e an; z. B. žobrať, betteln, žobrem; kárať, schelten, kárem; šepotať, lispeln, šepcem; ligotať sa, glänzen, ligocem sa.

c) Solche, die in der gegenwärtigen Zeit ein euphonistisches e oder o erhalten; z. B.

br-ať, nehmen; ber-em, ich nehme; br-al, er hat genommen;
kl-ať, stechen; ko-lem, ich steche; kl-al, er hat gestochen.

So auch: drať, schinden; prať, waschen; žrať, fressen; stlať, betten; zvať, rufen hat zoviem oder zvem.

d) Solche, welche die Wurzellaute a, e, o nur in der gegenwärtigen Zeit beibehalten, anderswo aber das aje, eje in ia, und ojí in á zusammenziehen; z. B.

kl-iať, fluchen; kľa-jem, ich fluche; kl-ial, er hat geflucht;
hr-iať, wärmen; hre-jem, ich wärme; hr-ial, er hat gewärmt;
st-ať, stehen; sto-jím, ich stehe; st-ál, er ist gestanden.

So auch: priať, gönnen; viať, wehen; liať, gießen; siať, säen; smiať sa, lachen; báť sa, sich fürchten ꝛc. Spať, schlafen, hat spím, ich schlafe; spal, er hat geschlafen.

Außer den angegebenen, welche meistens Stammzeitwörter sind, gehören zu der V. Form die frequentativen (častotlivé), welche mittelst des a von den Zeitwörtern der ersten vier Formen folgendermaßen gebildet werden:

A) Von der I. Form:

1) Solche Zeitwörter, deren Wurzel auf i ausgeht, mit Einschieben des j, die übrigen mit Einschieben des v, nehmen an a, vor welchem die Wurzelselbstlaute gedehnt werden müssen; z. B. piť, trinken, píjať; biť, schlagen, bíjať; šiť, nähen und žiť, leben, machen eine Ausnahme und haben: vyšívať, užívať; dať, geben, dávať; mať, haben, mávať; čuť, hören, počúvať; kuť, hammern, kúvať; kryť, decken, pokrývať; myť, waschen, umývať; byť, sein, bývať; ryť, graben und vyť, heulen, haben besser: rýjať, vyvýjať ꝛc.

2) In jenen Zeitwörtern, deren Wurzel geschlossen ist, ge=
hen die weichen Mitlaute vor a in harte über, die Gaumenlaute
und d, t gehen zurück, die Wurzelselbstlaute á, í, ý, ú bleiben ge=
dehnt, ö wird in á, und ie gewöhnlich in e verwandelt; z. B.
pásť, weiden, pásal; rásť, wachsen, dorástal; klásť, legen, sklá-
dal; krasť, stehlen, okrádal; hrýzť, beißen, ohrýzal; jesť, essen,
jedal; pliesť, flechten, zapletal; tiecť, fließen, utekal; vliecť,
schleppen, zvliekal; piecť, backen, opekal; tlcť, stoßen, stłkal;
môcť, können, pomáhal ꝛc.

B) Von der II. Form :

Zeitwörter der offenen Wurzel behalten gewöhnlich n, und
verlängern vor demselben i und r; z. B. vinúť, rollen, svínal;
minúť, verbrauchen, mínal; hrnúť, scharren, shŕnal. Zeitwörter
der I. Form unter 4. nehmen í vor n und m; z. B. počal, anfan=
gen, počínal; zažal, anzünden, zažínal; pojal, zu sich nehmen,
pojímal; klnúť, fluchen, hat preklínal und zval, rufen, nazýval.
Zeitwörter der geschlossenen Wurzel dagegen werfen regelmäßig das
n weg, und die Wurzelsylbe wird bald verkürzt, bald verlängert; z.
B. padnúť, fallen, padal; pichnúť, stechen, pichal; páchnuť,
duften, zapáchal ꝛc.; es gibt aber auch hierin Ausnahmen, wo
das n beibehalten wird; z. B. pohnúť, bewegen, pohýnal; zhas-
núť, auslöschen, zhasínal; vyschnúť, austrocknen, vyschýnal;
zamknúť, zuschließen, zamkýnal; dotknúť, berühren, dotkýnal ꝛc.

C) Von der III. Form :

1) Zeitwörter dieser Form unter *a.* werden durch Annahme
der Sylbe va frequentativ; z. B. bdieť, wachen, bdieval; znieť,
klingen, znieval; prispieť, beitragen, prispieval. So auch die
zur V. Form gehörigen unter *d.*; z. B. siať, säen, rozsieval;
viať, wehen, zavieval; liať, gießen, nalieval; smiať sa, lachen,
usmievať sa; spať, schlafen, spával. Zeitwörter der III. Form,
deren Wurzel auf r ausgeht, machen eine Ausnahme; z. B. mreť,
sterben, umieral; streť, strecken, prestieral; treť, reiben, potie-
ral; zreť, sehen, dozeral; zrieť, reif werden, dozieral oder do-
zrieval; so auch: brať, nehmen, vyberal; drať, schinden, zdie-
ral; žrať, fressen, zožieral; poslať, schicken, posielal.

2) Zeitwörter unter *b.* und *c.* werden meistens frequentativ
durch die unmittelbare Annahme des a, vor welchem die Zischlaute
in die Gaumenlaute übergehen, und etliche Selbstlaute verlängert
werden; z. B. sedeť, sitzen, sedal; ležať, liegen, liehal; bežať,
laufen, behal; slyšať, hören, slýchal; pršať, regnen, popŕchal;

leteľ, fliegen, lietať; horeľ, brennen, vyháraľ; držaľ, halten,
zdŕžaľ oder zdržievaľ; mrzeľ, verdrießen, omŕzať.

D) Von der IV. Form:

Zeitwörter dieser Form können auf zweierlei Art in frequen=
tative verwandelt werden:

1) Mit Hilfe des harten a, vor welchem die weichen Mit=
laute in harte, die Zischlaute in Gaumenlaute, o in á, e in ie,
u in ú übergehen; z. B. krojiľ, schneiden, krájať; hovoriľ, spre=
chen, shováraľ sa; dojiľ, melken, vydájať; chytiľ, fangen, chy-
tať; skočiľ, springen, skákať; trešťiľ, zusammenschlagen, trie-
skať: pleštiľ, schmeißen, plieskať; luštiľ, knacken, lúskať ꝛc.

2) Mit Hilfe des weichen ä nach den Lippenlauten, sonst a,
vor welchem ď, ľ geht über in dz, c; s, z. sľ, sľ in š, ž, šľ, šľ;
o wird á, und die übrigen Selbstlaute werden gewöhnlich verlän=
gert; z. B. robiľ, arbeiten, obrábäľ; topiľ, schmelzen, vytápäľ;
praviľ, sagen, rozprávä; kropiľ, spritzen, pokrápäľ; chodiľ,
gehen, vychádzaľ; vodiľ, führen, uvádzať; platiľ, zahlen, splá-
caľ: sotiľ, stoßen, sácať; vrátiľ, zurückgeben, vracaľ; zlatiľ,
vergolden, pozlácať; honiľ, jagen, sháňať; zvoniľ, läuten, so-
zváňať; nosiľ, tragen, snášať; hasiľ, löschen, zahášať; skusiľ,
erfahren, skúšať; kaziľ, verderben, prekážať; pustiľ, lassen,
púšťať; mysleľ, denken, rozmýšľať.

E) Zeitwörter der IV. Form können mittelst ieva, und der
V. Form mittelst áva in iterative verwandelt werden; z. B. voziľ,
führen, vozievať; točiľ, drehen, točievať; nosiľ, tragen, nosie-
vať; robiľ, machen, robievať; volať, rufen, volávať; behaľ,
laufen, behávať; čítaľ, lesen, čitávať; plakaľ, weinen, oplaká-
vať ꝛc. Man kann, um die Wiederholung zu verstärken, das va auch
verdoppeln; z. B. volavávaľ, behavávať ꝛc.

VI. Form -ova-ť.

Die zu dieser Form gehörigen Zeitwörter werden durch ova
vor dem Auslaut des Infin. ť gebildet, so jedoch, daß das ova
in der gegenwärtigen Zeit in uje verwandelt wird; z. B.

mil-ovaľ, lieben; mil-ujem, ich liebe; mil-oval, er hat geliebt;
kup-ovaľ, kaufen; kup-ujem, ich kaufe; kup-oval, er hat gekauft.

Hieher gehören:

a) Von Haupt=, Bei= und Fürwörtern abgeleitete, als:
boj, der Kampf, bojovaľ, kämpfen; buben, die Trommel, bub-

noval, trommeln; pán, der Herr, panoval, herrschen; kríž, das Kreuz, križoval, kreuzigen; meno, der Name, menoval, nennen; nový, neu, obnovoval, erneuern; opak, verkehrt, opakoval, wiederholen ꝛc.

b) Von Zeitwörtern abgeleitete, und zwar: 1) Von Zeit=wörtern der II. Form, als: hrnúl, scharren, shrňoval; tiahnúl, ziehen, odťahoval; dvihnúl, heben, podvihoval ꝛc. 2) Von Zeit=wörtern der IV. Form mit Verwandlung des ď in dz, t in c (mit manchen Ausnahmen), und Verkürzung der langen Selbstlaute, als : hájil, bewachen, obhajoval; bránil, vertheidigen, zabraňoval : plodil, zeugen, zplodzoval; zarmútil, betrüben, zarmucoval; vrátil, zurückgeben, navracoval; shromaždil, sammeln, hat shro=maždoval ꝛc. 3) Von Zeitwörtern der V. Form durch Verkürzung der Selbstlaute, als: lámal, brechen, vylamoval; spieval, singen, prespevoval; písal, schreiben, spisoval; viazal, binden, svä=zoval ꝛc.

Bemerkung.

Zeitwörter der V. und VI. Form sind transitive und iterative; die frequentativen und iterativen, welche von transitiven anderer Formen abge=leitet werden, bleiben transitive; von intransitiven abgeleitete bleiben in=transitive; und von den faktitiven der IV. Form abgeleitete sind ebenfalls faktitive.

§. 35.
Von der Abwandlung der Zeitwörter.

Mit der Abwandlung (conjugatio, časovanie) wird die Biegung oder Veränderung der Zeitwörter durch die Redeart (modus, spôsob), die Zeit (tempus, čas), die Zahl (nume-rus, počet) und die Person (persona, osoba) angezeigt.

Die Redeart, das heißt die Art und Weise, wie man von einem Dinge etwas aussagt, ist dreifach:

a) Die Wirklichkeitsform oder anzeigende Art (mo-dus indicativus, spôsob ukazovací), welche bezeichnet, daß die Thätigkeit oder der Zustand für den Sprechenden wirklich und gewiß sei; z. B. žiak píše, der Schüler schreibt; on sa neučí, er lernt nicht.

b) Die Befehlsform oder gebietende Art (modus im-perativus, spôsob rozkazovací), welche bezeichnet, daß der Spre=chende will oder befiehlt, daß die Thätigkeit einer angesproche=

nen Person wirklich werden soll; z. B. hovor hlasne, sprich laut; poď k nám, komme zu uns.

c) Die Möglichkeitsform oder verbindende Art (modus conjunctivus, spôsob žiadací), welche bezeichnet, daß die Thätigkeit oder der Zustand für den Sprechenden nur möglich und ungewiß sei; z. B. keby som chcel, mohol bych sa učiť, wenn ich wollte, könnte ich lernen; úfam, že ma navštívi, ich hoffe, daß er mich besuchen werde.

Die Zeit, worin das geschieht, was von dem Subjekte ausgesagt wird, ist eigentlich auch nur dreifach:

1) die Gegenwart (tempus praesens, čas prítomný); z. B. on pije, er trinkt;

2) die Vergangenheit (tempus praeteritum, čas minulý; z. B. on pil, er hat getrunken; und

3) die Zukunft (tempus futurum, čas budúci); z. B. on bude piť, er wird trinken.

Die Zahl zeigt an, ob man von einer Person oder Sache, oder von mehreren etwas aussagt; im ersten Falle heißt einfache Zahl (numerus singularis, počeť jednotný); z. B. ja spievam, ich singe; im zweiten Falle heißt mehrfache Zahl (numerus pluralis, počeť množný); z. B. my spievame, wir singen.

Das Subjekt, von dem man etwas aussagt, ist entweder die Person selbst, welche spricht, das heißt die erste Person; z. B. ja spievam, ich singe; my spievame, wir singen; oder eine Person, zu der man spricht, das heißt die zweite Person; z. B. ty spievaš, du singst; vy spievate, ihr singt; oder aber eine Person oder Sache, von der man spricht, das heißt die dritte Person; z. B. on, ona, ono spieva, er, sie, es singt; oni, ony od. one spievajú, sie singen. Jedes Hauptwort im Nom. ist als dritte Person zu betrachten; z. B. oheň horí, das Feuer brennt.

In der vergangenen Zeit und in der passiven Form muß auf das Geschlecht Rücksicht genommen werden; z. B. pil som, ich habe getrunken (ein Mann), pila som (eine Frau), pilo som (ein Kind), pili sme (Männer), pily sme (Frauen oder Kinder); chválený som, ich bin gelobt (ein Mann), chválená som (eine Frau), chválené som (ein Kind), chválení sme (Männer), chválené sme (Frauen oder Kinder).

§. 36.
Von der Bildung der Zeiten.

A) Der Indikativ hat drei Zeiten: die gegenwär=
tige, die vergangene und die zukünftige Zeit.

a) Die gegenwärtige Zeit ist sowohl aus den Formen
der Zeitwörter (§. 34.), als auch aus den Abwandlungsmustern
(§. 38—39.) ersichtlich.

b) Die vergangene Zeit ist zweierlei: vollendet= und
längstvergangene.

1) Die vollendetvergangene Zeit (praeteritum per-
fectum, minulý dokonaný) wird aus dem thätigen Mittelworte
der vergangenen Zeit (participium praeteriti activi, účastie činné
minulého času) und aus der gegenwärtigen Zeit des Hilfszeitwor=
tes som, ich bin, gebildet; z. B. padnul som, ich bin gefallen;
padnuli sme, wir sind gefallen ꝛc.

2) Die längstvergangene Zeit (plusquamperfectum,
dávno dokonaný) wird gebildet aus demselben Partizip und aus
der vergangenen Zeit desselben Hilfszeitwortes; z. B. bol som
padnul, ich war gefallen; boli sme padnuli, wir waren gefallen ꝛc.

c) Die zukünftige Zeit ist dreierlei: einfach=, zusam=
mengesetzt= und umgeschriebenzukünftige.

1) Die einfachzukünftige (futurum simplex, budúci
prostý) unterscheidet sich nicht in Hinsicht der Form von der gegen=
wärtigen, und wird deswegen ebenso, wie diese, abgewandelt; so
z. B. die Zeitwörter der I. Form: budem, ich werde sein und som,
ich bin; dám, ich werde geben und dávam, ich gebe; der II. Form:
bodnem, ich werde stechen und bodám, ich steche; fúknem, ich
werde blasen und fúkam, ich blase; padnem, ich werde fallen und
padám, ich falle; der IV. Form: hodím, ich werde werfen und
hádžem, ich werfe; chytím, ich werde fangen und chytám, ich
fange; so auch kročím, kráčam, ich schreite; kúpim, kupujem,
ich kaufe; lapím, lapám, ich fange; pustím, púšťam, ich lasse;
ruším, rušám, ich störe; skočím, skáčem, ich springe; sľúbim,
sľubujem, ich verspreche; sotím, sácam oder sáčem, ich stoße;
strčím, strkám, ich schiebe; strelím, strielam, ich schieße; sta-
vím, staviam, ich halte auf oder ich baue; trafím, trafiam, ich
treffe; vrátim, vraciam, ich gebe zurück; der V. Form: nechám,
nechávam, ich lasse.

2) Die zusammengesetztzukünftige (futurum compo-
situm, budúci složený) entsteht, wenn ein einfaches Zeitwort mit

7

irgend einem Vorworte zusammengesetzt wird. Die am häufigsten zur Bildung der zukünftigen Zeit vorkommenden Vorwörter sind: u, po, za; z. B. myjem, ich wasche, umyjem, ich werde abwaschen; nesiem, ich trage, ponesiem, ich werde tragen; volám, ich rufe, zavolám, ich werde rufen.

3) Die umgeschriebenzukünftige (futurum circumscriptum, budúci opísaný). Es gibt nämlich in der slovakischen Sprache mehrere imperfektive Zeitwörter, denen es an den entsprechenden perfektiven fehlt; z. B. mať, haben; museť, müssen; chceť, wollen; smieť, dürfen ꝛc. Um diese und ähnliche in der zukünftigen Zeit gebrauchen zu können, muß man sie mit der zukünftigen Zeit des Hilfszeitwortes budem verbinden, somit umschreiben; z. B. budem mať, ich werde haben; budem smieť, ich werde dürfen. Diese letztere zukünftige Zeit deutet auf einen längeren Zustand, während die ersteren etwas schnell Vorübergehendes andeuten; z. B. budem volať, ich werde rufen, mehrmals oder durch längere Zeit; zavolám, ich werde rufen, nämlich einmal.

B) Der Imperativ hat nur eine, nämlich die gegenwärtige Zeit, wobei zu merken ist, daß in derselben für die dritte Person sowohl der einf. als auch der mehrf. Zahl keine besondere Form vorhanden sei, dieselbe also durch die dritte Person der gegenwärtigen Zeit des Indikativ und das Bindewort nech umgeschrieben werden muß; z. B. pi, trinke du; nech pije, er soll trinken; pime, trinken wir; pite, trinket ihr; nech pijú, sie sollen trinken.

C) Der Konjunktiv hat zwei Zeiten: die fortdauernd- und die längstvergangene Zeit.

a) Die fortdauerndvergangene (imperfectum, nedokonaný) wird aus dem thätigen Partizip der vergangenen Zeit und aus der veralteten vergangenen Zeit des Hilfszeitwortes: bych, bys', by, by sme, by ste, by (§. 28.) zusammengesetzt; z. B. pil bych od. pil by som, ich würde trinken; pil bys' od. pil by si, du würdest trinken; pil by, er würde trinken ꝛc.

b) Die längstvergangene (plusquamperfectum, dávno dokonaný) ist zusammengesetzt aus dem Imperfektum des Hilfszeitwortes: bol, bola, bolo bych, ich würde sein, und aus dem thätigen Partizip der vergangenen Zeit; z. B. bol bych pil, ich würde getrunken haben; bol bys' pil, du würdest getrunken haben ꝛc.

c) Die gegenwärtige und zukünftige Zeit des Konjunktiv wird in der slov. Sprache durch Bindewörter, die den Zeiten des Indikativ vorausgehen, ersetzt; z. B. verím, žo ma miluješ, ich glaube, daß du mich liebest; úfam, že to obsiahnem, ich hoffe, daß ich es erreichen werde ꝛc.

§. 37.

Von den Nennformen der Zeitwörter.

Diejenigen Biegungsformen der Zeitwörter, welche die Art und Weise, die Zeit der Thätigkeit, die Zahl und die Person ausdrücken, und die im vorhergehenden §. erwähnt worden sind, nennt man Redeformen (formae sententiales, podoby výpovedetvorné); diejenigen dagegen, denen die Kraft der Aussage fehlt, werden Nennformen (nominales, menotvorné) genannt, und sind zwei: die unbestimmte Art (modus infinitivus, spôsob neurčitý) und das Mittelwort (participium, účastie).

Der Infinitiv nennt die Thätigkeit oder den Zustand, welcher den Inhalt des Zeitwortes ausmacht, in hauptwörtlicher Gestalt, was am besten aus der deutschen Sprache ersichtlich ist, wo der Infinitiv als Hauptwort gebraucht werden kann; z. B. biť, schlagen, bitie, das Schlagen; volať, rufen, volanie, das Rufen.

Das Partizipium stellt den Inhalt des Zeitwortes in beiwörtlicher Form dar, indem es die Thätigkeit oder den Zustand als eine einem Gegenstande beizulegende Eigenschaft bezeichnet; z. B. umierajúc povedal, sterbend sagte er; milovaný syn, der geliebte Sohn.

In der slov. Sprache werden folgende Arten der Partizipien unterschieden:

a) Das Mittelwort der gegenwärtigen Zeit (participium praesentis, účastie prítomného času), welches in allen drei Geschlechtern und in beiden Zahlen auf úc oder iac, nach vorhergehenden langen aber auf uc oder ac ausgeht, und am leichtesten von der dritten Person mehrf. Zahl der gegenwärtigen Zeit durch Hinzufügen des Lautes c gebildet wird; z. B. milujú, sie lieben, milujúc, liebend; chodia, sie gehen, chodiac, gehend; píšu, sie schreiben, píšuc, schreibend; vráta, sie geben zurück, vrátac, zurückgebend ꝛc.

b) Das thätige Mittelwort der vergangenen Zeit (participium praeteriti activi, účastie činné minulého času), in welchem das Geschlecht ebenso wie bei den unbestimmten Beiwörtern (§. 27.) angezeigt werden muß; auch wird bei den Zeitwörtern der I. Form und geschlossener Wurzel das o vor dem Auslaut in weiblicher und sächlicher Bedeutung, wie auch in der mehrf. Zahl, weggelassen, und das ie in e abgekürzt; z. B. viezol, vezla, vezlo, er, sie, es hat geführt; vezli, vezly, sie haben geführt.

c) Das leidende Mittelwort der vergangenen Zeit (participium praeteriti passivi, účastie trpné minulého času),

7*

welches auf n und t ausgeht, und das Geschlecht so wie die bestimm=
ten Beiwörter (§. 26.) unterscheidet; z. B. milovan-ý, -á, -é,
der, die, das Geliebte, milovan-í, -é, die Geliebten; bit-ý, -á,
-é, der, die, das Geschlagene, bit-í, -é, die Geschlagenen.

Wenn dieses Partizip aus den intransitiven Wörtern gebil=
det wird, so hat es nicht eine passive, sondern die Bedeutung des
Zustandes, den das intransitive Zeitwort ausdrückt; z. B. vyspat-ý,
-á, -é, der, die, das Ausgeschlafene; uschnut-ý, -á, -é, der,
die, das Ausgetrocknete ꝛc.

§. 38.
Abwandlung des Hilfszeitwortes byt, sein.

Anzeigende Art
(modus indicativus, spôsob ukazovací).

Gegenwärtige Zeit
(tempus praesens, čas prítomný).

Einf. Zahl.	Mehrf. Zahl.
1. Person: som, ich bin;	sme, wir sind;
2. „ si, du bist;	ste, ihr seid;
3. „ je od. jest, er ist.	sú, sie sind.

Vergangene Zeit
(tempus praeteritum, čas minulý).

Einf. Zahl.			Mehrf. Zahl.		
männl.	weibl.	sächl.	männl. weibl. u. sächl.		
1. bol-, bola-, bolo som, ich bin gewesen;			boli-, boly sme, wir sind ge= wesen;		
2. bol-, bola-, bolo si, du bist gewesen;			boli-, boly ste, ihr seid gewe= sen;		
3. bol, bola, bolo, er, sie, es ist gewesen.			boli, boly, sie sind gewesen.		

Zukünftige Zeit
(tempus futurum, čas budúci).

Einf. Zahl.	Mehrf. Zahl.
1. budem, ich werde sein;	budeme, wir werden sein;
2. budeš, du wirst sein;	budete, ihr werdet sein;
3. bude, er wird sein.	budú, sie werden sein.

Gebietende Art
(modus imperativus, spôsob rozkazovací).

Einf. Zahl.	Mehrf. Zahl.
1. — —	buďme, feien wir;
2. buď, fei du;	buďte, feid ihr;
3. nech je, -bude, fei er.	nech sú, -budú, feien fie.

Verbindende Art
(modus conjunctivus, spôsob žiadací).

Fortdauerndvergangene Zeit
(tempus imperfectum, čas nedokonaný).

Einf. Zahl. männl. weibl. fächl.	Mehrf. Zahl. männl. weibl. u. fächl.
1. bol-, bola-, bolo bych oder by som, ich wäre;	boli-, boly by sme, wir wären;
2. bol-, bola-, bolo bys' oder by si, du wärest;	boli-, boly by ste, ihr wäret;
3. bol-, bola-, bolo by, er, fie, es wäre.	boli-, boly by, fie wären.

Unbestimmte Art
(modus infinitivus, spôsob neurčitý).

byť, fein.

Mittelwort der gegenw. Zeit
(praeteritum praesentis, účastie prítomného času).

súc, feiend.

Zeitwörtliches Hauptwort
(nomen substantivum verbale, meno podstatné slovesné).

bytie, das Sein.

Zeitwörtliche Beiwörter
(nomina adjectiva verbalia, mená prídavné slovesné).

súc-i, -a, -e; budúc-i, -a, -e, der, die, das Seiende;
byvš-í, -ia, -ie, der, die, das Gewesene.

Bemerkungen.

1. Das Imperfektum des Indikativ wird gebildet, wenn dem frequentativen býval die gegenwärtige Zeit zugefügt wird; z. B. býval som, ich war; býval si, du warst 2c.

2. Das selten vorkommende Plusquamperfektum des Indikativ entsteht, wenn man die vergangene Zeit mit dem Partizip bol verbindet; z. B. bol som bol, ich war gewesen; bol si bol, du warst gewesen 2c.

3. Ebenso entsteht aus dem Imperfektum des Konjunktiv und aus dem Partizip bol das Plusquamperfektum des Konjunktiv; z. B. bol bych bol oder bol by som bol, ich wäre gewesen 2c.

4. Das si als Hilfszeitwort wird öfters, wenn es nach anderen Redetheilen steht und mit ihnen verbunden ist, in s abgekürzt und mit dem Auslassungszeichen ' versehen; z. B. tys' to povedal, statt : ty si to povedal, du hast es gesagt; myslím, žes' to ty, statt: myslím, že si to ty, ich denke, daß du es seiest 2c.

5. In der verneinenden Form (negative, záporne) der gegenwärtigen Zeit wird dem Hilfszeitworte statt ne die Partikel nej oder nie vorgesetzt, und die Abwandlung bleibt unverändert; z. B. nejsom oder niesom, ich bin nicht; nejsme oder niesme, wir sind nicht 2c. In der dritten Person einf. Zahl jedoch wird neben dem regelmäßigen nieje, auch není ob. nenie ob. niet gebraucht; z. B. nieje, ob. není, ob. nenie, ob. niet doma, er ist nicht zu Hause 2c.

Aufgabe zum §. 38.

XXXVIII.

Ich bin ein gerechter Mensch, ihr aber seid ungerecht. — Warum sind wir so traurig? — Unsere Brüder sind zu Hause. — Wir sind im Theater gewesen. — Ich werde glücklich sein, wenn ich es erhalten werde. — Ihr werdet für schuldig erklärt. — Seid vorsichtig. — Wir wären schon längst gekommen. — Er ist kein guter Mensch. — Du bist ein großer Verschwender. — Ich bin nicht derjenige, den man sucht. — Sein oder nicht sein, das ist jetzt die Frage.

§. 39.

Von der Abwandlung der konkreten oder gemischten Zeitwörter.

Nach den im §. 34. angegebenen Formcharakteren kann man die Biegung aller Zeitwörter auf folgende sechs Abwandlungsmuster zurückführen:

I. Abwandlung.

1. Muster.   2. Muster.

Indikativ präf.*)

Einf. Zahl.

1. bi-jem, ich schlage;	vez-iem, ich führe;
2. bi-ješ, du schlägst;	vez-ieš, du führst;
3. bi-je, er schlägt.	vez-ie, er führt.

Mehrf. Zahl.

1. bi-jeme, wir schlagen;	vez-ieme, wir führen;
2. bi-jete, ihr schlaget;	vez-iete, ihr führet;
3. bi-jú, sie schlagen.	vez-ú, sie führen.

Imperativ.

Einf. Zahl.

2. bi, schlage du;	vez, führe du;
3. nech bi-je, schlage er.	nech vez-ie, führe er.

Mehrf. Zahl.

1. bi-me, schlagen wir;	vez-me, führen wir;
2. bi-te, schlaget ihr;	vez-te, führet ihr;
3. nech bi-jú, schlagen sie.	nech vez-ú, führen sie.

Infinitiv.

bi-ĭ, schlagen.	viez-ĭ, führen.

Partizip präf.

bi-júc, schlagend.	vez-úc, führend.

Partizip prät. aktiv.

Einf. Zahl.

männl. weibl. sächl.	männl. weibl. sächl.
bil, bila, bilo, er, sie, es hat geschlagen.	viezol, vezla, vezlo, er, sie, es hat geführt.

---

*) Da schon mehrmals, namentlich in der Abwandlung des Hilfs-zeitwortes (§. 38.) alle lateinischen Ausdrücke, die am häufigsten gebraucht werden, deutsch und slavisch angegeben worden sind, so habe ich mich in den Abwandlungsmustern der gemischten Zeitwörter bloß der bekannten lateinischen Art- und Zeitbenennungen bedient.

Mehrf. Zahl.

männl. weibl. sächl.	männl. weibl. sächl.
bili, bily, bily, fie haben ge= schlagen.	vezli, vezly, vezly, fie haben geführt.

Partizip prät. paffiv.

Einf. Zahl.

bit-ý, -á, -é, er, fie, es ist ge= schlagen worden.	vezen-ý, -á, -é, er, fie, es ist geführt worden.

Mehrf. Zahl.

bit-í, -é, -é, fie find geschla= gen worden.	vezen-í, -é, -é, fie find ge= führt worden.

Subſtantiv verbal.

bit-ie, das Schlagen.	vezen-ie, das Führen.

A) Nach dem 1. Muſter werden abgewandelt die Zeitwörter der I. Form unter *a.* offener Wurzel auf i und y, die auf u, aus= genommen des Imperativ mit j: duj, blaſe; kuj, ſchmiede; duj-me, kujme 2c. Die der V. Form unter *d.*, ausgenommen des Imperativ auf j: hrej, wärme; stoj, stehe, und des Infinitiv auf ia oder á: hriať, stáť.

B) Dem 2. Muſter folgen die Zeitwörter der I. Form unter *b.* geſchloſſener Wurzel, ausgenommen die unter 4. auf n und m.

Bemerkungen.

1. Die Kehllaute h und k bleiben nur im Partizip der Gegenwart und der thätig. Vergangenheit unverändert: mohúc, könnend, mohol, er hat können; pekúc, backend, piekol, er hat gebacken; ſonſt werden ſie in Ziſchlaute verwandelt (§. 34. I. Form *b.* 3.): môžem, ich kann; pečieme, wir backen 2c.

2. Die vergangenen Zeiten müſſen ſowohl im Indikativ als auch im Konjunktiv durch alle Abwandlungen nach dem §. 36. *A. b.* 1. 2. *C. a. b.* aus den betreffenden Partizipien mit dem Hilfszeitworte abgeleitet werden; z. B.

Indikat. prät. Perfekt.

bil som, ich habe geschlagen.	viezol som, ich habe geführt.

Plusquamperfekt.

bol som bil, ich hatte geschlagen.	bol som viezol, ich hatte geführt.

Konjunkt. Imperfekt.

bil bych ob. bil by som, ich | viezol bych ob. viezol by som,
schlagte. | ich führte.

Plusquamperfekt.

bol bych bil ob. bol by som bil, | bol bych viezol ob. bol by som
ich hätte geschlagen. | viezol, ich hätte geführt.

3. Die zusammengesetzte zukünftige Zeit (§. 36. A. c. 2.) wird eben-
so wie die ihr entsprechende gegenwärtige abgewandelt, also: ponesiem, ich
werde tragen, so wie nesiem, ich trage; in der umgeschriebenen zukünftigen
Zeit aber (§. 36. A. c. 3.) wird bloß das budem abgewandelt, und das an-
dere Zeitwort bleibt stets im Infinitiv; z. B. budem biť, ich werde schla-
gen; budeš biť, du wirst schlagen ꝛc. budeme museť, wir werden müssen;
budete museť, ihr werdet müssen ꝛc.

Aufgaben zum §. 39. I. Abwandlung.

XXXIX.

Du trinkst Wasser, und ich trinke Wein. — Trinken wir beide
Wasser. — Ihr nähet schöne Kleider. — Er heult wie ein Hund. —
Wir haben eine traurige Neuigkeit gehört. — Der Ochs kauet den
ganzen Tag hindurch. — Er hat dieses Bild in Stahl gestochen. —
Wer gesund lebt, der fault nicht. — Ich werde meine Hände waschen.
— Wir gießen Öl in die Lampe. — Wir säen, und ihr wehet.

XL.

My pasieme kone, a vy pasiete voly. — Čo to trasieš? —
Oni kladú drevo na oheň. — Sestra dobrý chlieb napiekla. —
Tak rastieš ako huba z vody. — Hus vlečie krídlo za sebou. —
Tvoje sestry uplietly štyry koše a môj brat len jeden. — Pri
Prešporku tečie Dunaj. — Je to príjemné pasenie.

II. Abwandlung.

1. Muster.   2. Muster.

Indikativ präs.

Einf. Zahl.

1. vi-niem, ich winde;	tiah-nem, ich ziehe;
2. vi-nieš, du windest;	tiah-neš, du ziehest;
3. vi-nie, er windet.	tiah-ne, er ziehet.

Mehrf. Zahl.

1. vi-nieme, wir winden;	tiah-neme, wir ziehen;
2. vi-niete, ihr windet;	tiah-nete, ihr ziehet;
3. vi-nú, sie winden.	tiah-nu, sie ziehen.

Imperativ.

Einf. Zahl.

2. vi-ń, winde du;	tiah-ni, ziehe du;
3. nech vi-nie, winde er.	nech tiah-ne, ziehe er.

Mehrf. Zahl.

1. vi-ńme, winden wir;	tiah-nime, ziehen wir;
2. vi-ńte, windet ihr;	tiah-nite, ziehet ihr;
3. nech vi-nú, winden sie.	nech tiah-nu, ziehen sie.

Infinitiv.

vi-núł, winden.	tiah-nuł, ziehen.

Partizip präs.

vi-núc, windend.	tiah-nuc, ziehend.

Partizip prät. aktiv.

Einf. Zahl.

männl. weibl. sächl.	männl. weibl. sächl.
vinul, -a, -o, er, sie, es hat gewunden.	liahnul, -a, -o od. tiahol, tiahla, tiahlo, er, sie, es hat gezogen.

Mehrf. Zahl.

vinul-i, -y, -y, sie haben gewunden.	liahnul-i, -y, -y, od. tiahl-i, -y, -y, sie haben gezogen.

Partizip prät. passiv.

Einf. Zahl.

vinut-ý, -á, -é, er, sie, es ist gewunden worden.	liahnut-ý, -á, -é, er, sie, es ist gezogen worden.

Mehrf. Zahl.

vinut-í, -é, -é, sie sind gewunden worden.	tiahnut-í, -é, -é, sie sind gezogen worden.

Subſtantiv verbal.

vinut-ie, das Winden. | tiahnut-ie, das Ziehen.

A) Nach dem 1. Muſter werden abgewandelt die Zeitwörter der II. Form unter *a.* offener Wurzel, wie auch die mit l oder r, alſo mit Halbſelbſtlauten geſchloſſenen.

B) Dem 2. Muſter folgen die Zeitwörter derſelben Form unter *b.* geſchloſſener Wurzel; und in der gegenwärtigen Zeit des Indikat., Imperat. und Partizip auch die der I. Form unter *b.* 4. auf n und m ausgehenden: poč-nem, ich fange an; poč-ni, fange du an; poč-núc, anfangend ꝛc.

Bemerkungen.

1. Der Laut ú im 2. Muſter dritter Perſon mehrf. Zahl gegenwärtiger Zeit, ſo auch im Infin. und Partizip muß, nach dem §. 3. *B.* kurz verbleiben: tiahnu, tiahnuť, tiahnuc.

2. Die zuſammengeſetzten: zhyniem, ich werde zu Grunde gehen; zmoknem, ich werde naß; začnem, ich werde anfangen; potiahnem, ich werde ziehen; potisknem, ich werde ſchieben; ukradnem, ich werde ſtehlen; uschnem, ich werde trocknen; uviaznem, ich werde ſtecken bleiben ꝛc. haben eine den einfachen: hyniem, ich gehe zu Grunde; tisknem, ich ſchiebe ꝛc. entſprechende zukünftige Bedeutung.

3. Die inchoativen mit dem Vorworte o bedeuten die zukünftige Zeit; z. B. slepnem, ich fange an blind zu ſein; oslepnem, ich werde blind, ſo auch: ohluchnem, ich werde taub; oslabnem, ich werde ſchwach ꝛc.

Aufgaben zum §. 39. II. Abwandlung.

XLI.

Meine Jugend vergeht. — Jenes Schiff iſt geſunken. — Wir werden nicht fluchen, aber ihr fluchet auch nicht. — Sie zittern vor Angſt, und du zitterſt nicht. — Auch ſchlechte Zeiten werden vorübergehen. — Er ſcharrt Alles zuſammen. — Zittere, der du ungerecht biſt.

XLII.

Vy kradnete, jako aj vaša služka kradnula. — Volakedy ste nad mnohými krajinami vládnuli, ale už nevládnete. — Keď padneme, budeme ležať. — Kľakni, dieľa moje, a modli sa! — Z miesta sa nehnite! — Kto prv zívne, ten to obsiahne. — Dýchnul doňho dušu nesmrtelnú. — Tu hľa, sme všetci zaviaznuli.

III. Abwandlung.

1. Muster.   2. Muster.

Indikativ präs.

Einf. Zahl.

1. bd-iem, ich wache;	hľad-ím, ich schaue;
2. bd-ieš, du wachst;	hľad-íš, du schaust;
3. bd-ie, er wacht.	hľad-í, er schaut.

Mehrf. Zahl.

1. bd-ieme, wir wachen;	hľad-íme, wir schauen;
2. bd-iete, ihr wachet;	hľad-íte, ihr schauet;
3. bd-ejú, sie wachen.	hľad-ia, sie schauen.

Imperativ.

Einf. Zahl.

2. bd-ej, wache du;	hľaď, schaue du;
3. nech bd-ie, wache er.	nech hľad-í, schaue er.

Mehrf. Zahl.

1. bd-ejme, wachen wir;	hľaď-me, schauen wir;
2. bd-ejte, wachet ihr;	hľaď-te, schauet ihr;
3. nech bd-ejú, wachen sie.	nech hľad-ia, schauen sie.

Infinitiv.

bd-ieľ, wachen.	hľad-eľ, schauen.

Partizip präs.

bd-ejúc, wachend.	hľad-iac, schauend.

Partizip prät. aktiv.

Einf. Zahl.

männl. weibl. sächl.	männl. weibl. sächl.
bdel, -a, -o, er, sie, es hat gewacht.	hľadel, -a, -o, er, sie, es hat geschaut.

Mehrf. Zahl.

bdel-i, -y, -y, sie haben gewacht.	hľadel-i, -y, -y, sie haben geschaut.

Substantiv verbal.

bden-ie, das Wachen. | hľaden-ie, das Schauen.

A) Nach dem 1. Muster werden abgewandelt die Zeitwörter der III. Form unter *a*.

B) Dem 2. Muster folgen die Zeitwörter derselben Form unter *b*. und *c*.

Bemerkungen.

1. Jene Zeitwörter, deren Wurzel auf l oder r ausgeht, haben in der dritten Person mehrf. Zahl gegenwärtiger Zeit statt ejú bloß ú, und folglich auch im Partizip statt ejúc bloß úc; z. B. melú, sie mahlen, me- lúc, mahlend; mrú, sie sterben, mrúc, sterbend. Daß dieselben in den übrigen Zeiten statt ie bloß e bekommen, ist (§. 34.) bei der III. Form Bem. 1. angegeben. Chceť, wollen, hat chcú oder chcejú; museť, müs- sen, hat besser musia als musejú.

2. Aus den inchoativen wird auch hier durch das Vorwort o die zu- künftige Zeit abgeleitet; z. B. šediviem, ich fange an grau zu werden, ošediviem, ich werde grau ꝛc. Die übrigen bekommen am besten ihr Futu- rum entweder durch die Vorwörter po und u; z. B. letím, ich fliege, pole- tím, ich werde fliegen; mrem, ich sterbe, umrem, ich werde sterben; oder wird dasselbe nach Art der II. Form gebildet; z. B. kľačím, ich kniee, kľaknem, ich werde knieen; ležím, ich liege, ľahnem, ich werde liegen. Das futurum circumscriptum entsteht nach §. 36. *A. c.* 3. mittelst des bu- dem; z. B. budem kľačať, budem ležať ꝛc.

Aufgaben zum §. 39. III. Abwandlung.

XLIII.

Das Feuer glimmt noch im Ofen. — Er meinte, daß es nicht gut wäre. — Euere Reden klingen angenehm in unseren Ohren. — Du wirst schon ziemlich grau. — Wenn wir wieder ge- sund werden, dann werden wir euch auslachen. — Das verstehst du nicht, mein Sohn! — Zu diesem Zwecke haben auch wir beigetragen.

XLIV.

Zbojníci visia na šibenici. — My sme v povetrí leteli. — Musíte dať pozor na svoje skutky. — On sa nad tou prípadno- sťou veľmi namrzel. — Mňa svrbia oči, a teba včera nesvrbely? — Už sme mnoho trpeli, ešte trpíme, a aj budeme trpeť, do- kiaľ nezmudrieme. — Volíme nebyť, nežli byť Neslovania. —

Chlapci bežali, a dievčence ležaly. — Naše domy sa blyštia jako by boly zo zlata.

IV. Abwandlung.

Muſter.

Indikativ präſ.

Einf. Zahl.	Mehrf. Zahl.
1. čin-ím, ich thue;	čin-íme, wir thun;
2. čin-íš, du thuſt;	čin-íte, ihr thut;
3. čin-í, er thut.	čin-ia, ſie thun.

Imperativ.

Einf. Zahl.	Mehrf. Zahl.
1. — —	čiň-me, thuen wir;
2. čiň, thue du;	čiň-te, thuet ihr;
3. nech čin-í, thue er.	nech čin-ia, thuen ſie.

Infinitiv.

čin-iť, thun.

Partizip präſ.

čin-iac, thuend.

Partizip prät. aktiv.

Einf. Zahl.	Mehrf. Zahl.
männl. weibl. ſächl.	männl. weibl. ſächl.
činil, -a, -o, er, ſie, es hat gethan.	činil-i, -y, -y, ſie haben gethan.

Partizip prät. paſſiv.

Einf. Zahl.	Mehrf. Zahl.
činen-ý, -á, -é, er, ſie, es iſt gemacht worden.	činen-í, -é, -é, ſie ſind gemacht worden.

Subſtantiv verbal.

činen-ie, das Thun.

Nach dieſem Muſter werden alle Zeitwörter der IV. Form abgewandelt.

Bemerkungen.

1. In der gegenwärtigen Zeit und im Partizip wird das i und ia, nach dem §. 3. *B.* in i und a, dieses letztere nach Lippenlauten in ä verwandelt:; z. B. súdim, ich richte, súď a, sie richten, súďac, richtend; kúpim, ich kaufe, kúpä, sie kaufen, kúpäc, kaufend.

2. Die zukünftigen Zeiten hieher gehörigen Zeitwörter werden im Sinne der Bem. 2. vorhergehender Abwandlung durch Vorwörter und Umschreibung gebildet; z. B. žením sa, ich heirathe, ožením sa, ich werde heirathen; verím, ich glaube, uverím, ich werde glauben; teším sa, ich freue mich, potešim sa, ich werde mich freuen; nosím, ich trage, budem nosiť, ich werde tragen ꝛc.

Aufgaben zum §. 39. IV. Abwandlung.

XLV.

Ausgelassene Buben verderben die Bäume. — Richtet nicht eueren Nächsten. — Unsere Mutter hat den lieben Vogel hinausgelassen. — Er wechselt jedes Vierteljahr seine Wohnung. — Kaufe dir einen neuen Hut. — Deine Großmutter hat schon diese Kleider getragen.

XLVI.

My točíme víno, a vy točíte pivo. — Každý človek bude svojím telom zem hnojiť. — Nebavte sa tam dlho. — Darmo sa, človeče, trápiš! — Tieto knihy vaše sestry sem položily. — To dieťa u nás slúžilo. — Sušili sme vlhké snopy. — Zničíme vás, keď budeme môcť.

V. Abwandlung.

1. Muster.   2. Muster.

Indikativ präs.

Einf. Zahl.

1. vol-ám, ich rufe;	maž-em, ich schmiere;
2. vol-áš, du rufest;	maž-eš, du schmierst;
3. vol-á, er ruft.	maž-e, er schmiert.

Mehrf. Zahl.

1. vol-áme, wir rufen;	maž-eme, wir schmieren;
2. vol-áte, ihr rufet;	maž-ete, ihr schmieret;
3. vol-ajú, sie rufen.	maž-ú, sie schmieren.

Imperativ.

Einf. Zahl.

2. vol-aj, rufe du; | maž, ſchmiere du;
3. nech vol-á, rufe er. | nech maž-e, ſchmiere er.

Mehrf. Zahl.

1. vol-ajme, rufen wir; | maž-me, ſchmieren wir;
2. vol-ajte, rufet ihr; | maž-te, ſchmieret ihr;
3. nech vol-ajú, rufen ſie. | nech maž-ú, ſchmieren ſie.

Infinitiv.

vol-aľ, rufen. | maz-aľ, ſchmieren.

Partizip präſ.

vol-ajúc, rufend. | maž-úc, ſchmierend.

Partizip prät. aktiv.

Einf. Zahl.

männl. weibl. ſächl. | männl. weibl. ſächl.
volal, -a, -o, er, ſie, es hat | mazal, -a, -o, er, ſie, es hat
gerufen. | geſchmiert.

Mehrf. Zahl.

volal-i, -y, -y, ſie haben ge- | mazal-i, -y, -y, ſie haben ge-
rufen. | ſchmiert.

Partizip prät. paſſiv.

Einf. Zahl.

volan-ý, -á, -é, er, ſie, es iſt | mazan-ý, -á, -é, er, ſie, es iſt
gerufen worden. | geſchmiert worden.

Mehrf. Zahl.

volan-í, -é, -é, ſie ſind geru- | mazan-í, -é, -é, ſie ſind ge-
fen worden. | ſchmiert worden.

Subſtantiv verbal.

volan-ie, das Rufen. | mazan-ie, das Schmieren.

A) Nach dem 1. Muſter werden abgewandelt die Zeitwörter
der V. Form unter α., wie auch alle frequentativen und iterativen

berfelben Form unter *A. B. C. D.* Ferner bie Zeitwörter ber
I. Form unter *α.* offener Wurzel, welche mit a endigen; z. B.
dať, geben; mať, haben ꝛc.

B) Dem 2. Muſter folgen jene ber V. Form unter *b. c.*
gänzlich, bie unter *d.* auf a unb e ausgehenben aber nur im Infi=
nitiv unb im Partizip prät.; z. B. kliať, fluchen; klial, hat ge=
flucht; kliaty, verflucht werben.

Bemerkungen.

1. In ben Wörtern mit vorleßter langen Sylbe wirb bas á unb ú
verkürzt; z. B. čitam, ich lefe, čitaš, bu liefeſt, čita, er liefet; pišu, ſie
ſchreiben, pišuc, ſchreibenb ꝛc. (§. 3. *B.*).

2. Die von ben Zeitwörtern ber IV. Form (V. Form *D.*) abgeleiteten
frequentativen, welche in ber Wurzel auf Lippenlaute (§. 1. *C. α.*) ausge=
hen, haben in ber britten Perſon ber mehrf. Zahl bes Inbikat., bann im
Imperat. unb Partizip. präf. anſtatt a ober ja bas weiche ä; z. B. obrá-
bam, ich bearbeite, obrábäjú, ſie bearbeiten, obrábäj, bearbeite bu, ob-
rábäjúc, bearbeitenb, ſo auch: staviam, ich baue, staväjú, staväj, sta-
väjúc ꝛc.

3. Die zukünftigen Zeiten aller brei Arten (§. 36. *A. c.* 1. 2. 3.)
werben nach ber bereits in ben vier erſten Abwanblungen angegebenen Weife
abgeleitet; z. B. dám, ich werbe geben; uvidím, ich werbe ſehen; obro-
bim, ich werbe bearbeiten; zavolám, ich werbe rufen; zamažem, ich werbe
zuſchmieren; budem čitať, ich werbe leſen ꝛc.

Aufgaben zum §. 39. V. Abwanblung.

XLVII.

Wir bereiten euch eine Feierlichkeit. — Freuen wir uns bes
Lebens. — Alles haben ſie burchgeſeßt unb babei nichts gewonnen.
— Sie verlangen, was ihnen gebührt. — Sie pflegen eine garſtige
Gewohnheit zu haben. — Ihr werbet bas Bilb öfters berühren. —
Sieh, wie ſie lächelt. — Wir ſprechen von ben heutigen Ereigniſ=
ſen. — Der Kirchenbiener wirb ſchon zuſammenläuten.

XLVIII.

My ešte len driememe, a ten už chrápe. — Vy kážete, a
robotníci hrabú. — Jeden druhého kúše. — Klamete nás i seba
samých. — Od toľko rokov žobreme a nič nemáme. — Berete
zlato a dávate sriebro. — Kačice sa na vode perú. — Prečo
tie kone nežerú? — Jako sa tvoj syn zovie?

8

VI. Abwandlung.

Muster.

Indikativ präs.

Einf. Zahl.	Mehrf. Zahl.
1. mil-ujem, ich liebe;	mil-ujeme, wir lieben;
2. mil-uješ, du liebst;	mil-ujete, ihr liebet;
3. mil-uje, er liebt.	mil-ujú, sie lieben.

Imperativ.

Einf. Zahl.	Mehrf. Zahl.
1. — —	mil-ujme, lieben wir;
2. mil-uj, liebe du;	mil-ujte, liebet ihr;
3. nech mil-uje, liebe er.	nech mil-ujú, lieben sie.

Infinitiv.

mil-ovať, lieben.

Partizip präs.

mil-ujúc, liebend.

Partizip prät. aktiv.

Einf. Zahl.	Mehrf. Zahl.
männl. weibl. sächl.	männl. weibl. sächl.
miloval, -a, -o, er, sie, es hat geliebt.	miloval-i, -y, -y, sie haben geliebt.

Partizip prät. passiv.

Einf. Zahl.	Mehrf. Zahl.
milovan-ý, -á, -é, er, sie, es ist geliebt worden.	milovan-í, -é, -é, sie sind geliebt worden.

Substantiv verbal.

milovan-ie, das Lieben.

Nach diesem Muster werden alle Zeitwörter der VI. Form, und manche der I. Form, deren Wurzel auf u ausgeht, abgewandelt; z. B. kujem, ich schmiede; kovať statt kuť, schmieden; kovaný, geschmiedet ꝛc.

Aufgaben zum §. 39. VI. Abwandlung.

XLIX.

Wir kämpfen für das Recht, und ihr kämpfet für das Unrecht. — Wer trommelt auf der Gasse? — Die Menschen herrschen über die Thiere. — Die Juden haben Jesum von Nazareth gekreuziget. — Wir nennen uns Slaven, und diejenigen dort, wie nennen sie sich? — Die Wiener erneuern den Stephansthurm. — Wir wiederholen unsere Bitte.

L.

Shrnuje peniaze a nevie pre koho. — My sa neodťahujeme, ale ani vy sa neodťahujte. — Jakožto šlechetný vlastenec obhajoval česť národa svojho. — Čo ste nám vzali, to nám teraz navracujete. — My sa z dobrých úmyslov shromažďujeme. — Odpisujte starodávne rukopisy. — Slovenské dievčence rady v poli vyspevujú.

§. 40.
Abwandlung der unregelmäßigen Zeitwörter.

I. Jest, essen.

Indikativ präs.

Einf. Zahl.	Mehrf. Zahl.
1. jem oder jím *), ich esse;	jeme oder jíme, wir essen;
2. ješ „ jíš, du issest;	jete „ jíte, ihr esset;
3. je „ jí, er ißt.	jedia, sie essen.

Imperativ.

Einf. Zahl.	Mehrf. Zahl.
1. — —	jedzme, essen wir;
2. jedz, iß du;	jedzte, esset ihr;
3. nech je oder jí, esse er.	nech jedia, essen sie.

Infinitiv.
jesť, essen.

Partizip präs.
jediac, essend.

---

*) Einige schreiben jiem.

8*

Partizip prät. aktiv.

Einf. Zahl.	Mehrf. Zahl.
männl. weibl. sächl.	männl. weibl. sächl.
jedol, jedla, jedlo, er, sie, es hat gegessen.	jedli, jedly, jedly, sie haben gegessen.

Substantiv verbal.

jedenie, das Essen.

II. Vedet, wissen.

Indikativ präs.

Einf. Zahl.	Mehrf. Zahl.
1. viem, ich weiß;	vieme, wir wissen;
2. vieš, du weißt;	viete, ihr wisset;
3. vie, er weiß.	vedia, sie wissen.

Imperativ.

Einf. Zahl.	Mehrf. Zahl.
1. — —	vedzme, wissen wir;
2. vedz, wisse du;	vedzte, wisset ihr;
3. nech vie, wisse er.	nech vedia, wissen sie.

Infinitiv.

vedeť, wissen.

Partizip präs.

vediac, wissend.

Partizip prät. aktiv.

Einf. Zahl.	Mehrf. Zahl.
männl. weibl. sächl.	männl. weibl. sächl.
vedel, -a, -o, er, sie, es hat gewußt.	vedel-i, -y, -y, sie haben gewußt.

Substantiv verbal.

vedenie, das Wissen.

III. ísť, gehen.

Indikativ präs.

Einf. Zahl.	Mehrf. Zahl.
1. idem, ich gehe;	ideme, wir gehen;
2. ideš, du gehst;	idete, ihr gehet;
3. ide, er geht.	idú, sie gehen.

Imperativ.

Einf. Zahl.	Mehrf. Zahl.
1. — —	iďme, gehen wir;
2. iď, gehe du;	iďte, gehet ihr;
3. nech ide, gehe er.	nech idú, gehen sie.

Infinitiv.

ísť, gehen.

Partizip präs.

idúc, gehend.

Partizip prät. aktiv.

Einf. Zahl.

männl.	weibl.	fächl.

šiel ob. išol, šla ob. išla, šlo ob. išlo, er, sie, es ist gegangen.

Mehrf. Zahl.

šli ob. išli, šly ob. išly, šly ob. išly, sie sind gegangen.

Substantiv verbal.

chodenie, (idenie, itie), das Gehen.

§. 41.
Abwandlung in passiver Form.

In der slovakischen Sprache gibt es keine besondere Form, welcher nach die Zeitwörter in passiver Bedeutung abzuwandeln wären, ausgenommen das **leidende Mittelwort der vergangenen Zeit**, aus welchem mittelst des Hilfszeitwortes som und des frequentativen bývam die passiven Arten und Zeiten folgendermaßen abgeleitet werden:

I. **Mit som, ich bin.**

Indikativ präs.

Einf. Zahl.

männl. weibl. sächl.
1. volaný, volaná, volané som, ich bin gerufen;
2. „ „ „ si, du bist gerufen;
3. „ „ „ je, er, sie, es ist gerufen.

Mehrf. Zahl.

1. volaní, volané, volané sme, wir sind gerufen;
2. „ „ „ ste, ihr seid gerufen;
3. „ „ „ sú, sie sind gerufen.

Präterit. Perfekt.

Einf. Zahl.

1. bol som volaný, bola som volaná, bolo som volané, ich bin gerufen gewesen;
2. bol si volaný, bola si volaná, bolo si volané, du bist gerufen gewesen;
3. bol volaný, bola volaná, bolo volané, er, sie, es ist gerufen gewesen.

Mehrf. Zahl.

1. boli sme volaní, boly sme volané, boly sme volané, wir sind gerufen gewesen;
2. boli ste volaní, boly ste volané, boly ste volané, ihr seid gerufen gewesen;
3. boli volaní, boly volané, boly volané, sie sind gerufen gewesen.

Plusquamperfekt.

Einf. Zahl.

Männl. 1. býval som- ob. bol som bol volaný, ich war gerufen gewesen ꝛc.

Mehrf. Zahl.

Männl. 1. býval sme- ob. boli sme boli volaní, wir waren gerufen gewesen ꝛc.

Futurum.

Einf. Zahl.

Männl. 1. budem volaný, ich werde gerufen sein ꝛc.

Mehrf. Zahl.

Männl. 1. budeme volaní, wir werden gerufen sein ꝛc.

Imperativ.

Einf. Zahl.

Männl. 2. volaný buď, sei du gerufen;
   „ 3. nech je volaný, sei er gerufen.

Mehrf. Zahl.

Männl. 1. volaní buďme, seien wir gerufen;
   „ 2.   „ buďte, seid ihr gerufen;
   „ 3. nech sú volaní, seien sie gerufen.

Konjunktiv Imperfekt.

Einf. Zahl.

Männl. 1. bol bych- ob. bol by som volaný, ich wäre gerufen ꝛc.

Mehrf. Zahl.

Männl. 1. boli by sme volaní, wir wären gerufen ꝛc.

Plusquamperfekt.

Einf. Zahl.

Männl. 1. bol bych- ob. bol by som býval volaný, ich wäre ge=
rufen gewesen ꝛc.

Mehrf. Zahl.

Männl. 1. boli by sme bývali volaní, wir wären gerufen gewe=
sen ꝛc.

Infinitiv.

Männl. volaný byť, gerufen sein ꝛc.

Partizip präs.

Männl. volaný súc, gerufen seiend ꝛc.

II. **Mit** bývam, **ich pflege zu sein.**

Indikativ präs.

Einf. Zahl.

männl. weibl. sächl.

1. volaný, volaná, volané býva m, ich pflege gerufen zu sein.
2. „   „   „ býva š, du pflegest „ „ „
3. „   „   „ býva, er, sie, es pflegt „ „ „

Mehrf. Zahl.

1. volaní, volané, volané býva me, wir pflegen gerufen zu sein.
2. „   „   „ býva te, ihr pfleget „ „ „
3. „   „   „ býva jú, sie pflegen „ „ „

§. 42.

Abwandlung der unpersönlichen Zeitwörter.

Die unpersönlichen Zeitwörter, welche bloß in der dritten Person einf. Zahl gebräuchlich sind, behalten jene Abwandlungs= form, die den entsprechenden persönlichen zukommt; z. B. pršať, regnen, wie in der III. Abwandlung: hľadeť, schauen; blýskať sa, blitzen, wie in der V. Abwandlung: volať, rufen.

1. **Muster.**   2. **Muster.**

Indikativ präs.

prší, es regnet. | blýska sa, es blitzt.

Präteritum.

pršalo, es hat geregnet. | blýskalo sa, es hat geblitzt.

Futurum.

bude pršať, es wird regnen. | bude sa blýskať, es wird blitzen.

Imperativ.

nech prší, es regne. | nech sa blýska, es blitze.

Infinitiv.

pršať, regnen. | blýskať sa, blitzen.

Partizip präs.

pršiac, regnend. | blýskajúc sa, blitzend.

Substantiv verbal.

pršanie, das Regnen. | blýskanie, das Blitzen.

Sechstes Kapitel.

§. 43.
Von dem Nebenworte.

Das Nebenwort (adverbium, príslovka) ist jener un=
biegsame Redetheil, durch welchen die Art und Weise oder der
Nebenumstand eines Thuns, Zustandes oder einer Eigenschaft
ausgedrückt und näher bestimmt wird; z. B. *zle* hovoril, schlecht
sprechen; *teraz* som prišiel, jetzt bin ich gekommen ꝛc.

A) In Rücksicht der Bildung sind die Nebenwörter entweder
ursprüngliche, oder abgeleitete, oder zusammengesetzte
Wörter.

a) Die ursprünglichen oder Stammwörter (primiti-
va, prvotné) sind: ano, ja; nie, nein; tu, hier; hen, dort;
už, schon; až, bis ꝛc.

b) Die abgeleiteten (derivata, odvodené) sind, und
zwar:

1) Gebildet von den Beiwörtern durch die Laute o, e,
und in den auf cký, ský, zký geendigten durch das Verwandeln
des langen ý in ein kurzes y; z. B. často, oft; mnoho, viel; ďa-
leko, weit; čerstvo, frisch; pekne, schön; múdre, gescheidt;
stále, standhaft; turecky, türkisch; rusky, russisch; kňazky, prie=
sterlich ꝛc.; diesen letzteren wird öfters das po vorgesetzt; z. B.
po turecky, po slovensky ꝛc. Der Analogie der beiwörtlichen Ne=
benwörter nach ist auch das pomaly, langsam und potichy oder po-
tichu, leise, gebildet.

2) Von den Hauptwörtern; z. B. doma, zu Hause;
dneska, heute; včera, gestern; dolu, unten; troška, bischen;
veru, wahrhaftig; medzi, zwischen; celkom, gänzlich; letom,
flugs; náhodou, zufällig; razom, auf einmal ꝛc.

3) Von den Zeitwörtern; z. B. darmo, umsonst; ukra-
domky, stehlend; stojačky, stehend ꝛc.; hieher gehören auch die
Zeitwörter: tuším, ich ahne; hádam, ich errathe; myslím, ich

denke, welche statt des Nebenwortes snaď, vielleicht, gebraucht werden; z. B. tuším príde, vielleicht kommt er; hádam nenie tu, vielleicht ist er nicht hier ꝛc.

4) Von den fürwörtlichen Wurzeln; z. B. kedy, wann; nikdy, niemals; vždy, immer; indy, ein anderesmal; vtedy, damals; dokiaľ ob. dokuď, wielange; dotiaľ ob. dotuď, solange; kde, wo; inde, anderswo; všade, überall; kade, welchen Weg; tade, dort durch; kam, wohin; tam, dort; sem, hieher; inam, anderswohin ꝛc.

c) Die zusammengesetzten (composita, složené) sind, und zwar:

1) Mit den Partikeln: ni, ne, da, raz, koľvek, si, s, to; z. B. nikde, nirgend; nikam, nirgendhin; nikdy ob. nikedy, niemals; nedobre, nicht gut; nekedy ob. dakedy, dann und wann; nekoľko ob. dakoľko, etliche; nekto ob. dakto, jemand; teraz (statt tenraz), jetzt; jedenraz, einmal; ktokoľvek, wer immer; kamkoľvek, wo immerhin; kedysi, einst; dnes, heute; ztadiaľto, von hieraus ꝛc.

2) Mit den Vorwörtern; z. B. dopoly ob. odpoly, zur Hälfte; odrazu, auf einmal; zdola, von unten; zhora, von oben; zaslnca, beim Sonnenschein; donaha, nackt; zaživa, bei Lebzeiten; znovu, von Neuem; zriedka, selten; zastarodávna, vor Alters; zhusta, oft; docela, gänzlich; dojista ob. dozajista, gewiß; napred, vorwärts; nazad, rückwärts; napriek ob. navzdory, zu Trotz; naschval, zu Fleiß; naopak, umgekehrt; nazpät, zurück; nazpamäť, auswendig; nahlas, laut; vjedno, in Einem; vúbec, überhaupt; vôkol, um; prečo, warum; preto, darum; začo, wesswegen; zato, desswegen; načo, wozu; nato, dazu; vnútri, inwendig; vonku, draußen; vlani ob. vloni, voriges Jahr; pozajtra, übermorgen; potom, nachher; poznovu, neuerdings; predtým, vordem; predvčerom, vorgestern; medzitým, inzwischen; spolu, mit einander ꝛc.

B) In Rücksicht der Bedeutung und eines leichteren Überblickes wegen können die Nebenwörter in verschiedene Klassen eingetheilt werden, und zwar:

1. Nebenwörter der Zeit.

Kedy, wann.	Skoro, geschwind.
Kedykoľvek, wann immer.	Zas, zase, abermals.
Teraz, včul, jetzt.	Zavčasu, zeitlich.
Hueď, gleich.	Náhle, eilends.
	Voľno, nach Muße.
	Vždy, immer.

Zadňa, beim Tage.
Stále, beständig.
Večne, ewig.
Zriedka, selten.
Nedávno, unlängst.
Dosiaľ, posiaľ, bis jetzt.
Volakedy, einst.
Ešte, ješte, noch.
Predtým, vorbem.
Už, schon.
Zastarodávna, vor Alters.
Medzitým, inzwischen.
Onehdy, neulich.
Odteraz, von jetzt an.
Ledva, kaum.
Potom, alsbann.
Včera, gestern.
Včasne, früh.
Predvčerom, vorgestern.
Dnes, heute.
Napoludnie, mittags.
Zajtra, morgen.
Pozajtra, übermorgen.
Večer, zvečera, abends.
Zpolnoci, um Mitternacht.
Rano, zarana, morgens.
Načas, rechtzeitig.
Zaraz, alsogleich.
Cvalom, eilends.
Jaknáhle, sobalb.
Nepríležito, zur Unzeit.
Často, oft.
Neskoro, spät.
Nenadále, unversehens.
Ročite, jährlich.
Mesačne, monatlich.
Týdenne, wochentlich.
Denne, täglich ꝛc.

2. Nebenwörter des Ortes.

Kam, wohin.
Odkiaľ, odkud', woher.

Dotiaľ, dotud', bis dahin.
Dotiaľto, bis hieher.
Tu, tuná, hier.
Okolo, herum.
Preč, fort.
Sem, semká, hieher.
Prosto, gerabe.
Tadeto, hier durch.
Odtiaľto, odtuďto, von hier aus.
Tam, bort.
Ta, borthin.
Dočista, rein.
Tu i tam, hie unb ba.
Inde, anberswo.
Mimo, vorbei.
Odinakiaľ, anberswoher.
Až, bis.
Blízo, nahe.
Ďaleko, weit.
Zďaleka, aus ber Weite.
Vnútri, inwenbig.
Znútra, von innen.
Zvonku, von außen.
Kdekoľvek, wo immer.
Hore, oben.
Dolu, unten.
Všade, überall.
Napravo, rechts.
Naľavo, links.
Ďalej, weiter.
Dokoráň, angelweit.
Voskrz, naskrz, burch unb burch.
Zvlášte, insbesonbers.
Nekde, dakde, irgenbwo.
Nikde, nirgenb ꝛc.

3. Nebenwörter des Überflußes, Mangels und der Beschaffenheit.

Koľko, wie viel.
Mnoho, veľa, viel.
Nemnoho, neveľa, nicht viel.
Málo, wenig.

Trochu, troška, ein wenig.
Dosť, genug.
Asi, etwa.
Zbytočne, überflüßig.
Nekonečne, unendlich.
Celkom, gänzlich.
Všetko, alles, ganz.
Jako, ako, wie.
Dobre, gut.
Zle, schlecht.
Obyčajne, gewöhnlich.
Silno, stark.
Ochotne, vďačne, bereitwillig.
Dopoly, zur Hälfte.
Dobrovoľne, freiwillig.
Úmyselne, vorsätzlich.
Nerozvážlive, unbesonnen.
Naschvál, nápoky, mit Fleiß.
Nevdojak, unversehens.
Peší, zu Fuß.
Potajomky, heimlich.
Verejne, öffentlich.
Ľahko, leicht.
Pohodlne, gemächlich.
Darmo, zdarma, umsonst ꝛc.

4. Nebenwörter der Vergleichung, Ordnung und der Anzahl.

Viac, viacej, mehr.
Najviac, am meisten.
Menej, weniger.
Najmenej, am wenigsten.
Síc, sice, zwar.
Aspoň, wenigstens.
Bezmála, beinahe, schier.
Nasledovne, folglich.
Navzdory, napriek, zu Trotz.
Veľmi, sehr.
Temer, fast, beinahe.
Teda, tedy, also.
Toľko, so viel.
Lež, aber.

Len, nur.
Ani, nicht einmal.
K vôli, zum Gefallen.
K čomu, wozu.
K tomu, dazu.
S tým, damit.
V tom, darin, dabei.
Najprv, zuerst.
Spolu, mit einander.
Dohromady, insgesammt.
Krokom, Schritt für Schritt.
Predovšim, vor Allem.
Z čiastky, theils.
Konečne, endlich.
Koľkorazý, wie vielmal.
Jedenraz, jedenkrát, einmal.
Dvarazy, zweimal.
Toľkorazý, so oftmal.
Prvýraz, das erstemal.
Posledníraz, das letztemal.
Ešteraz, noch einmal.
Menovite, namentlich.
Znovu, von Neuem ꝛc.

5. Frage-, Bejahungs- und Verneinungs-Nebenwörter.

Prečo, warum.
Odkedy, seit wann.
Začo, wofür.
Či, ob.
Snad', asnad', vielleicht.
Ano, hej, ja.
Myslím, ich denke.
Istotne, zajiste, gewiß.
Bezpečne, sicher.
Veru, in Wahrheit.
Bezpochyby, ohne Zweifel.
Nepochybne, unfehlbar.
Predca, dennoch.
Ozaj, im Ernst.
Skutočne, wirklich.
Ovšem, allerdings.

Opravdu, wahrhaftig.

Bodaj (Boh daj), gebe Gott.

Sotva, kaum.

Nie, nein.

Nijako, keineswegs.

Ťažko, schwerlich.

Nič, nichts.

Naopak, im Gegentheil.

Naruby, verkehrt.

Nemožno, unmöglich ꝛc.

Bemerkung.

Einige unter den Nebenwörtern sind auch als Bindewörter zu betrachten, daher sind etliche hier und dort (§. 47.) angegeben worden.

§. 44.
Von der Steigerung der Nebenwörter.

Diejenigen Nebenwörter, welche eine Eigenschaft bezeichnen, können ebenso wie die Beiwörter, von denen sie abgeleitet wurden, den im §. 25. *A. B.* angegebenen Regeln nach, durch den Auslaut šie oder ejšie, und den Anlaut naj gesteigert werden; z. B. sladko, süß; sladšie, süßer; najsladšie, am süßesten; pekne, schön; peknejšie, schöner; najpeknejšie, am schönsten ꝛc.

Etliche sind, deren Steigerung unregelmäßig gebildet wird, als:

Dobre, gut; lepšie, besser; najlepšie, am besten.

Zle, schlecht; horšie, schlechter; najhoršie, am schlechtesten.

Mnoho, viel; viac oder viacej, mehr; najviac, am meisten.

Málo, wenig; menej, weniger; najmenej, am wenigsten.

Skoro, bald; skôr oder skorej, früher; najskôr, am frühesten.

Rád, gerne; radnej oder radšie, lieber; najradšie, am liebsten.

Ďaleko, weit; ďalej, weiter; najďalej, am weitesten.

Siebentes Kapitel.

§. 45.
Von dem Vorworte.

Das Vorwort (praepositio, predložka) so genannt, weil es meistens vor dem Hauptworte oder dessen Stellvertreter steht und eine gewisse Endung desselben verlangt, ist jener unbiegsame Redetheil, wodurch vermittelst des Zeitwortes angezeigt wird, wie sich zwei Gegenstände auf einander beziehen oder gegen einander verhalten; z. B. pes leží *pri* dome, der Hund liegt **bei** dem Hause; sedí *vedľa* mňa, sitzt **neben mir.**

A) Die Vorwörter werden rücksichtlich ihrer Entstehung eingetheilt in:

a) Ursprüngliche; z. B. bez, do, na ꝛc.

b) Abgeleitete; z. B. mimo, straniva, proti ꝛc. und

c) Zusammengesetzte Wörter; z. B. okolo, podľa, naproti ꝛc.

B) Der Verrichtung nach in:

a) Trennbare (separabiles, rozlučiteľné), welche den Haupt= und Fürwörtern vorgesetzt werden, als: bez, do, k, na, nad, o, od, po, pod, pre, pred, prez oder cez, pri, s, u, v, z, za, und

b) Untrennbare (inseparabiles, nerozlučiteľné), die nur in den zusammengesetzten Wörtern vorkommen, als: ob, pa, pra, pro, roz, ráz, vý, vz; z. B. obchod, der Handel; parohy, das Hirschgeweih; praded, der Urgroßvater; prorok, ein Prophet; rozbor, die Zergliederung; rázporok, der Schlitz; výrok, der Ausspruch; vznik, die Entstehung ꝛc.

§. 46.
Von der Rektion der Vorwörter.

Die trennbaren Vorwörter, indem sie den Haupt= oder Fürwörtern vorgesetzt werden, verlangen (regunt, žiadajú) eine oder auch mehrere bestimmte Endungen nach sich.

A) Eine Endung verlangen, und zwar:

a) Den **Genitiv**:

bez, ohne; z. B. bez chleba, ohne Brod; bez toho niet, daran fehlt es nicht;

do, in, nach, bis; z. B. do domu, in das Haus; do Viedne, nach Wien; do večera, bis Abend;

krem, okrem, außer; z. B. krem Boha, außer Gott; okrem nás, außer uns;

kolo, okolo, um, gegen; z. B. kolo stola, um den Tisch; okolo troch hodín, gegen drei Uhr;

mimo, pomimo, außer, neben; z. B. mimo nádeje, außer der Hoffnung; pomimo mesta, neben der Stadt;

dľa, podľa, vedľa, nach, neben, gemäß; z. B. dľa zákona, dem Gesetze nach; podľa mňa, neben meiner; vedľa zvyku, der Gewohnheit gemäß;

od (odo), von, als, seit; z. B. list od sestry, ein Brief von der Schwester; silnejší od teba, stärker als du; od toho času, seit der Zeit;

u, bei; z. B. u otca, bei dem Vater; u vás, bei euch;

z, aus, in Zusammensetzungen, als: znad, zponad, zpod, zpopod, zmedzi, zpomedzi, zpoza, zpred, zpopred, zpopri; z. B. zponad dverí, aus dem oberen Theile der Thür; zpopod domu, aus dem unteren Theile des Hauses; zpred brány, aus dem vorberen Theile des Thores ꝛc.

Dieselbe Endung verlangen auch etliche Adverbien, wenn sie anstatt der Vorwörter gebraucht werden; z. B. blízo domu, in der Nähe des Hauses; konča ulice, am Ende der Gasse; kraj potoka, am Rande des Flußes; strany poriadku, in Hinsicht der Ordnung; prosried nebezpečenstva, in der Mitte der Gefahr; výše nás, ober uns; níže kostola, unter der Kirche; miesto brata, anstatt des Bruders.

b) Den **Dativ** verlangen:

k (ku), zu, gegen; z. B. k nám, zu uns; láska k Bohu, die Liebe gegen Gott; ku korune, zur Krone;

proti, oproti, gegen, wider; z. B. proti Bohu, gegen Gott; oproti nám, gegen uns; proti rozkazom, wider die Befehle oder den Befehlen zuwider.

Dieselbe Endung verlangen auch manche Adverbien; z. B. jemu k vôli, ihm zu lieb; bratovi v ústrety oder naprotiva, dem Bruder entgegen.

c) Den **Akkusativ** verlangen:

pre, für, wegen; z. B. pre ženu, für das Weib; pre vás, wegen euch;

prez, cez, über, durch; z. B. prez most, über die Brücke; cez mesto, durch die Stadt;

kroz, skrz, skrze, durch, wegen, mittelst; z. B. kroz priateľov, durch die Freunde; skrz nerozum, wegen den Unverstand; skrze prímluvu, mittelst der Fürsprache;

d) Den **Lokal** verlangt:

pri, popri, bei, neben; z. B. pri žene, bei dem Weibe; pri koňoch, bei den Pferden; popri dome, neben dem Hause.

e) Den **Instrumental** verlangt:

s (so), mit; z. B. s otcom, mit dem Vater; so ženou, mit dem Weibe.

B) Zwei Endungen, und zwar:

I. Den **Akkufativ** und **Lokal** verlangen:

na, auf, über:

a) Den Akkufativ 1) Auf die Frage kam? wohin; z. B. na strom, auf den Baum; na Nitru, über Neutra. 2) Auf die Frage jako? wie; z. B. na žiaden spôsob, auf keinen Fall. 3) Wenn von der Zeit die Rede ist; z. B. na veky, auf immer; na veľkú noc, auf Ostern.

b) Den Lokal auf die Frage kde? wo; z. B. na strome, auf dem Baume.

o, um, von:

a) Mit Akkufativ in verschiedener Bedeutung; z. B. o ži- vot prísť, um das Leben kommen; o rok sa vrátiť, nach einem Jahre zurückkehren; o míľu ďalej, um eine Meile weiter.

b) Mit Lokal entspricht es dem deutschen von; z. B. o kom je reč? von wem ist die Rede? o Bohu, von Gott. In der Be- schreibung der Gegenstände kommt es auch vor; z. B. voz o dvoch kolesách, ein Wagen von zwei Rädern.

po, bis, durch, nach:

a) Mit Akkufativ; z. B. po pás, bis zu dem Gürtel; po všetky časy, durch alle Zeiten.

b) Mit Lokal; z. B. po svete, durch die Welt; po reči poznať, der Sprache nach erkennen; po obede, nach Mittag.

v (vo), in:

a) Mit Akkufativ; z. B. v nečo sa premeniť, in etwas sich verwandeln; v Boha veriť, an Gott glauben.

b) Mit Lokal; z. B. v zahrade, im Garten; v dome, im Hause; vo vode, im Wasser; und wenn von der Zeit die Rede ist; z. B. v týdni, in der Woche.

II. Den **Akkufativ** auf die Frage kam? wohin, und den **Instrumental** auf die Frage kde? wo, verlangen:

medzi, zwischen:

a) Mit Akkufativ; z. B. padnul medzi kone, er ist zwischen die Pferde gefallen.

b) Mit Instrumental; z. B. je medzi koňmi, er ist zwischen den Pferden.

nad (nado), über:

a) Mit Akkusativ; z. B. polož nad obraz, lege über das Bild.

b) Mit Instrumental; z. B. nad vodou, über dem Wasser; nad nami, über uns.

pod (podo), unter, gegen:

a) Mit Akkusativ; z. B. pod strechu, unter das Dach; pod večer, gegen Abend.

b) Mit Instrumental; z. B. pod stromom, unter dem Baume.

pred (predo), vor:

a) Mit Akkusativ; z. B. pred súd volať, vor das Gericht rufen.

b) Mit Instrumental; z. B. pred Bohom, vor Gott; pred svetom, vor der Welt.

III. Den **Genitiv** und **Akkusativ** verlangt:

z (zo), aus:

a) Den Genitiv auf die Frage odkiaľ? woher; z. B. z otčiny, aus dem Vaterlande; jeden z nich, einer aus ihnen.

b) Im Akkusativ entspricht es dem deutschen ungefähr; z. B. z holbu vína vypiť, ungefähr eine Halbe Wein austrinken.

C) Drei Endungen, und zwar den **Genitiv, Akkusativ** und **Instrumental** verlangt:

za, zu, in, für, hinter:

a) Den Genitiv zur Bezeichnung der Zeit; z. B. za tmy, zur Zeit der Finsterniß; za času Ladislava, zur Zeit des Ladislaus.

b) Den Akkusativ 1) Auf die Frage kam? wohin und začo? wofür; z. B. za stôl sadnúť, sich zum Tische setzen; za zlatý, für einen Gulden. 2) Von der Zeit; z. B. za hodinu, in einer Stunde; za rok, in einem Jahre. Hieher gehören auch folgende Redensarten: chytiť za nečo, bei etwas fangen; prosiť za nekoho, für Jemand bitten; za nič maľ, für nichts halten; za ženu vziať, zum Weibe nehmen; za kráľa vyvoliť, zum Könige wählen.

c) Den Instrumental auf die Frage kde? wo; z. B. za mestom, hinter der Stadt.

In den fragenden Redensarten steht es entweder einfach mit Nominativ, oder auch mit Genitiv; z. B. čo to za človek oder za človeka? was ist das für ein Mensch.

9

Bemerkungen.

1. Die meisten Vorwörter, welche mit Konsonanten schließen, müssen vor den Redetheilen, wenn diese mit einem oder mehreren schwer aussprechbaren Konsonanten anfangen, das euphonistische o annehmen; z. B. rozohnať, auseinander treiben, anstatt: rozhnať; podozrelý, verdächtig, anstatt: podzrelý; so sestrou, mit der Schwester, anstatt: s sestrou; nado dvermi, über der Thür, anstatt: nad dvermi; zo spolku, aus dem Vereine, anstatt: z spolku ꝛc.

Das k macht insofern eine Ausnahme, indem es meistens u statt o annimmt; z. B. ku kostolu, zur Kirche; und der kurze Akkusativ ň einf. Zahl dritter Person der persönlichen Fürwörter (§. 17. II. Muster), welcher mit e statt mit o verbunden wird; z. B. prezeň, durch ihn, nicht prezoň; nadeň, über ihn, nicht nadoň ꝛc. In diesem Falle ist der Laut e hart, folglich wird das vorhergehende d nicht erweicht.

2. Die Vorwörter: do, na, pre, pri, so, u, vy, za müssen, wenn sie mit Hauptwörtern oder von diesen abgeleiteten Beiwörtern zusammengesetzt sind, in: dô oder dú, ná, prie, pri, sú, ú, vý, zá verlängert werden; z. B. dôchodný, Rentmeister; dúvod, ein Beweis; národ, die Nation; priolaz, der Steig über einen Zaun; príchod, die Ankunft; súsed, der Nachbar; úrad, das Amt; výpad, der Ausfall; závej, die Windwehe; po wird bald verlängert; z. B. in pôvod oder púvod, der Ursprung, bald nicht; z. B. in potok, der Fluß.

3. Wenn die Vorwörter mit den Zeitwörtern zusammengesetzt sind, so verwandeln sie nicht nur die gegenwärtige Zeit in die zukünftige, vielmehr bilden sie aus den intransitiven Zeitwörtern transitive; z. B. môžem, ich kann, pomôžem, ich werde helfen, premôžem, ich werde überwinden; liezť, klettern, preliezť, übersteigen; padnúť, fallen, napadnúť, überfallen; smiať sa, lachen, vysmiať sa, auslachen ꝛc.

Auch ist wohl zu merken, daß die mit Zeitwörtern vorkommenden Vorwörter nie getrennt, sondern mit einander verbunden erscheinen; z. B. písať, schreiben, vpísať, hineinschreiben, nicht v písať; so auch: hodiť, werfen, zahodiť, wegwerfen; pustiť, lassen, zpustiť, herablassen, vypustiť, auslassen ꝛc.

Achtes Kapitel.

§. 47.
Von dem Bindeworte.

Das Bindewort (conjunctio, spojka) ist jener unbiegsame Redetheil, durch welchen der Kürze, Deutlichkeit und des Wohlklan=

ges halber gleichartige Satzglieder eines Satzes, oder einzelne Sätze zu einem zusammengesetzten verbunden werden; z. B. anstatt: pes šteká, pes hryzie, der Hund bellt, der Hund beißt, sagt man: pes šteká a hryzie, der Hund bellt und beißt.

A) Der Form nach sind die Bindewörter:

a) Ursprüngliche, als: a, i, bo, že, či 2c.

b) Abgeleitete, als: jestli, ježeli, veď, vraj 2c.

c) Zusammengesetzte, als: aj, lebo, až, ale, ani, lež, leda 2c.

B) Der Bedeutung nach können sie ebenfalls in verschiedene Klassen eingetheilt werden, was aber zur näheren Verständigung wenig beiträgt, deswegen will ich sie bloß in alphabetischer Ord=nung anführen, und zwar:

A, und.	Jakožto, als.
Aby, daß.	Jestli, wenn.
Ačprávo, wenn gleich.	Ježeli, ob.
Aj, auch.	Keby, keď by, wenn.
Ale, aber.	K tomu, dazu.
Alebo, oder.	Krem, kremä, außer.
Aneb, anebo, oder.	Kým, bis.
Ani, auch nicht.	Lebo — lebo, entweder — oder.
Ani — ani, weder — noch.	Leda, außer.
Až, bis.	Ledva, kaum.
Ba, sogar.	Len, nur.
Bár, bars, wenn.	-li, denn.
Bo, lebo, denn.	Nakoľko — natoľko, in wie weit —
Buď — buďto, entweder — oder.	in so weit.
By, daß.	Nasledovne, folglich.
Či — či, ob — oder.	Nato, darauf.
Čili — čili, ob — oder.	Nežli, neželi, als.
Čim — tým, jemehr — desto.	Nie len — ale i, nicht nur — son=
Čo aj, und wenn auch.	dern auch.
Hoc, wenn gleich.	Ničmenej, nichtsbestoweniger.
Hoc kto, wer immer.	Podobne, gleichfalls.
I, auch, und.	Pokiaľ, wofern.
I — i, sowohl — als auch.	Poneváč, weil.
Jako — tak, wie — so.	Potom, hernach.
Jako by, jako keby, als wenn.	Preto, darum.
Jak by, wenn vielleicht.	Síc, sice, sonst, zwar.
Jak nie, wenn nicht.	Sťa, als, wie.

Tak, fo.	Už, fchon.
Teda, tedy, alfo, demnach.	Veď, doch.
Tież, auch.	Však, dennoch.
Totižto, das heißt, nämlich.	Zato, beswegen.
Trebars, wenn gleich.	Že, že by, daß, doch.
Tým, defto.	

Neuntes Kapitel.

§. 48.
Von dem Empfindungslaute.

Der Empfindungslaut (interjectio, výkrikník) ist ein Ausbruch des Gefühls, drückt keine Begriffe oder Vorstellungen aus, und steht mit den übrigen Wörtern des Satzes in keinem Zusammenhange.

Der Bildung nach sind die eigentlichen Interjektionen bloße Laute, es werden aber auch einzelne Redetheile als uneigentliche Interjektionen gebraucht.

Die in der slovakischen Sprache am meisten vorkommenden Interjektionen sind:

O!	Pst!
Ah, ach!	Šic! (zu den Katzen).
Ej!	Heš! (zu den Hennen).
Jaj, joj, juj!	Kač! (zu den Enten).
Fuj!	Haj! (zu den Gänsen).
Ha!	Kšo! (zu den Schweinen).
Ha, ha, ha!	Hy, čihý, hot! (zu den Pferden).
Hej!	Sasa! (zu den Ochsen).
Hejsa, hejsasa!	Ejhľa! sieh da!
Hoj!	Bodaj, kýž! daß doch!
Hopsa!	Beda, prebeda! o weh!
Hm!	Hore, hore sa! auf!
Ľa, nuž ľa, ľaľa!	Veru! in Wahrheit!
Na!	Bohužiaľ! leider!
No, ale no!	Do zbroja! zu den Waffen!
Nunu!	Sláva mu! lebe hoch!
Bác!	Živio, vivat!
Pif, paf!	2c. 2c.

Dritter Haupttheil.

Die Satzlehre.

---

§. 49.
Von dem Satze im Allgemeinen.

Ein Satz (enunciatio, veta) ist ein mit Worten ausgedrück=
ter Gedanke.

In einem jeden Satze muß vorkommen:

a) Ein Gegenstand, von dem etwas gedacht oder aus=
gesagt wird: das Subjekt (subjectum, podmet).

b) Etwas, das von dem Subjekte gedacht oder ausgesagt
wird: das Prädikat (praedicatum, prísudok).

c) Das, wodurch das Prädikat auf das Subjekt bezogen
wird: das Satzband (copula, spojka); z. B. pes je strážny,
der Hund ist wachsam, pes ist das Subjekt, strážny das Prädikat,
und je das Satzband.

Wenn der Satz bloß aus dem Subjekte und Prädikate besteht,
so heißt ein solcher Satz ein nackter oder einfacher Satz (enun-
ciatio pura, veta holá). Aber die Sprache bleibt bei dem nackten
Satze nicht stehen, sondern sie erweitert und vervollkommnet ihn
durch Ergänzungen und Bestimmungen, und ein solcher Satz wird
ein ausgebildeter oder erweiterter Satz (enunciatio affecta,
veta rozvinutá) genannt; z. B. môj čierny pes je veľmi strážny,
mein schwarzer Hund ist sehr wachsam, môj, čierny und veľmi
sind Ergänzungen, welche die nothwendigen Glieder des Satzes:
pes je strážny näher bestimmen.

Jene Endungen, die sich auf die nothwendigen Glieder
des Satzes, nämlich auf das Subjekt, Prädikat, und bei den
transitiven Zeitwörtern auf das Objekt beziehen, werden gerade

Endungen (casus recti, pády rovné lebo príme) genannt, und sind: Nominativ (des Subjektes), Instrumental (des Prädikates), Akkusativ (des Objektes) und Vokativ, welcher die Stelle des Nominativs vertritt. Die übrigen Endungen, nämlich: Genitiv, Dativ und Lokal beziehen sich auf die Ergänzungen des Satzes und man nennt sie schiefe Endungen (casus obliqui, pády nerovné lebo nepríme).

Bemerkungen.

1. Sowohl das Subjekt als auch das Prädikat können durch verschiedene Redetheile ausgedrückt werden, nur muß ein jedes Wort, das als Subjekt stehen soll, substantivische, und das als Prädikat steht, verbale Natur annehmen, weil das Hauptwort und das persönliche Fürwort die ursprünglichen Prädikatswörter sind.

2. Das Satzband, unter welchem eigentlich das Hilfszeitwort byť, wodurch das Prädikat mit dem Subjekte verbunden wird, zu verstehen ist, kommt oft nicht deutlich zum Vorschein, sondern ist bald im Subjekte, bald im Prädikate eingeschlossen.

§. 50.
Von der Übereinstimmung des Prädikates mit dem Subjekte.

Das Prädikat, sei es welcher Redetheil immer, muß mit seinem Subjekte übereinstimmen. So stimmt das Prädikatsverbum mit seinem Subjekte in der Person und Zahl überein; z. B. ja milujem, ich liebe; oni milujú, sie lieben. Das Prädikatssubstantiv-, Adjektiv-, Pronomen-, Numerale und Partizipium aber muß mit dem Subjekte in der Endung, Zahl und in dem Geschlechte übereinstimmen; z. B. pes je zviera, der Hund ist ein Thier; lúbim čierne kone, ich liebe schwarze Pferde; moje knihy, meine Bücher; siedme dieťa, das siebente Kind; milovaným synom, den geliebten Söhnen ꝛc.

Außer dieser allgemeinen Regel ist noch auf folgende besondere Fälle zu achten:

a) Ein Prädikat, das mehreren in der einf. Zahl sich befindlichen Subjekten gemein ist, muß der Regel nach in die mehrf. Zahl gesetzt werden; z. B. nebe a zem pominú (nicht pominie), der Himmel und die Erde werden vergehen; matka a dcéra boly u nás (nicht bola), die Mutter und die Tochter waren bei uns. In Gedichten jedoch darf, wo es nöthig ist, das Prädikat auch in diesem Falle in der einfachen Zahl stehen, doch soll es dann im Geschlechte mit dem letzten Subjekte übereinstimmen.

b) Wenn aus mehreren Subjekten eines eine männliche Person bedeutet, muß sich das Prädikat im Geschlechte nach demselben richten; z. B. otec a matka *zomreli* (nicht zomrely), der Vater und die Mutter sind gestorben. Sind die Subjekte von verschiedener Person, so wird die erste vor der zweiten und diese vor der dritten berücksichtigt; z. B. ja a ty *pôjdeme* (nicht pôjdete), ich und du werden gehen; ty a on *pôjdete* (nicht pôjdu), du und er werdet gehen.

c) Zwei Subjekte, die mit s verbunden sind, verlangen ein in mehrf. Zahl stehendes Prädikat; z. B. brat s bratom tu *boli* (nicht bol), der Bruder mit dem Bruder waren hier.

d) Mit einem unbestimmten oder unbekannten Subjekte setzt man das Zeitwort in die einf. Zahl des sächlichen Geschlechtes, obgleich das hauptwörtliche Prädikat eines anderen Geschlechtes ist; z. B. keď tma *bolo* (nicht bola), als es finster war. Auf dieselbe Art werden gebraucht: 1) Die Adverbien: mnoho, viacej, málo, menej, nečo, nič, dosť, koľko, toľko ꝛc.; z. B. mnoho nás bolo, wir waren Viele; nič smrti neušlo, nichts ist dem Tode entgangen. 2) Die Grundzahlen von päť kollektiv genommen; z. B. šesť padlo a osem zostalo, sechse sind gefallen und achte sind geblieben. 3) Die kollektiven Zahlwörter; z. B. štvoro jich hladom zomrelo, viere sind aus Hunger gestorben. 4) Pol, die Hälfte; z. B. pol mesta vyhorelo, die Hälfte der Stadt ist abgebrannt.

§. 51.
Von dem Gebrauche einzelner Endungen.

A) Nominativ.

Der Nominativ ist die Endung des Subjektes. In Bezug auf den Gebrauch des Nominativs ist zu berücksichtigen:

a) Das Hauptwort, welches sich auf das Subjekt bezieht, muß die Endung des Nominativs annehmen; z. B. rieka Dunaj, der Fluß Donau.

b) Im Falle, daß sich im Nominativ zwei oder mehrere Hauptwörter befinden, richtet sich das Geschlecht nach dem ersten Hauptworte; z. B. *mesto* Trnava *vyhorelo* (nicht vyhorela), die Stadt Tirnau ist abgebrannt.

c) Wenn das Zeitwort byť mit zwei Nominativen vorkommt, richtet sich das Geschlecht nach dem Nominativ des Subjektes; der Nominativ des Prädikates kann auch mit dem Instrumental ausgedrückt werden; z. B. jeho bohatstvo *boly* dobré *knihy*, oder

jeho *bohatstvom* boly dobré knihy, ſeine Reichthümer waren gute
Bücher.

d) Bei dem verneinenden Zeitworte není oder niet, ne-
bolo, nebude ꝛc. wird ſtatt des Nominativs meiſtens der Genitiv
gebraucht; z. B. kde není *rady*, není *pomoci*, anſtatt: kde
není *rada*, není *pomoc*, wo kein Rath, iſt keine Hilfe, eigent-
lich: wem nicht zu rathen, dem iſt nicht zu helfen.

B) Genitiv.

Der Genitiv wird gebraucht:

a) Wenn eine Eigenſchaft der Perſon oder auch der Sache
beſchrieben wird; z. B. človek *dobrého svedomia*, ein Menſch von
gutem Gewiſſen; zlatý *rakúskej ceny*, ein Gulden öſterreichiſcher
Währung.

b) In der Angabe eines beſtimmten Zeitabſchnittes während
deſſen etwas geſchieht; z. B. roku *pätnásteho* panovania Tiberia,
im fünfzehnten Jahre der Regierung des Tiberius. So wird auch
die gewöhnliche Jahres- und Tagesangabe mit dem Genitiv gege-
ben; z. B. roku tisíc osem sto šesdesiateho druhého, dvaná-
steho marca, im Jahre 1862 den 12. März; oder roku bežia-
ceho, im Laufe des Jahres.

c) Die Perſon oder Sache, welche wirklich etwas beſitzt,
oder welcher etwas als ihr gehörig angeeignet wird, muß in den
Genitiv geſetzt werden; z. B. zámok *Ladislava krála*, das Schloß
des Königs Ladislaus; nauka *Ježiša Nazaretského*, die Lehre Jeſu
von Nazareth.

d) Jene Hauptwörter, welche einen Theil, eine Zahl, eine
Menge, ein Maß oder ein Gewicht bezeichnen, verlangen, daß die
Sache, auf welche ſie ſich beziehen, in den Genitiv geſetzt werde;
ſolche ſind: časť oder čiastka, ein Theil; počet, die Zahl; množ-
stvo, sila, moc, die Menge; kŕdeľ, der Trupp; hajno, der
Schwarm; hromada, kopa, der Haufe; holba, die Halbe; okov,
der Eimer; siaha, die Klafter; cent, ein Zentner ꝛc.; z. B.
čiastka *života*, ein Theil des Lebens; počet *peňazí*, die Zahl
des Geldes; množstvo *vojakov*, die Menge der Soldaten; kŕdeľ
jeleňov, ein Trupp Hirſche; kopa *domov*, ein Haufe von Häu-
ſern; holba *vína*, eine Halbe Wein; okov *piva*, ein Eimer Bier;
siaha *dreva*, eine Klafter Holz; cent *železa*, ein Zentner Eiſen ꝛc.

e) Die im Nominativ und Akkuſativ ſtehenden Grundzahlen
von fünf angefangen und alle Sammelnamen verlangen, daß die
Sache, auf welche ſie ſich beziehen, in den Genitiv geſetzt werde;

z. B. bolo tu šesť *chlapcov*, es waren hier sechs Knaben; daj mi päť *zlatých*, gib mir fünf Gulden.

f) Die Nebenwörter: mnoho, málo, dosť, plno, trochu, koľko, toľko ꝛc. und die Fürwörter: čo, nič, nečo, dačo verlangen den Genitiv; z. B. mnoho *psoty*, viel Elend; málo *rozumu*, wenig Verstand; dosť *všetkého*, Alles in Überfluß; plno *hostí*, voll von Gästen; koľko *hodín*? wie viel Uhr? čo u vás *nového*? was ist bei Ihnen Neues? ꝛc.

g) Der verneinende Satz steht meistens mit dem Genitiv; z. B. nemáme *žiadneho miesta*, wir haben keinen Platz; kde nenie *kázne*, tam nenie *bázne*, wo keine Zucht, ist keine Furcht. Ausgenommen nič, welches im Nominativ bleibt; z. B. niet u vás *nič* nového? ist bei euch nichts Neues? In allen Fällen ferner, wo der Gegenstand durch den Genitiv bestimmt, oder durch die Fürwörter: čo, volačo ausgedrückt wird, oder wo sich die Verneinung bloß auf ein Wort und nicht auf den ganzen Satz bezieht, gebraucht man den Akkusativ; z. B. nikto nezná *počeť* dni svojich, Niemand kennt die Zahl seiner Tage; nemáme čo jesť, wir haben nichts zu essen.

h) Außer manchen zeitwörtlichen Hauptwörtern werden auch: škoda, der Schade; treba, potreba, die Noth; žiaľ, die Wehmuth; ľúto mi, es ist mir leid ꝛc. unpersönlich mit dem Genitiv gesetzt; z. B. škoda *peňazí*, Schade um das Geld; netreba ti *ženy*, du hast ein Weib nicht von Nöthen; ľúto mi *rodičov*, es ist mir leid um die Eltern.

i) Die Beiwörter: plný, prázny, schopný, hoden, vinen, povedomý, účastný, žiadostivý nehmen den Genitiv; z. B. plný *jedu*, voll des Zornes; prázny *chýb*, fehlerfrei; schopný *vraždy*, fähig des Mordes; hoden *vyznačenia*, würdig der Auszeichnung; vinen *smrti*, schuldig des Todes; povedomý *svojich cností*, bewußt seiner Tugenden; žiadostivý *hodností*, verlangensvoll nach Würden; účastný *odboja*, theilhaftig an der Empörung. Hoden wird auch, wenn es sich um einen Preis handelt, mit dem Akkus., und plný manchmal mit dem Instrum. konstruirt; z. B. moja kniha je hodna *tri zlaté*, mein Buch ist drei Gulden werth; plný *duchom svätým*, voll des heiligen Geistes.

j) Ein unbestimmter Theil eines Ganzen wird mit dem Genitiv gebraucht; z. B. daj mi *chleba* (kus), gib mir (ein Stück) Brod; das Ganze aber steht im Akkusativ; z. B. daj mi *chlieb.*

k) Ferner verlangen den Genitiv folgende Zeitwörter:

Zbaviť sa, fich entlebigen.	Hańbiť sa, fich fchämen.
Zprostiť sa, los werben.	Pýtať sa, fragen.
Báť, ľakať sa, fich fürchten.	Odriecť sa, entfagen.
Chrániť, varovať sa, fich fchützen.	Týkať sa, berühren.
Dočkať sa, wartenb erreichen.	Napiť sa, trinken.
Dožiť sa, lebenb erreichen.	Najesť sa, fich fatteffen.
Dopustiť sa, fich erlauben.	Objesť sa, fich übereffen ꝛc.

ȝ. B. zbaviľ sa *žívota*, fich bes Lebens entlebigen; zprostiľ sa *nepriateľov*, von ben Feinben los werben; napiľ sa *vody*, Waſſer trinken; najesľ sa *mäsa*, fich mit Fleiſch fatteſſen ꝛc. Hieher ge= hören auch ben Slovaken eigene Ausbrücke, als: *všetkého* sa mi odnechcelo, Alles iſt mir zuwiber geworben; chce sa mi *mäsa*, ich habe ein Verlangen nach Fleiſch; žiadam si *slobody*, ich ſehne mich nach ber Freiheit; pribolo mi *peňazí*, mein Gelb hat fich vermehrt ꝛc.

l) Die mit bem Vorworte na zuſammengeſetzten unb eine Menge bebeutenben Zeitwörter enblich nehmen ben Genitiv bes Objektes an; ȝ. B narobyl *chýb*, er hatte (Menge) Fehler ge= macht; nasypal *prachu,* er hatte (Menge) Staub geſtreut.

Bemerkung.

Wenn nicht bie Eigenſchaft einer Perſon beſchrieben, wie oben unter *a.* geſagt worben iſt, ſonbern bie Perſon ſelbſt als Beſitzerin einer Sache ohne nähere Angabe angebeutet wirb, muß bie Perſon anſtatt bes haupt= wörtlichen Genitiv in Form ber Beiwörter gebraucht werben; ȝ. B. syn *boží* (nicht Boha), ber Sohn Gottes; učenie *Sokratovo* (nicht Sokrata), bie Lehre bes Sokrates; ruka *človekova* ober *ľudská* (nicht človeka), bie menſchliche Hanb. Wenn bagegen ber Name bes Beſitzers näher beſtimmt wirb, tritt ber Genitiv abermals hervor; ȝ. B. syn *Boha živého,* ber Sohn bes lebenbigen Gottes; učenie *Sokrata múdreho,* bie Lehre bes weiſen So= krates; ruka *človeka mocného,* bie Hanb bes mächtigen Menſchen ꝛc.

C) Dativ.

a) Im Allgemeinen ſteht bie Regel, baß ber Dativ auf bie Frage komu ober čomu? gebraucht werben muß; ȝ. B. *pánovi* pracovať, bem Herrn arbeiten; *svetu* dobre priať, ber Welt wohl gönnen. Insbeſonbere gehören hieher 1) Die Rebensart: dal sa komu ober čomu mit bem Infinitiv gebraucht; ȝ. B. nedám sa *ti* oklamať, ich laſſe mich von bir nicht betriegen. 2) Der Gebrauch bes Fürwortes sebe ober si; ȝ. B. zapime *si,* trinken wir ein wenig; rob *si,* čo chceš, mache, was bu willſt. 3) Mehrere un=

perſönliche Ausdrücke, als: lúto *mi*, es iſt mir leid; zima *mi*, es iſt mir falt; náhlo *mi*, ich habe Eile; bolo *ti* tu zostať, hätteſt ſollen hier bleiben; beda *vám*, wehe euch! ꝛc. 4) Die Beſtimmung des Alters einer Perſon, oder der Zeit einer Begebenheit; z. B. mne je tricať rokov, ich bin 30 Jahre alt; minulo *mi* desať rokov, ich habe 10 Jahre zurückgelegt; bude *tomu* osem rokov a päť mesiacov, es werden ſein 8 Jahre und 5 Monate.

b) Mehrere Zeitwörter verlangen den Dativ, als:

Dať, geben.	Kľaňať sa, ſich beugen.
Diviť ob. čudovať sa, ſich wundern.	Ľúbiť, páčiť sa, gefallen.
Ďakovať, danken.	Zdáť sa, ſcheinen.
Hroziť, drohen.	Blahoslaviť, lobpreiſen.
Hnusiť sa, edeln.	Zlorečiť, fluchen.
Hovieť, wohl thun.	Poručiť, hinterlaſſen.
Kázať, befehlen.	Doručiť, einhändigen.
Priať ob. žičiť, gönnen.	Prislúchať, gehören.
Slúžiť, dienen.	Požičať, borgen.
Škodiť, ſchaden.	Pomôcť, helfen.
Osožiť, nutzen.	Sveriť, vertrauen.
Patriť, gehören.	Utrhovať, verleumden.
Radiť, rathen.	Odpustiť, verzeihen.
Určiť, beſtimmen.	Posmievať sa, ſpotten.
Slúbiť, verſprechen.	Ubližiť, beleidigen.
Tešiť sa, ſich freuen.	Ujisť, durchgehen.
Veriť, glauben.	Závideť, beneiden ꝛc.

z. B. dajle *Bohu*, čo je božie, gebet Gott, was Gottes iſt; divím sa *tvojmu bratovi*, ich bewundere deinen Bruder; ďakuj *otcovi*, danke dem Vater ꝛc.

c) Auch jene Beiwörter, welche mit vorhergehenden Zeit- wörtern im Zuſammenhange ſtehen, wie auch andere, die eine Nützlichkeit, Unterwürfigkeit, einen Vergleich und überhaupt ver- ſchiedene Beziehungen des Gemüthes gegen Jemand andeuten, werden mit dem Dativ konſtruirt, als:

Napomocný, behilflich.	Verný, treu.
Osožný, užitočný, nützlich.	Sverený, anvertraut.
Škodlivý, ſchädlich.	Vzácny, willkommen.
Prajný, gewogen.	Milý, lieb.
Poslušný, gehorſam.	Milostivý, gnädig.
Poddaný, unterthänig.	Protivný, widerwärtig.
Potrebný, nothwendig.	Príjemný, angenehm.
Oddaný, ergeben.	Vlastný, eigen.

Povďačný, dankbar.
Podobný, ähnlich.

Rád, erfreut.
Rovný, gleich ꝛc.

z. B. napomocný *rodičom,* den Eltern beihilflich; užitočný *sebe,* sich nützlich; poslušný *vrchnosti,* gehorsam gegen die Obrigkeit; oddaný *svojej žene,* seinem Weibe ergeben; podobný *bratovi,* dem Bruder ähnlich ꝛc.

D) Akkusativ.

Der Akkusativ wird gebraucht:

a) Auf die Frage koho oder čo? z. B. vidím *človeka,* ich sehe einen Menschen; podpálim *slamu,* ich werde das Stroh anzünden.

b) Wenn eine Entfernung, ein Zeitmaß oder ein Gewicht angedeutet wird; z. B. *jednu milu* od Trnavy, eine Meile von Tirnau; *túto noc* prišli, diese Nacht sind sie gekommen; váži *dva centy,* wiegt zwei Zentner.

c) Die intransitiven Zeitwörter: boleť, schmerzen; stáť, stehen; mrzeť, verdrießen; svrbeť, jucken; oziabať, frieren, verlangen den Akkusativ der Person; z. B. *moju sestru* hlava bolí, meine Schwester hat Kopfschmerzen; táto kniha *ma* päť zlatých stojí, dieses Buch kostet mich fünf Gulden; mrzí *ma* život, es verdrießt mich das Leben; svrbia *ma* oči, es jucken mich die Augen ꝛc.

E) Vokativ.

Der Vokativ wird gebraucht, wenn ein Gegenstand angesprochen wird; z. B. milá ženo! liebes Weib! oder wenn überhaupt eine Erklamation stattfindet; z. B. o Bože môj! o mein Gott!

Die Familien- und Eigennamen mit vorgesetztem pane oder pani bleiben im Nominativ; z. B. pane Bernolák! Panno Maria! Ausgenommen: Pane Ježiši Kriste! wo der böhmischen Sprache gleich, alle drei Namen im Vokativ stehen.

F) Lokal.

Der Lokal, welcher den Ort, wo etwas geschieht, oder den durch das Zeitwort ausgedrückten Stand bezeichnet, wird stets mit den betreffenden Vorwörtern gebraucht; die Regeln über die Anwendung des Lokals sind somit im §. 46. *A. d. B.* I. *b. b. b. b.* nachzuschlagen.

G) Inſtrumental.

Der Inſtrumental wird gebraucht:

a) Wenn das Subjekt durch das Prädikat beſchrieben oder näher bezeichnet wird; z. B. každý musí byť *vojakom,* ein jeder muß Soldat werden.

b) Die Zeitwörter: zdáť oder videľ sa, ſcheinen; ukázať oder preukázať sa, ſich zeigen, verlangen den Inſtrumental; z. B. pritomný čas zdá sa byť *dlhým,* minulý ale *krátkym,* die ge= genwärtige Zeit ſcheint lang, die vergangene aber kurz zu ſein; mnohí sa oproti rozumu *nevďačnými* byť preukazujú, Viele zei= gen ſich gegen die Vernunft undankbar.

c) Die Zeitwörter: staľ sa, mit der Zeit werden; zostaľ oder ostaľ, bleiben; z. B. stane sa *tvojím priateľom,* er wird dein Freund werden; vôl zostane *volom,* ein Ochs bleibt Ochs.

d) Manche Zeitwörter, die in anderen Sprachen mit zwei Akkuſativen ſtehen, werden in der ſlovakiſchen Sprache in Rückſicht des zweiten Objektes mit dem Inſtrum. konſtruirt; ſolche ſind: zvať, heißen; volať, rufen; nazývať, menovať, nennen; urobiť, učiniť, spraviť, machen ꝛc.; z. B. všetko, čo človek *žitím* me= nuje, Alles, was der Menſch Leben nennt; budeš sa zvať *ženou,* du wirſt ein Weib genannt werden; capa *zahradníkom* spraviť, einen Bock zum Gärtner machen.

e) Manche in anderen Sprachen mit einem Akkuſ. vorkom= menden Zeitwörter konſtruirt man in dem Slovakiſchen mit einem Inſtrum.; ſolche ſind: hnúť, bewegen; triasť, ſchütteln; kývať, nicken; hodiť, werfen; strčiť, ſtecken; sotiť, ſtoßen; vládnuť, be= ſitzen; pohrdnúť, verſchmähen; pýšiť sa, ſich rühmen; obdariť, beſchenken; zapodievať, zaneprazňovať sa, ſich beſchäftigen; vo= ňať, riechen; smrdeť, ſtinken ꝛc.; z. B. hodiť *klobúkom,* den Hut werfen; nemôže *sebou* hnúť, kann ſich nicht bewegen; *ničím* ne= vládze, er beſitzt nichts ꝛc.

f) Die Art, nach welcher etwas geſchieht, wird mit dem In= ſtrumental gegeben; z. B. nemilujme *slovom* ale *skutkom,* lieben wir nicht mit dem Worte, ſondern mit der That. Hieher gehören auch folgende Ausdrücke: príkladom, mit Beiſpiel; celkom, gänz= lich; následkom toho, in Folge deſſen; razom, auf einmal; von= koncom, durchaus; krížom krážom, kreuzweiſe; právom, mit Recht; menom, dem Namen nach; krokom, Schritt für Schritt; cvalom bežať, ſchnell laufen; úhorom ležať, brach liegen ꝛc. Fer= ner der Inſtrumental auf die Frage v jakom ohľade? in welcher

Hinsicht; z. B. Slavian *rodom*, všeobčan *krajinou*, der Geburt nach ein Slave, dem Lande nach ein Kosmopolit. Ebenso wird der Ort, in welchem sich das Subjekt befindet, und eine unbestimmte Zwischenzeit, in welcher etwas geschieht, durch den Instrumental ausgedrückt; z. B. idem *krásnou dolinou*, ich gehe durch ein schönes Thal; hľadím *oknom*, ich schaue durch das Fenster; trápim sa *dňom* i *nocou*, ich plage mich den Tag und die Nacht hindurch.

g) Das Mittel oder die Ursache, durch welche etwas geschieht, wird ebenfalls mit dem Instrumental ausgedrückt; z. B. pole *suchotou* na vnivoč prišlo, das Feld ist durch die Trockenheit zu Grunde gegangen; spievam *peknotou* nadšený, ich singe durch die Schönheit entflammt.

h) Endlich muß auch das Instrument, mittelst welchem etwas ausgeführt wird, durch den Instrumental angedeutet werden; z. B. *mečom* zrúbať, mit dem Schwerte niederhauen; zabitý *hromom*, durch den Blitz getödtet.

Bemerkungen.

1. In dieser Anweisung über den Gebrauch einzelner Endungen ist selbstverständlich nur von jenen Fällen die Rede gewesen, wo die betreffenden Endungen ohne Vorwörter stehen. Wann und wie die Endungen in Folge der Vorwörter zu gebrauchen sind, ist im §. 46. ausführlich angegeben.

2. Daß die Bei-, Für-, Zahl- und Mittelwörter mit ihren Hauptwörtern außer dem Geschlechte und der Zahl auch in der Endung übereinstimmen, und welche besondere Fälle dabei zu beobachten sind, ist im §. 50. gesagt worden.

§. 52.
Von dem Gebrauche der Fürwörter.

Außer dem, was an seiner Stelle von den Fürwörtern im Allgemeinen und in den Bemerkungen zum §. 17. und 18. insbesondere angegeben wurde, ist über die Verwendung einzelner Fürwörter noch Folgendes zu merken:

a) Die persönlichen Fürwörter: ja, ty, on, my, vy, oni ꝛc. werden gewöhnlich vor den Zeitwörtern weggelassen; z. B. pracujem, ich arbeite; zaháláš, du faulenzest; soll jedoch der Nachdruck auf den Fürwörtern ruhen, dann müssen sie angegeben werden; z. B. *ja* pracujem a *ty* zaháláš, ich (mit Nachdruck) arbeite und du faulenzest.

b) Von dem rückwirkenden seba oder sa, und dem zueignenden svoj ist ebenfalls im §. 17. und in den Bemerkungen 2.

3. 4. zum §. 18. gesprochen worden; hier noch folgende zur leich=
teren Auffassung dienenden Einzelheiten:

1) Seba oder sa wird gebraucht, wo durch dasselbe eine und
dieselbe Person mit der des Zeitwortes angedeutet wird; und hier=
in weicht die slavische von anderen Sprachen ab, weil sich das seba
oder sa bei uns auch auf die erste und zweite Person beziehen kann,
was weder in der deutschen, noch in der lateinischen Sprache vor=
kommt; z. B. ja sám seba, ich mich (sich) selbst; ty sám seba,
du dich (sich) selbst; on sám seba, er sich selbst; myjem sa, ich
wasche mich (sich); myješ sa, du wascheft dich (sich); myje sa, er
wäscht sich ꝛc.

2) Das zueignende svoj kann sich ebenfalls auf alle drei Per=
sonen beziehen, wenn dadurch dasselbe Subjekt angezeigt wird; z.
B. tam najdem *svojho* otca, dort werde ich meinen (seinen) Vater
finden; uvidíš *svoju* matku, du wirst deine (seine) Mutter sehen
ꝛc. Es läßt sich übrigens nicht läugnen, daß manchmal schwer zu
bestimmen sei, ob svoj, oder, wie in anderen Sprachen, môj und
tvoj besser zu gebrauchen sind.

3) Svoj, sein, suus, und jeho, sein, ejus, sind durchaus
nicht zu verwechseln. Svoj bezieht sich auf das Subjekt selbst; z. B.
so *svojou* ženou, mit seiner (eigenen) Frau, cum sua uxore;
jeho dagegen bezieht sich auf eine dritte Person; z. B. s *jeho* že-
nou, mit seiner (eines anderen) Frau, cum ejus uxore.

4) Ebenso ist der Unterschied zwischen jich und jejich zu
beobachten. Jich ist der Genitiv mehrf. Zahl aus on; z. B. vidí-
me *jich* nekoľko, wir sehen ihrer ettliche; jejich aber ist das zu=
eignende Fürwort 3. Person (§. 18.); z. B. boli sme v *jejich* za-
hrade, wir waren in ihren Garten.

c) Das sächliche to, das oder es, vertritt manchmal die
Stelle des Subjektes; in diesem Falle muß das Zeitwort nicht mit
dem Subjekte, sondern mit dem Prädikate im Geschlechte und in
der Zahl übereinstimmen; z. B. to bola hańba (nicht bolo), es
war eine Schande; to boly dobré časy, das waren gute Zeiten.
Dasselbe wird auch frageweise gebraucht, bei welcher Gelegenheit
das Hilfszeitwort ausgelassen werden kann; z. B. čo to za člo-
vek? anstatt: čo *je* to za člověk? was ist das für ein Mensch?
čo to za obyčaje? anstatt: čo *sú* to za obyčaje? was sind das
für Gewohnheiten? ꝛc.

d) Daß die fragenden Fürwörter kto? und čo? öfters als
beziehende verwendet werden, ist im §. 21. gesagt worden; z. B.
kto svoju materinskú reč nemiluje, nezaslúži meno statočného

človeka, wer seine Muttersprache nicht liebt, verdient nicht den Namen eines ehrlichen Menschen; anstatt: *ten, ktorý* svoju ꝛc.; rečník, čo najprv hovoril započal, ein Redner, der zuerst zu sprechen anfing; anstatt: rečník, *ktorý* ꝛc. So geschieht auch die Umschreibung durch čo und das gebührende Fürwort der dritten Person; z. B. matka, čo jej diela zomrelo, die Mutter, der das Kind starb; anstatt: matka, *ktorej* ꝛc. Endlich manche Neben= und Bindewörter können durch čo gegeben werden; z. B. dnes je rok, čo som tam nebol, heute ist ein Jahr, seit ich dort nicht war; anstatt: dnes je rok, *odkedy* ꝛc.; vôl zostane volom, čo ho aj do Viedne poženú, ein Ochs bleibt Ochs, wenn man ihn auch nach Wien treiben würde; anstatt: vôl zostane volom, *trebars* ꝛc.; čierny, čo uhoľ, schwarz, wie die Kohle; anstatt: čierny, *jako* uhoľ ꝛc.

§. 53.
Von dem Gebrauche der Zeitwörter.

A) Die passive Konstruktion.

Außer dem, was von der Abwandlung in passiver Form (§. 41.) bereits gesagt wurde, ist in dieser Hinsicht zu wissen:

a) Der passive Ausdruck kann durch ein rückwirkendes Zeit= wort, welches aus einem transitiven vermittelst sa gebildet worden ist, gegeben werden; z. B. menujem sa, ich werde geheißen; kry= jem sa, ich werde gedeckt ꝛc. Jedoch ist diese Ausdrucksweise wegen der Zweideutigkeit, die dabei leicht entstehen könnte, seltener zu gebrauchen.

b) Öfters wird das rückwirkende Zeitwort unpersönlich ge= braucht, als: vie sa, zná sa, es ist bekannt; rozumie sa, es versteht sich; prosí sa, es wird gebeten; slyší oder čuje sa, es wird gehört; je oder jí sa, es wird gegessen; pije sa, es wird getrunken; spí sa, es wird geschlafen; chodí sa, es wird gegan= gen ꝛc. Diese Art der Konstruktion wird im Deutschen gewöhnlich mit dem Fürworte man gegeben, während sich der Slave folgen= der Ausdrücke bedient: 1) Der Formen: možno, man kann; treba, nádobno, man muß; potreba, man bedarf; z. B. možno si my= sleť, man kann sich denken; treba sa učiť, man muß lernen; ná= dobno pracovať, man muß arbeiten; k vojne potreba peňazí, zum Kriege bedarf man der Gelder. 2) Der dritten Person mehrf. Zahl; z. B. povedajú, že, man sagt, daß ꝛc. 3) Des Hauptwor= tes človek; z. B. človek by to ani neveril, man möchte es nicht einmal glauben.

B) Die Zeiten.

a) Die gegenwärtige Zeit kann, besonders in einer lebhaften Erzählung, statt der geschichtlichen Vergangenheit gesetzt werden; z. B. učedlníci Kristovi pristupujú k nemu a budia ho, die Jünger Christi treten zu ihm und wecken ihn auf, statt: pristúpili a zbudili ho; zrazu sa ohlási a takú dá odpoveď, auf einmal läßt er sich hören und gibt eine solche Antwort, statt: sa ohlásil a dal ꝛc.

b) Über den Gebrauch und die Bedeutung der vergangenen und zukünftigen Zeiten ist im §. 32. *D.* und §. 36. *A. b. c.* ausführlich gesprochen worden.

C) Der Imperativ, Infinitiv und das Partizipium.

a) Die zweite Person des Imperativs wird nicht selten statt der dritten gebraucht; z. B. daj vám Pán Boh zdravia, Gott gebe euch Gesundheit, statt: nech vám dá ꝛc.; posväť sa meno tvoje, geheiliget werde dein Name, statt: nech je posvätené ꝛc.

b) Der Infinitiv kommt öfters mit: je, nenie, bolo, nebolo ꝛc. vor, wobei diese letzteren unpersönlich genommen werden, das je aber weggelassen zu verstehen ist; z. B. všade (je) počuť chváliť toho, überall hört man den loben; po obede nenie dobre spať, nach Mittag ist nicht gut schlafen; bolo počuť, es war zu hören; nebolo vidať, es war nicht zu sehen ꝛc.

c) Durch das Mittelwort der gegenwärtigen Zeit werden zwei auf dasselbe Subjekt sich beziehende Sätze in einen zusammengezogen; z. B. sediac zaspal, sitzend schlief er ein, anstatt: sedel a zaspal; dohoniac brata oslovil ho, den Bruder erreichend sprach er ihn an, anstatt: keď dohonil brata ꝛc.

d) Ebenso werden durch die unmittelbar aus den Partizipien hergeleiteten Beiwörter zwei verschiedene Sätze in einen verbunden; z. B. zmiznú tône letiacich osudov, die Schatten der fliegenden Schicksale werden verschwinden, statt: zmiznú tône osudov, ktoré letia ꝛc.

§. 54.
Von der Verneinung.

a) Die Verneinung wird durch die Beihilfe der Partikel ne, welche mit den Zeitwörtern, wie auch mit den Bei= und Nebenwörtern zu verbinden ist, ausgedrückt; z. B. nemôžem, ich kann nicht; nemúdry, nicht gescheidt; nemilo, unlieb ꝛc.

Was die Verbindung der verneinenden Partikel mit dem Hilfszeitworte anbelangt, so ist zu merken:

1) In der gegenwärtigen Zeit der aktiven Form wird nej oder nie dem Hilfszeitworte, in der vergangenen Zeit aber ne dem Mittelworte vorgesetzt; z. B. nejsom oder niesom, ich bin nicht; nebol som, ich bin nicht gewesen; nepil som, ich habe nicht getrunken. In der passiven Form geschieht die Verbindung stets mit dem Hilfszeitworte; z. B. niesom volaný, ich bin nicht gerufen; nebol som volaný, ich bin nicht gerufen worden. So auch in der zukünftigen Zeit beider Formen; z. B. nebudem volaī, ich werde nicht rufen; nebudem volaný, ich werde nicht gerufen sein.

2) In der kaumvergangenen Zeit der verbindenden Art wird das ne stets dem Mittelworte vorgesetzt; z. B. nepil bych, ich möchte nicht trinken. In der längstvergangenen Zeit dagegen wird die Partikel mit dem Hilfszeitworte verbunden; z. B. nebol bych pil, ich hätte nicht getrunken.

3) Wenn das ne den ganzen Satz verneinet, wird dasselbe dem bestimmten Zeitworte vorgesetzt; z. B. nemám čo jesī, ich habe nichts zu essen; bezieht sich aber die Verneinung bloß auf den Infinitiv, so muß auch die Partikel damit verbunden werden; z. B. mohli ste nechodiī, ihr hättet nicht gehen können, was verschieden ist von dem Satze, wenn die Partikel mit dem bestimmten Zeitworte verbunden wäre: nemohli ste chodiī, ihr habet nicht können gehen.

b) In der slavischen Sprache, abweichend von der deutschen oder lateinischen, hat eine doppelte Verneinung keine bejahende Bedeutung, deswegen muß in einem verneinenden Satze die Partikel ne dem Zeitworte vorgesetzt werden, auch wenn schon andere verneinenden Redetheile, wie am meisten die mit ni zusammengesetzten Für- und Nebenwörter, als: nikto, nič, nikde, nikam, nikdy, nikedy, ferner: ani, ani-ani, žiaden ꝛc. in demselben Satze vorkommen; z. B. nikto nezná hodinu smrti svojej, Niemand kennt die Stunde seines Todes; nič ti nepomôže, es hilft dir nichts; nikam nepôjdeš, wirst nirgendhin gehen; ani nevie, ani nerozumie, weder weiß er 's, noch versteht er 's; žiaden nepríde, keiner wird kommen; nikto si nič nevezme so sebou, keiner wird etwas mit sich nehmen ꝛc. Wenn aber die Partikel ne in einem und demselben Satze wiederholt wird, tritt ein bejahender Ausdruck hervor; z. B. nenie nemožno, es ist nicht unmöglich; nebol neznámy, er war nicht unbekannt ꝛc.

§. 55.
Von der Wortfolge.

In der slovakischen und überhaupt in einer jeden slavischen Sprache herrscht in Ansehung der Wortfolge (syntaxis ordinis, slovosklad) die größte Freiheit. Es ist demnach wenig, was man als eine beständige und feste Regel, welcher nach die verschiedenen Redetheile auf einander folgen sollen, anführen kann. Folgendes diene zur allgemeinen Richtschnur:

a) In einem bejahenden oder verneinenden **einfachen** Satze (§. 49.) steht in der Regel am ersten Platze das Subjekt, am zweiten das Prädikat und das Satzband in der Mitte; z. B. matka je chorá, die Mutter ist krank; brat nebol volaný, der Bruder ward nicht gerufen. Das Objekt folgt der Regel nach dem Prädikate; z. B. otec tresce syna, der Vater straft den Sohn. Es kann aber auch der Absicht des Sprechenden gemäß das Prädikat vor das Subjekt, oder das Objekt vor das Prädikat gesetzt werden, nur muß in diesem Falle der aus seiner natürlichen Lage herausgenommene Redetheil mit dem sogenannten Redetone (§. 3. *A. d.*) belegt werden; z. B. *láska* je Boh, die Liebe (mit Nachdruck) ist Gott. Eine solche Verwechslung darf nicht stattfinden, wo ein Zweifel entstehen könnte, was eigentlich Subjekt, Prädikat oder Objekt sei; z. B. dievča bije dieťa, das Mädchen schlägt das Kind.

Bei den Fragen setzt man dasjenige Wort an den ersten Platz, um welches es sich eigentlich handelt; z. B. otec miluje syna? der Vater liebt den Sohn? oder: *miluje* otec syna? liebt der Vater den Sohn? oder: *syna* miluje otec? den Sohn liebt der Vater? Die fragenden Für= und Nebenwörter nehmen stets den ersten Platz ein; z. B. čo je človek? was ist der Mensch? *kde* býva kráľ? wo wohnt der König? ꝛc.

b) In einem **erweiterten** Satze (§. 49.) stehen:

1) Die näheren Bestimmungen des Subjektes, als da sind die Bei=, Für= und Zahlwörter, der Regel nach am ersten Platze, und nur ausnahmsweise werden sie nachgesetzt; z. B. dobrý človek je všetkej cti hoden, ein guter Mensch ist aller Ehre würdig; celý náš dom je plný vzácnych hostí, unser ganzes Haus ist voll von willkommenen Gästen; štyroch synov mu zabili, vier Söhne hat man ihm getödtet. Ausnahmen sind: duch svätý, der heilige Geist; slovo božie, das Wort Gottes; život večný, das ewige Leben; milosť božia, die Gnade Gottes; cti otca svojho i matku svoju, ehre deinen Vater und deine Mutter ꝛc.

Außerdem können die Beiwörter von jenen Namen, auf welche sie sich beziehen, durch ein, zwei, in der gebundenen Sprache sogar durch mehrere Wörter getrennt werden; z. B. *velká* nás *bieda potkala*, großes Elend ist uns zugestoßen; *královskú zbrojstvom snažil si* sa *berlu dosiahnul*, das königliche Szepter hast du mit den Waffen zu erreichen getrachtet. Sonst wird die logische Ordnung, das heißt, wie sich die Gedanken reihenweise entwickeln, beobachtet; z. B. Boh, stvoriteľ neba i zeme, je všemohúci; Gott, Schöpfer des Himmels und der Erde, ist allmächtig.

2) Ein Genitiv, der als solcher durch ein Wort regiert wird, muß nachgesetzt werden; z. B. kus *chleba*, ein Stück Brod; päť *pánov*, fünf Herren. Die gebundene Sprache macht auch hier Ausnahmen; und ebenso kann derselbe Genitiv durch einsilbige Wörter von dem ihn regierenden Worte getrennt erscheinen; z. B. *mnoho* nám *škody narobil*, vielen Schaden hat er uns zugefügt ꝛc.

c) Wenn der Satz mit einem Zeitworte anfängt, so steht das Hilfszeitwort demselben nach; z. B. pracoval som, ich habe gearbeitet; chytili sme vtáka, wir haben einen Vogel gefangen. Ebenso wenn vor dem Zeitworte das Bindewort a oder i steht; z. B. spal som a nedal si mi pokoj, ich habe geschlafen und du hast mir keine Ruhe gegeben.

Dieselbe Regel gilt auch von dem rückwirkenden sa und den abgekürzten Formen der persönlichen Fürwörter: ma, mi, ťa, ti, si, ho, mu; z. B. zdá sa nám, es scheint uns; vidím ťa, ich sehe dich ꝛc.

Wenn aber der Satz mit einem Bindeworte (ausgenommen a oder i), oder einem anderen Redetheile anfängt, steht zuerst das Hilfszeitwort, dann das rückwirkende sa, und endlich die persönlichen Fürwörter; z. B. viem, že si sa ho bál, ich weiß, daß du dich vor ihm gefürchtet hattest; nikdy som sa ťa nebál, ich habe mich nie vor dir gefürchtet.

Das Hilfszeitwort und das rückwirkende sa können von dem Zeitworte, auf welches sie sich beziehen, auch bedeutend entfernt sein; z. B. viem, že sme sa tu celý deň bez všetkého prospechu *ustávali*, ich weiß, daß wir uns da den ganzen Tag hindurch ohne allen Erfolg abgemüht haben.

Vor allen aber steht die Partikel des Konjunktivs by, welche theils mit verschiedenen Redetheilen verbunden, theils selbständig vorkommt; z. B. smial by som sa, ich möchte lachen; nikdy by si sa mu nelúbil, du würdest ihm nie gefallen.

Das bedingende und fragende -li geht auch der Partikel by vor; z. B. nechcel-li by si sa umyť? wolltest du dich nicht abwaſchen? So auch že, mittelſt welchem eine Frage mit Nachdruck geſtellt wird; z. B. jakože by som sa nemal hneval? wie ſollte ich mich nicht ärgern?

d) Das beſtimmte Zeitwort geht der Regel nach dem unbe= ſtimmten vor; z. B. môžem pracovať, ich kann arbeiten; bude= me spievať, wir werden ſingen. Liegt aber der Nachdruck auf dem unbeſtimmten Zeitworte, ſo muß daſſelbe vorangehen; z. B. *pra-coval* musím, nie zahálal, arbeiten muß ich, nicht faulenzen. Wenn ſich das Zeitwort, mit welchem die unbeſtimmte Art zu ver= binden iſt, auch im Infinitiv befindet, geht dasjenige vor, welches den Infinitiv verlangt; z. B. nechce sa *učil* písať, er will nicht ſchreiben lernen; nemal sa *dal* oklamať, er hätte ſich ſollen nicht betriegen laſſen. Man ſieht, daß hier der ſlaviſche Ausdruck von dem deutſchen abweicht.

§. 56.
Von der Redensart im Slovakiſchen.

In der Anſprache einzelner Perſonen bedient man ſich bei den Slovaken ebenſo wie bei den meiſten übrigen Slaven, oder bei den Franzoſen, der zweiten Perſon mehrfacher Zahl; z. B. jako sa máte? pane! wie befinden Sie ſich? mein Herr! wört= lich: wie befindet Ihr euch? comment vous portez vous? Vám na službu, zu Ihrem Dienſte, wörtlich: zu Euerem Dienſte, à votre service; to ste, pane, draho zaplatili, das haben Sie, mein Herr, theuer bezahlt.

Die böhmiſche Rechtſchreibung weicht hierin von der ſlovaki= ſchen in ſoweit ab, daß man dort in dieſem Falle das thät. Mittel= wort der verg. Zeit nicht in der mehrfachen, ſondern in der einfa= chen Zahl gebraucht; z. B. anſtatt des ſlovakiſchen: to ste, pane, draho *zaplatili*, müßte den böhmiſchen Regeln gemäß: to ste, pane, draho *zaplatil*, geſchrieben werden.

Ferner iſt zu merken, daß das Mittelwort bei der ſlovaki= ſchen Redensart, ob man ſich nun zu einem Manne oder zu einer Frau wendet, ſtets den männlichen Ausgang erhält; man ſchreibt z. B. zu einem Manne: kde ste *boli*?, und ebenſo zu einer Frau: kde ste *boli*? nicht *boly*. Bei hohen Perſönlichkeiten endlich pflegt man — mit dem bezüglichen Titel des Angeſprochenen — die dritte Perſon einfacher Zahl zu gebrauchen; z. B. Vaša Milosť usta-novila, Euer Gnaden hat angeordnet; Vaše Veličestvo dovoliť ráčilo, Euer Majeſtät hat zu erlauben geruht.

Gespräche.

1.

Guten Morgen, Herr N.	Dobré rano, pane N.
Wie befinden Sie sich?	Jako sa máte?
Sehr wohl, und wie geht es Ihnen?	Veľmi dobre, a jako sa Vám vodí?
Ich danke, auch gut.	Ďakujem, tiež dobre.
Sie waren schon lange nicht bei mir.	Už ste dávno neboli u mňa.
Ich gehe jetzt selten aus.	Teraz zriedka vychádzam.
Wie befindet sich unser Freund N.?	Jako sa má náš priateľ N.?
Wie ich höre, gut.	Jako čujem, dobre.
Wann wollen Sie mich besuchen?	Kedy ma navštívite?
Künftigen Sonntag.	Budúcu nedeľu.
Des Morgens oder des Nachmittags?	Rano alebo po poludní?
Nach dem Mittagessen.	Po obede.
Ich werde Sie also erwarten.	Budem teda Vašnosť očakávať.
Ich empfehle mich.	Porúčam sa.
Leben Sie wohl!	S Bohom!

2.

Guten Abend, mein theurer Freund!	Dobrý večer, priateľ môj drahý!
Wohin so geschwind?	Kam tak náhlo?
Ich eile nach Hause.	Ponáhlam sa domov.
Und wo kommen Sie her?	A odkiaľ idete?
Ich komme vom Kaffeehause.	Idem z kaviarny.

Was gibt's dort Neues?	Čo tam nového?
Nichts Besonderes.	Nič zvláštneho.
Haben Sie die Zeitungen nicht gelesen?	Či ste časopisy nečítali?
Ja, ich habe sie gelesen.	Hej, čítal som.
Nun, was melden sie von den neuesten politischen Ereignissen?	Teda čo oznamujú o najnovších politických udalosťach?
So viele widersprechende Sachen, daß man nicht weiß, was man davon glauben soll.	Toľko odporných vecí, že človek nevie, čo z toho veriť má.

3.

Ihr Diener, Fräulein!	Služobník, slečna!
Ach, seien Sie willkommen, mein Herr!	Ah, vítajte, pane!
Ich komme, um zu sehen, wie Sie sich befinden; denn man hat behauptet, Sie seien unwohl.	Prichádzam, abych videl, ako sa máte; bo sa hovorilo, že ste nezdravistá.
Es ist wahr, ich war ein wenig krank, allein ich bin glücklich wieder hergestellt.	Je pravda, bola som trochu nemocná, ale som sa už šťastlivo zotavila.
Das freuet mich herzlich.	Z toho sa srdečne radujem.
Ich bitte, setzen Sie sich gefälligst.	Prosím, ráčte sa posadiť.
Ich danke sehr.	Ďakujem pekne.
Ist es wahr, daß diesen Abend Ball bei der „Slavischen Linde" ist?	Je-li pravda, že tohoto večera bude tanečná zábava u „Slovanskej Lipy?"
Ja, Fräulein.	Ano, slečna.
Werden Sie auch hingehen?	I Vašnosť ta pôjde?
Das hängt von Ihnen ab.	To od Vašnosti závisí.
Wie so, von mir?	Jako, odo mňa?
Ich würde hingehen, wenn ich die Aussicht hätte, Sie dort zu finden.	Ja bych ta šiel, kebych mal výhľad, že Vás tam najdem.

4.

Wie viel Uhr ist es?	Koľko je hodín?
Es ist noch frühe.	Ešte je prívčas.
Wie viel also?	Koľko teda?

Halb drei.	Pol tretej.
Geht Ihre Uhr recht?	Idú Vaše hodinky dobre?
Allerdings, Sie können sich beruhigen.	Ovšem, môžete sa uspokojiť.
Und was für ein Wetter ist heute?	A jaké je dnes počasie?
Kein sehr günstiges; es ist windig und vielleicht wird es auch regnen.	Nie veľmi priaznivé; je vetor a snaď bude aj pršať.
Ich muß ausgehen; wo ist mein Regenschirm?	Ja musím von ísť; kde je môj dáždnik?
Mir scheint, es wird doch nicht regnen.	Mne sa zdá, že predca nebude pršať.
Desto besser.	Tým lepšie.

5.

Es ist heute eine außerordentliche Hitze.	Dnes je mimoriadna pálčivosť.
In der That, gestern war es nicht so heiß.	V skutku, včera nebolo tak horúco.
Ich glaube, wir bekommen ein Gewitter.	Myslím, že bude búrka.
Das ist leicht möglich.	To je ľahko možno.
Sehen Sie, was dort für schwarze Wolken aufsteigen.	Vidíte, jaké tam čierne mračná vystupujú.
Gewiß, das Gewitter ist nicht weit.	Opravdu, búrka je už nie ďaleko.
Ich höre schon donnern.	Ja už hrmenie čujem.
Ach, sehen Sie, wie es blitzt!	Pohliadnite, jako sa blýska!
Wären wir doch zu Hause!	Keby sme radšie doma boli!
Die Luft hat sich auch ziemlich abgekühlt.	Ale i povetrie značne ochladlo.
Lassen Sie uns in diese Strohhütte gehen, um uns vor dem Gewitter zu schützen.	Iďme do tejto slamennej búdky, aby sme sa pred víchricou zachránili.

6.

Wie alt sind Sie?	Koľko Vám je rokov?
Ich bin vierzig Jahre alt.	Mne je štyricať rokov.
Man würde Ihnen kaum dreißig geben.	Človek by myslel, že Vám je sotva tricať.
Mein schönstes Alter ist schon vorüber.	Moje najkrajšie letá sa už minuly.

Sie können noch auf ein langes
Leben rechnen.

Vy sa ešte mnoho rokov dožiť
môžete.

Was Gott will, früh ober spät;
aber die verflossene Zeit ist
immer wie ein Nichts.

Jako Bohu vôľa, skôr lebo ne-
skôr; ale čas minulý je vždy
ako nič.

Nicht doch, denn wenn auch die
Zeit vergeht, so bleiben doch
die Handlungen.

Nie tak, bo trebars čas po-
minie, ostanú skutky.

Hätte ich nur meine Zeit besser
benützt.

Kebych len bol svoj čas lep-
šie upotreboval.

Das Vergangene kann nicht mehr
gut gemacht werden; lassen
Sie uns lieber bedacht sein,
das Gegenwärtige besser an-
zuwenden.

Minulosť sa viacej napraviť
nedá; starajme sa radšie,
aby sme prítomnosť lepšie
vynakladali.

7.

Ist Herr N. zu Hause?

Je pán N. doma?

Nein, er ist eben weggegangen.

Niet, priam odišiel.

Wissen Sie nicht, ob er heute
zu Hause speisen wird?

Neviete, zdáliž dnes doma o-
bedovať bude?

Heute speist er nicht zu Hause.

Dnes doma neobeduje.

Hat er nicht gesagt, wann er zu-
rück kommt?

Nepovedal, kedy sa navráti?

Er hat zwar nichts gesagt, ich
glaube aber, daß er vor sechs
Uhr zurückkehren werde.

On sice nič nepovedal, my-
slím ale, že sa pred šiestou
hodinou navráti.

Könnte ich nicht mit der gnädi-
gen Frau sprechen?

Nemohol bych s pani veľko-
možnou rozprávať?

Sie hat eben einen Besuch.

Má práve návštevu.

Ich bitte, melden Sie mich bei
ihr an.

Prosím, oznámte ma u nej.

Darf ich Sie um Ihren werthen
Namen bitten?

Smiem-li sa na Vaše čestné
meno pýtať?

Mein Name ist N.

Moje meno je N.

8.

Wollten Sie nicht morgen bei
mir zu Mittag speisen?

Neľúbilo by sa Vašnosti zajtra
u mňa obedovať?

Sehr gerne, aber ich weiß nicht,
ob ich werde abkommen kön-
nen.

Veľmi rád, ale neviem, zdá-
liž sa budem môcť oddialiť.

Warum sollten Sie nicht können?	Prečo by ste nemohli?
Weil ich einen wichtigen Besuch erwarte.	Poneváč dúležitú návštevu očakávam.
Aber wenigstens Abends werden Sie frei sein.	Ale večer aspoň budete slobodný.
Das wohl, und ich gebe Ihnen mein Wort, um acht Uhr bei Ihnen zu sein.	To už hej, a tu máte moje slovo, že budem o ôsmej hodine u Vás.
Ich werde Sie also gewiß erwarten.	Budem teda Vašnosť s istotou očakávať.
Es bleibt dabei.	Pri tom zostane.
Auch werde ich einige Freunde einladen.	I daktorých priateľov povolám.
Desto besser! Jetzt leben Sie recht wohl.	Tým lepšie! Teraz sa dobre majte.

9.

Wie theuer verkaufen Sie die Elle von diesem Tuche?	Jak draho predávate ríf z tohoto súkna?
Die Elle verkaufe ich zu zehn Gulden.	Ríf predávam po desať zlatých.
Das ist zu viel.	To je mnoho.
Ich kann höchstens fünfzig Kreuzer nachlassen.	Najviac môžem pädesiat krajciarov zpustiť.
Zu acht Gulden würde ich zwanzig Ellen nehmen.	Po osem zlatých bych vzal dvacať rísov.
Es thut mir leid, aber ein solches Tuch kann ich um das Geld nicht geben; ich müßte dabei verlieren.	Je mi ľúto, ale také súkno nemôžem dať za tie peniaze; musel bych pritom škodovať.
Ich werde bei einem anderen Kaufmanne dasselbe Tuch billiger bekommen.	U iného kupca to isté súkno lacnejšie obsiahnem.
Ich zweifle, daß dies möglich ist.	Pochybujem, že by to možné bolo.

10.

Sind Sie der Schneider, von dem Herr N. mit mir gesprochen hat?	Ste Vy ten krajčír, o ktorom mi pán N. rozprával?
Ja, zu dienen.	Tak jest, na službu.

Wollen Sie mir wohl das Maß zu einem Kleide nehmen?

Sehr bereitwillig.

Aber Sonntag muß ich es haben.

Die Zeit dazu ist zwar sehr kurz, doch will ich mein Möglichstes thun.

Versprechen Sie mir es nicht, wenn Sie nicht Wort halten können.

Ich werde mein Versprechen gewiß erfüllen.

Vezmete mi mieru na šatu?

Veľmi ochotne.

Ale v nedeľu ju mať musím.

Čas k tomu je sice veľmi krátky, ale všemožné vykonám.

Nesľubujte, jestli ste nie v stave slovo zadržať.

Ja svoj sľub iste vyplním.

11.

Sind Sie im Theater gewesen?

Ja, ich hatte aber einen schlechten Platz, so daß ich nicht recht sehen konnte.

Was sagen Sie zu der Oper?

Ich bin damit vollkommen zufrieden gewesen; man hat sie gut gegeben.

Haben Sie auch das neue Schauspiel gesehen?

Allerdings, ich bin Zeuge seines Falles gewesen.

Es ist also nicht gut aufgenommen worden?

Es ist gänzlich durchgefallen. Man hörte öfters pfeifen, ja man mußte noch vor der Entwickelung den Vorhang fallen lassen.

Und war es denn wirklich so schlecht?

Unausstehlich. Das Stück ist an und für sich ein wahrer Unsinn. Dann wußten die Schauspieler ihre Rollen nicht, und haben sich dabei sehr ungeschickt benommen.

Boli ste v divadle?

Ano, ale som mal zlé miesto, tak že som dobre nevidel.

Čo poviete k tej spevohre?

Ja som bol úplne spokojný; dobre ju provodzovali.

I tú novú činohru ste videli?

Ovšem, bol som svedkom jej pádu.

Teda nebola dobre prijatá?

Celkom prepadla. Častejšie bolo očuť pískať, ba ešte pred vyvinutím museli oponu zpustiť.

A bolo to skutočne tak ničomné?

K nevystaniu. Kus ten je sám v sebe opravdivý nerozum. Potom hercovia svoje zástoje nevedeli, a pritom si veľmi nemotorne počínali.

So verliere ich nichts, wenn ich es nicht sehen werde? Ich muß Ihr Vorhaben nur loben. | Teda nič neztratím, keď sa naň nepodívam? Vašnostine predsavzatie len chváliť musím.

12.

Ist es schon lange, daß Sie die slovakische Sprache lernen? | Je tomu už dávno, čo sa slovensky učíte?

Nein, es ist nur ein halbes Jahr. | Nie, tomu je len pol roka.

Es ist nicht möglich! Sie reden ziemlich gut für so kurze Zeit. | Nenie možno! Na tak krátky čas dosť dobre hovoríte.

Sie scherzen, ich spreche noch sehr fehlerhaft. | Vy žartujete, ešte veľmi chybne hovorím.

Verzeihen Sie, aber Sie können sich schon geläufig ausdrücken. | Odpustite, ale Vy sa už obratne vysloviť viete.

Ich wünschte Gelegenheit zu haben öfters zu sprechen, um mir die vollkommene Geläufigkeit der Zunge zu erwerben. | Ja bych si k častejšiemu rozhovoru príležitosť mať prial, abych dokonalú obratnosť jazyka nadobudnul.

Sie haben Recht, doch, um gut sprechen zu lernen, muß man sich nicht scheuen fehlerhaft zu sprechen. Und sind Ihnen die Hauptregeln der Sprache schon bekannt? | Máte pravdu, ale aby sa človek naučil dobre hovoriť, nesmie sa ostýchať chybne hovoriť. A sú Vám hlavné pravidlá reči už známe?

Ich kenne sie meistens auswendig. | Viem ich zvätša nazpamäť.

Würden Sie schon auch poetische Werke verstehen? | Rozumeli by ste už i básnickým dielam?

Ich lese jetzt eine Sammlung prosaischer Aufsätze; die Gedichte sind mir noch nicht ganz verständlich. | Teraz čítam výbor z prosaických pojednaní; básňam ešte celkom nerozumiem.

Und wie gefällt Ihnen überhaupt diese Sprache? | A jako sa Vašnosti vúbec táto reč páči?

In wie weit ich urtheilen darf, so hat das Slovakische viele Vorzüge; nur muß man es verstehen, und davon ohne Vorurtheil seine Meinung äußern. | Nakoľko ja súdiť smiem, má slovenčina mnohé prednosti; len ju musí človek znať, a o nej bez predpojatosti svoju mienku vysloviť.

Ein solches Urtheil von Ihnen zu hören, macht mir große | Taký výrok počuť od Vašnosti, veľkú mi radosť spôso-

Freude; und glauben Sie mir, man müßte über das Slaventhum im Allgemeinen anders urtheilen, wenn die fremden Völker die guten Eigenschaften der Slaven genauer kennen würden.

Auch das wird mit der Zeit kommen; wir wollen hoffen auf eine wechselseitige Verständigung und Verbrüderung aller gebildeten Nationen; und dann werden sie mit „Vereinten Kräften" zum gemeinschaftlichen Zwecke der menschlichen Aufklärung und Glückseligkeit wirken.

buje; a verte mi, všeobecne by sa o Slovanstve ináč súdiť muselo, keby dobré vlastnosti Slovanov cudzím národom dúkladnejšie známe boly.

I to príde časom; majme nádej, že sa všetke vzdelané národy vzájomne usrozumejú a spriatelia; a potom budú „Spojenými silami" účinkovať ku spoločnému cieľu osvety a blaženosti ľudskej.

Titulaturen.

a) Weltliche.

Allerdurchlauchtigster Kaiser und König! Gnädigster Herr!
Euere Königlich Apostolische Majestät!
Euer Majestät!
Euere Kaiserliche Hoheit!
Durchlauchtigster Erzherzog!
Euer Durchlaucht!
Euere Fürstliche Gnaden!
Euer Erzellenz!
Hochgeborner Herr!
Euer Hochwohlgeboren!
Gnädiger Herr!

Euer Wohlgeboren!
Euer Gnaden!
Hochgeehrter Herr!
Hochgeschätzter Herr!
Hochgelehrter Herr!

Geehrter Herr!
Mein Herr!

Najjasnejší Cisár a Kráľ! Najmilostivejší Pane!
Vaše Kráľovsko Apoštolské Veličestvo!
Vaše Veličestvo!
Vaša Cisárska Vyvýšenosť!
Najjasnejší Arciknieža!
Vaša Jasnosť!
Vaša Kniežacia Milosť!
Vaša Excellencia!
Vysokourodzený Pane!
Vaše Vysokoblahorodie!
Milostivý *lebo* Veľkomožný Pane!
Vaše Blahorodie!
Vaša Milosť!
Vysokovážny Pane!
Vysokoctený Pane!
Vysokoučený *lebo* Slovutný Pane!
Vážny Pane!
Pane!

b) Geistliche.

Hochwürdigster und Hochgebor= ner Herr!	Osvietený a Najdústojnejší Pane!
Euere Bischöfliche Gnaden!	Vaša Biskupská Milosť!
Euer Hochwürden!	Vaša Prevelebnosť!
Hochwürdiger oder Ehrwürdiger Herr!	Velebný Pane!

c) Ämter.

Hohe Regierung!	Vysoká Vláda!
Hohes Ministerium!	Vysoké Ministerstvo!
Hochlöbliche Statthalterei!	Vysokoslavné Miestodržiteľ- stvo *lebo* Námestníctvo!
Hochwürdiges Konsistorium!	Prevelebné Konsistorium!
Löbliches Komitatsgericht!	Slavný Stoličný Súd!
Löbliche Gemeinde!	Slavná Obec!

Wörterverzeichniß.

A.

Abend, m. večer, m.
Abendbrod, n. večera, f.
Abenteuer, n. dobrodružstvo, n.
Aberglaube, m. povera, f.
Abfall, m. odpadnutie, n.
Abgabe, f. daň, f.
Abgeschmackt, a. nechutný.
Abglanz, m. odblesk, m.
Abgötterei, f. modloslužba, f.
Abgrund, m. prepasť, f.
Abhandlung, f. pojednávanie, n.
Abhängig, a. odvislý.
Abkömmling, m. potomok, m.
Ablaß, m. odpustky, pl.
Ablaßjahr, n. milostivé leto, n.
Ablaut, m. prezvuk, m.
Abnorm, a. nepravidelný.
Abscheu, m. ošklivosť, f.
Abschied, m. rozlúčenie, n.
Abschrift, f. odpis, m.
Absicht, f. úmysel, m.
Abstrakt, a. odťažený.
Abt, m. opát, m.
Abtheilung, f. oddelenie, n.
Abtritt, m. záchod, m.
Abweichen, n. behačka, f.
Abwesend, a. neprítomný.

Achse, f. os, f.
Achsel, f. pleco, n.
Achtbar, a. vážny.
Achtung, f. vážnosť, f.
Ächzen, v. stonať.
Acker, m. roľa, f.
Ackerbau, m. roľníctvo, n.
Ackerbauer, m. roľník, m.
Ackern, v. orať.
Addition, f. spočítanie, n.
Adel, m. šľachta, f. zemianstvo, n.
Ader, f. žila, f.
Adler, m. orol, m.
Adresse, f. nápis, m.
Advokat, m. pravotár, m.
Affe, m. opica, f.
Affekt, m. náruživosť, f.
Afterweisheit, f. mudrlantstvo, n.
Agent, m. jednateľ, m.
Ahle, f. šidlo, n.
Ahn, m. praotec, m.
Ahnfrau, f. pramati, f.
Ähnlichkeit, f. podobnosť, f.
Ahnung, f. tušenie, n.
Ahorn, m. javor, m.
Ähre, f. klas, m.
Akkord, m. súhlasie, n.
Akt, m. jednanie, n.
Aktiv, a. činný.

Anmerkung. In diesem Wörterverzeichnisse sind nur diejenigen Haupt-, Bei- und Zeitwörter angegeben, welche — über 3300 an der Zahl — im gewöhnlichen Leben am öftersten vorkommen. Die übrigen Redetheile, als: die Für-, Neben-, Vor- und Bindewörter, wie auch der Empfindungslaut, sind in den betreffenden Kapiteln der Grammatik mitgetheilt worden. Auch haben viele Wörter dem verschiedenen Gebrauche nach eine verschiedene Bedeutung (synonima); dieser Umstand jedoch konnte in einem lexikalischen Anhang zur Grammatik nicht wohl berücksichtigt werden.

Alaun, m. kamenec, m.
Albernheit, f. pošetilosť, f.
Alkohol, m. lieh, m.
Alkoven, m. výpustok, m.
Allee, f. stromorad, m.
Allein, a. samotný.
Alleinherrschaft, f. samovláda, f.
Allgemein, a. všeobecný.
Allmacht, f. všemohúcnosť, f.
Allslaventhum, n. Všeslovanstvo, n.
Almosen, n. almužna, f.
Alphabet, n. abeceda, f.
Alt, a. starý.
Altar, m. oltár, m.
Alter, n. staroba, f.
Alterthum, n. starobylosť, f.
Altgläubiger, m staroverec, m.
Amboß, m. nákova, f.
Ameise, f. mravec, m.
Amme, f. dojka, f.
Amsel, f. kos, m.
Amt, n. úrad, m.
Analogie, f. obdoba, f.
Analyse, f. rozbor, m.
Anarchie, f. bezvláda, f.
Anathema, n. kľatba, f.
Anatomie, f. pitva, f.
Anbeten, v. vzývať.
Anbacht, f. pobožnosť, f.
Andrang, m. nával, m.
Anfang, m. počiatok, m.
Anfangen, v. počať.
Anführer, m. náčelník, m.
Angabe, f. udanie, n.
Angeber, m. udavač, m.
Angeblich, a. domnelý.
Angeboren, a. prirodzený.
Angel, f. udica, f.
Angelegenheit, f. záležitosť, f.
Angemessen, a. primeraný.
Angenehm, a. príjemný.
Angesicht, n. tvár, f.
Angriff, m. nápad, m.
Angst, f. tesklivosť, f.
Anker, m. kotva, f.
Anklage, f. obvinenie, n.
Ankunft, f. príchod, m.
Anlaß, m. príčina, f.
Anleihe, f. požička, f.
Anmerkung, f. poznamenanie, n.
Anmuth, f. ľúbeznosť, f.
Anrüchig, a. zlopovestný.

Ansicht, f. mienka, f.
Ansiedler, m. osadník, m.
Anspielung, f. narážka, f.
Anstalt, f. ústav, m.
Antheil, m. účastenstvo, n.
Anthologie, f. kvetovýbor, m.
Antlitz, n. obličaj, f.
Antrag, m. návrh, m.
Antwort, f. odpoveď, f.
Anzahl, f. počeť, m.
Anzeige, f. oznámenie, n.
Apfel, m. jablko, n.
Apotheke, f. lekárna, f.
April, m. dubeň, m.
Arbeit, f. práca, f.
Arbeitsam, a. pracovitý.
Ärgerniß, n. pohoršenie, n.
Argwohn, m. podozrenie, n.
Arm, m. rameno, n.
Arm, a. chudobný.
Armee, f. vojsko, n.
Armel, m rukáv, m.
Armuth, f. chudoba, f.
Arsch, m. riť, zadnica, f.
Art, f. spôsob, m.
Artikel, m. článok, m.
Arznei, f. liek, m.
Arzt, m. lekár, m.
Asche, f. popol, m.
Ast, m. haluz, ratolesť, f.
Athem, m. dech, m.
Äther, m. vzduch, m.
Athmen, v. dýchať.
Auerhahn, m. hlucháň, m.
Aufgabe, f. úloha, f.
Aufgang, m. východ, m.
Aufgeklärt, a. osvietený.
Aufklären, v. vysvetliť.
Aufleben, v. ožiť.
Aufmachen, v. otvoriť.
Aufmerksamkeit, f. pozorlivosť, f.
Aufputz, m. okrasa, f.
Aufrichtig, a. uprimný.
Aufruf, m. vyzvanie, n.
Aufruhr, m. odboj, m.
Aufschrift, f. nápis, m.
Aufseher, m. dozorca, m.
Aufstand, m. povstanie, n.
Auftrag, m. narídzenie, n.
Auftritt, m. výstup, m.
Aufwand, m. náklad, m.
Aufwarten, v. obslúžiť.

Aufwiegler, *m.* burič, *m.*
Aufwurf, *m.* násyp, *m.*
Augapfel, *m.* zrenica, *f.*
Auge, *n.* oko, *n.*
Augenblick, *m.* okamih, *m.*
Augenbraunen, *pl.* obočie, *n.*
Augenglas, *n.* okuliare, *pl.*
Augenlied, *n.* mihavica, *f.*
August, *m.* srpeň, *m.*
Ausbesserung, *f.* oprava, *f.*
Ausbluten, *v.* vykrvácať.
Ausdauer, *f.* vytrvalosť, *f.*
Ausdenken, *v.* vymysleť.
Ausdruck, *m.* výraz, *m.*
Ausfall, *m.* výpad, *m.*
Ausflug, *m.* výlet, *m.*
Ausfluß, *m.* výtok, *m.*
Ausfuhr, *f.* vývoz, *m.*
Ausführlich, *a.* obšírný.
Ausgabe, *f.* výloha, *f.*
Ausgangssylbe, *f.* koncovka, *f.*
Ausgelassenheit, *f.* rozpustilosť, *f.*
Ausgezeichnet, *a.* vyznačený.
Ausgiebig, *a.* výnosný.
Ausharren, *v.* vytrvať.
Auskunft, *f.* poučenie, *n.*
Ausland, *n.* cudzozemsko, *n.*
Ausleger, *m.* vykladač, *m.*
Auslöschen, *v.* zahasiť.
Ausnahme, *f.* výminka, *f.*
Ausrede, *f.* výhovorka. *f.*
Ausrichten, *v.* vykonať.
Aussage, *f.* výpoveď, *f.*
Ausschließlich, *a.* výhradný.
Ausschuß, *m.* výbor, *m.*
Außerlich, *a.* vonkajší.
Aussicht, *f.* výhľad, *m.*
Aussöhnung, *f.* smierenie, *n.*
Aussprache, *f.* výmluva, *f.*
Ausspreizen, *v.* rozkročiť.
Auswandern, *v.* vystehovať sa.
Ausweis, *m.* výkaz, *m.*
Auswittern, *v.* vyvetriť.
Auszehrung, *f.* suchá nemoc, *f.*
Autor, *m.* pôvodca, *m.*
Axt, *f.* sekera, *f.*

B.

Bach, *m.* potok, *m.*
Bachstelze, *f.* trasoritka, *f.*
Backe, *f.* líco, *n.*
Backen, *v.* smažiť.

Bäcker, *m.* pekár, *m.*
Bad, *n.* kúpeľ, *m.*
Bahn, *f.* cesta, *f.*
Bahre, *f.* máry, *pl.*
Balg, *m.* kožka, *f.*
Balken, *m.* trám, *m.*
Balkon, *m.* pavlač, *f.*
Ball, *m.* ples, *m.*
Band, *n.* sväzok, *m.*
Bändigen, *v.* krotiť.
Bandit, *m.* zbojník, *m.*
Bangigkeit, *f.* tesklivosť, *f.*
Bank, *f.* lavica, *f.*
Bann, *m.* kľatba, *f.*
Bär, *m.* medveď, *m*
Barbier, *m.* holiač, *m.*
Barbieren, *v.* holiť.
Barbiermesser, *n.* britva, *f.*
Barfuß, *a.* bosý.
Barmherzig, *a.* milosrdný.
Barometer, *m.* tlakomer, *m.*
Baron, *m.* slobodný pán, *m.*
Bart, *m.* brada, *f.*
Base, *f.* tetka, *f.*
Bastei, *f.* bašta, *f.*
Bau, *m.* stavba, *f.*
Bauch, *m.* brucho, *n.*
Bauer, *m.* sedliak, *m.*
Baum, *m.* strom, *m.*
Baumwolle, *f.* bavlna, *f.*
Beamte, *m.* úradník, *m.*
Becher, *m.* pohár, *m.*
Bedarf, *m.* potrebnosť, *f.*
Bedauern, *v.* ľutovať.
Bedienung, *f.* obsluha, *f.*
Bedingen, *v.* vyjednať.
Bedrängniß, *f.* súženie, *n.*
Bedürfen, *v.* potrebovať.
Beenden, *v.* dokončiť.
Beerbigen, *v.* pochovať.
Befehl, *m.* rozkaz, *m.*
Befehlshaber, *m.* veliteľ, *m.*
Beflecken, *v.* poškvrniť.
Befreien, *v.* oslobodiť.
Befreunden, *v.* spriateliť.
Befruchten, *v.* zúrodniť.
Betasten, *v.* omatať.
Begebenheit, *f.* udalosť, *f.*
Begehr, *n.* žiadosť, *n.*
Begeisterung, *f.* nadchnutie, *n.*
Begierde, *f.* baženie, *n.*
Beginn, *m.* začiatok, *m.*

Begleiten, v. sprevádzať.
Begnügsam, a. spokojný.
Begraben, v. zakopať.
Begräbniß, n. pohrab, m.
Begrenzen, v. ohraničiť.
Begriff, m. pochop, m.
Begründen, v. odúvodniť.
Begründer, m. zakladateľ, m.
Behaglichkeit, f. pohovenie, n.
Behaupten, v. tvrdiť.
Behörde, f. vrchnosť, f.
Behutsam, a. opatrný.
Beiblatt, n. príloha, f.
Beichte, f. spoveď, f.
Beichtstuhl, m. spovedelnica, f.
Beifall, m. pochvala, f.
Beil, n. sekera, f.
Beilage, f. príloha, f.
Beileid, n. spoluútrpnosť, f.
Bein, n. kosť, f.
Beiname, m. priezvisko, n.
Beinkleid, n. nohavice, pl.
Beispiel, n. príklad, m.
Beißen, v. hrýzť, kúsať.
Beitrag, m. príspevok, m.
Beize, f. luh, m.
Bekannt, a. známy.
Bekanntmachung, f. oznámenie, n.
Bekanntschaft, f. známosť, f.
Bekennen, v. vyznať.
Bekenner, m. vyznavač, m.
Bekenntniß, n. vyznanie, n.
Bekleidung, f. šatstvo, n.
Beklemmung, f. skľúčenosť. f.
Bekommen, v. dostať.
Belagern, v. dobývať.
Belagerung, f. obleženie, n.
Belangen, v. obžalovať.
Beleben, v. oživiť.
Belehrung, f. poučenie, n.
Beleidigen, v. uraziť.
Belieben, v. ráčiť.
Beliebt, a. obľúbený.
Bellen, v. štekať, blavkať.
Belletristik, f. krásopísemnosť. f.
Belohnung, f. odmena, f.
Bemerken, v. zbadať.
Benedeien, v. blahoslaviť.
Beneiden, v. závideť.
Bequemlichkeit, f. pohodlnosť, f.
Bereden, v. nahovoriť.
Beredtsamkeit, f. výrečnosť, f.

Bereiten, v. pripraviť.
Bereitwilligkeit, f. ochotnosť, f.
Berg, m. vrch, m.
Bergabhang, m. strmina, f.
Bergen, v. tajiť.
Berghauer, m. haviar, m.
Bergstadt, f. banské mesto, n.
Bericht, m. zpráva, f.
Bernstein, m. jantar, m.
Bersten, v. puknúť.
Berüchtigt, a. zlopovestný.
Beruf, m. povolanie, n.
Beruhigen, v. uspokojiť.
Berühmt, a. slavný, slovutný.
Berühren, v. dotknúť sa.
Besagt, a. dotčený.
Besatzung, f. posiadka, f.
Beschaffenheit, f. povaha, f.
Beschäftigen, v. zaneprázniť.
Beschämen, v. zahanbiť.
Beschatten, v. zastieniť.
Beschauen, v. ohliadnuť.
Bescheiden, a. skromný.
Beschränkt, a. obmedzený.
Beschreibung, f. opis, m.
Beschwerde, f. žaloba, f. ponos, m.
Beschwerlich, a. obtížny.
Beschwichtigen, v. uchlácholiť.
Beschwören, v. zaklínať.
Beseelen, v. oduševniť.
Beseitigen, v. odstrániť.
Beseligen, v. oblažiť.
Besen, m. metla, f.
Besiegen, v. premôcť.
Besoffenheit, f. opilstvo, n.
Besorgt, a. starostlivý.
Beständig, a. stály.
Bestechen, v. podkúpiť.
Bestimmen, v. určiť.
Besuch, m. návšteva, f.
Betäuben, v. ohlušiť.
Beten, v. modliť sa.
Betonung, f. prízvuk, m.
Betrogen, a. oklamaný.
Betrübt, a. zarmútený.
Betrug, m. klamstvo, n.
Bett, n. posteľ, f.
Betteln, v. žobrať.
Bettler, m. žobrák, m.
Beute, f. lúpež, f.
Beutel, m. vrece, n.
Bevollmächtigung, f. plnomocenstvo.

Bewahren, v. zachovať.
Bewegen, v. hýbať.
Beweis, m. dúvod, m.
Bewilligen, v. dovoliť.
Bewohner, m. obyvateľ, m.
Bewußtsein, n. povedomie, n.
Bezirk, m. okolie, n.
Bibel, f. biblia, f. písmo sväté, n
Bibliographie, f. knihopis, m.
Bibliothek, f. knihovna, f.
Bieder, a. poctivý.
Biegen, v. ohnúť.
Biene, f. včela, f.
Bienenhaus, n. včelín, m.
Bienenkorb, m. úl, m.
Bier, n. pivo, n.
Bierbräuer, m. sládok, m.
Bild, n. obraz, m.
Bildhauer, m. rezbár, sochár, m.
Bildung, f. vzdelanosť, f.
Binde, f. viazačka, f.
Binden, v. viazať.
Binder, m. bednár, m.
Binse, f. rohoža, f.
Biographie, f. životopis, m.
Birke, f. brez, m.
Birn, f. hruška, f.
Bischof, m. biskup, m.
Biß, m. hryz, m.
Bitte, f. prosba, f.
Bitten, v. prosiť.
Bitter, a. horký.
Blase, f. mechúr, m.
Blasen, v. fúkať.
Blatt, n. list, m.
Blatter, f. osypky, pl.
Blau, a. modrý.
Blei, n. olovo, n.
Bleiben, v. zostať.
Bleich, a. bľadý.
Bleistift, m. olovko, n.
Blick, m. pohľad, m.
Blind, a. slepý.
Blindheit, f. slepota, f.
Blinzeln, v. mihať.
Blitz, m. blesk, hrom, m.
Block, m. balván, m.
Blond, a. belasý.
Bloßfüßig, a. bosý.
Blühen, v. kvitnúť.
Blume, f. kvet, m.
Blut, n. krev, f.

Blutausleerung, f. krvotok, m.
Blutdürstig, a. krvežížnivý.
Blutegel, m. pijavica, f.
Bluten, v. krvácať.
Bock, m. cap, m.
Boden, m. dno, n.
Boring, m. kaď, f.
Bogen, m. hárok, m. dúha, f.
Bohne, f. bôb, m.
Bohren, v. vŕtať.
Bohrer, m. nebozec, m.
Bombe, f. puma, f.
Boot, n. loďka, f. čln, m.
Borgen, v. požičať.
Börse, f. mešec, m.
Borste, f. štetina, f.
Borstwisch, m. smeták, m.
Böse, a. zlý.
Bösewicht, m. zločinec, zlosyn, m.
Boshaft, a. zlobivý.
Bosheit, f. zlosť, zloba, f.
Botanik, f. bylinárstvo, n.
Bote, m. posol, m.
Brachfeld, n. úhor, m.
Brand, m. zapálenie, n.
Brandleger, m. podpaľač, m.
Branntwein, m. pálenie, n.
Braten, v. piecť.
Braten, v. pečienka, f.
Bratspieß, m. ražeň, m.
Bratwurst, f. klbása, f.
Brauchbar, a. užitočný.
Bräuhaus, n. pivovár, m.
Braun, a. barnavý.
Braut, f. nevesta, f.
Brautführer, m. družba, m.
Bräutigam, m. ženích, m.
Brautjungfer, f. družica, f.
Brautwerbung, f. námluvy, pl.
Brechen, v. zlomiť.
Brechstange, f. sochor, m.
Brei, m. kaša, f.
Breit, a. široký.
Breitschulterig, a. plecnatý.
Brennen, v. páliť, horeť.
Brennnessel, f. žihlava, f.
Bresche, f. prôlom, m.
Brett, n. daska, f.
Brettschneider, m. pilár, m.
Brief, m. list, m.
Brille, f. okuliare, pl.
Bringen, v. priniesť.

Bröckeln, v. drobiť.
Brod, n. chlieb, m.
Bruchstück, n. zlomok, m.
Brücke, f. most, m.
Bruder, m. brat, m.
Brüderschaft, f. bratstvo, n.
Brühe, f. omáčka, f.
Brummeisen, n. drumbľa, f.
Brummen, v. dudlať.
Brunnen, m. studňa, f.
Brünstig, a. rujný.
Brunzen, v. scať.
Brust, f. prse, pl.
Bruthenne, f. kvočka, f.
Buch, n. kniha, f.
Buchbinder, m. knihár, m.
Buchdrucker, m. knihtlačiar, m.
Buche, f. buk, m.
Buchhalter, m. účtovník, m.
Buchhandel, m. kníhkupectvo, n.
Buchsbaum, m. zimozel, m.
Büchse, f. puška, f.
Buchstabe, m. písmena, f.
Bucht, f. zátoka, f.
Buchweizen, m. pohanka, f.
Buckel, m. hrb, m.
Bucklig, a. hrbatý.
Bude, f. búda, f.
Büffel, m. byvol, m.
Bügel, m. stremeno, n.
Bund, m. záväzok, m.
Bündel, n. uzlík, m. otep, f.
Bürde, f. bremeno, n.
Burg, f. hrad, m.
Bürge, m. ručiteľ, m.
Bürger, m. mešťan, m.
Bürgermeister, m. mešťanosta, m.
Bürgerthum, n. meštanstvo, n.
Bürgschaft, f. rukojemstvo, n.
Bursche, m. chasník, m.
Bürste, f. kefa, f.
Busch, m. ker, m. krovie, n.
Busen, m. ňadra, pl.
Buße, f. pokanie, n.
Büste, f. poprsie, n.
Butter, f. maslo, n.

C.

(Sieh K und Z.)

Ch.

Charakter, m. ráz, m.

Charfreitag, m. veľký piatok, m.
Charwoche, f. svätý týdeň, m.
Chemie, f. lučba, f.
Christ, m. kresťan, m.
Christabend, m. štedrý večer, m.
Christenthum, n. kresľanstvo, n.
Chronisch, a. počasný.

D.

Dach, n. strecha, f.
Dachs, m. jazvec, m.
Damm, m. násyp, m. hať, f.
Dämmern, v. rozodnievať sa.
Dämmerung, f. svitanie, n.
Dämon, m. ďas, zloboh, m.
Dampf, m. para, f.
Dampfboot, n. paroloď, f.
Dampfmaschine, f. parostroj, m.
Dankbar, a. vďačný.
Danken, v. ďakovať.
Darangabe, f. závdavok, m.
Darlehen, n. požička, f.
Darm, m. črevo, n.
Darmfell, n. podbrušina, f.
Darstellen, v. predstaviť.
Dasein, n. bytie, jestvovanie, n.
Dauer, f. trvanie, n.
Daumen, m. palec, m.
Dezember, m. prosinec, m.
Dechant, m. dekan, m.
Decke, f. prikryvadlo, n.
Deckel, m. pokrývka, f.
Dedikation, f. obetovanie, n.
Degen, m. kord, m.
Deichsel, f. oje, n.
Demokrat, m. ľudovládca, m.
Demuth, f. pokora, f.
Denken, v. mysleť.
Denkmal, n. pomník, m.
Denkwürdig, a. pamätihodný.
Denunziant, m. udavač, m.
Deputirter, m. vyslanec, m.
Deutlich, a. patrný.
Deutsch, a. nemecký.
Diakon, m. jahen, m.
Dialekt, m. nárečie, n.
Dialog, m. rozmluva, f.
Dicht, a. hustý.
Dichter, m. básnik, m.
Dichtung, f. báseň, f.
Dick, a. tlstý.
Diktator, m. samovládca, m.

Dibaltif, f. naukoslovie, n.
Dieb, m. zlodej, kmín, m.
Diebstahl, m. krádež, f.
Dienen, v. slúžiť.
Diener, m. sluha, m.
Dienst, m. služba, f.
Dienstag, m. utorok, m.
Ding, n. vec, f.
Direktor, m. správca, m.
Distel, f. bodlák, m.
Divan, m. pohovka, f.
Docht, m. knot, m.
Doktor, m. lekár, m.
Doktrin, f. nauka, f.
Dolch, m. dýka, f.
Dolmetscher, m. tlumočník, m.
Domherr, m. kanonik, m.
Donner, m. hrom, m.
Donnerstag, m. štvrtok, m.
Doppelsinn, m. dvojsmysel, m.
Dorf, n. osada, ves, f.
Dorn, m. trn, m.
Dose, f. pyksla, f.
Dotter, m. žltok, m.
Drache, m. drak, m.
Draht, m. drôt, m.
Drahtbinder, m. drotár, m.
Drama, n. činohra, f.
Drechsler, m. tokár, m.
Dreck, m. hovno, n.
Drehen, v. točiť.
Dreieinigkeit, f. trojica, f.
Dreifuß, m. trojnoha, f.
Drescher, m. mlatec, m.
Dreschflegel, m. cepy, pl.
Dröhnen, v. duňať.
Drohung, f. hrozba, f.
Druck, m. tlač, f.
Druckerei, f. tlačiarna, f.
Duckmäuser, m. potmeluch, m.
Dudelsack, m. gajdy, pl.
Duell, m. súboj, m.
Duft, m. zápach, m.
Dulden, v. trpeť.
Dummheit, f. sprostosť, f.
Dünger, m. hnoj, m.
Dunkel, a. tmavý.
Dünn, a. tenký.
Dunst, m. para, f. výpach, m.
Durchdringen, v. preniknúť.
Durchlaucht, f. jasnosť, f,
Durchstich, m. prekop, m.

Dürfen, v. smieť.
Dürftig, a. núdzny.
Dürre, f. suchota, f.
Durst, m. žížeň, f. smäd, m.
Düster, a. zádumčivý.

E.

Eben, a. rovný.
Ebene, f. rovina, f.
Eber, m. kanec, m.
Echo, n. ozvena, f.
Echt, a. opravdivý.
Ecke, f. roh, uhol, m.
Eckhaus, n. dom nárožný, m.
Edel, a. výborný, šlechetný.
Edelgeboren, a. urodzený.
Edelmann, m. šľachtic, zemän, m.
Edelmuth, m. šlechetnomyslnosť, f.
Effekt, m. dojem, účinok, m.
Egoismus, m. sebectvo, n.
Ehe, f. manželstvo, n.
Ehebrechen, v. cudzoložiť, smilniť.
Ehefrau, f. manželka, žena, f.
Ehegatte, m. manžel, muž, m.
Ehestand, m. stav manželský, m.
Ehrbar, a. poctivý.
Ehrbegierig, a. ctižiadostivý.
Ehre, f. česť, f.
Ehrfurcht, f. úcta, f.
Ehrsucht, f. ctižiadosť, f.
Ehrwürdig, a. ctihodný.
Ei, n. vajce, n.
Eiche, f. dub, m.
Eichel, f. žalud, m.
Eichhorn, n. veverica, f.
Eid, m. prísaha, f.
Eidam, m. zať, m.
Eidechse, f. jašterica, f.
Eifer, m. horlivosť, f.
Eifersucht, f. žiarlivosť, f.
Eigen, a. vlastný.
Eigenheit, f. zvláštnosť, f.
Eigenliebe, f. samoláska, f.
Eigenname, m. meno vlastné, n.
Eigennutz, m. ziskuchtivosť, f.
Eigenschaft, f. vlastnosť, f.
Eigensinn, m. hlavatosť, f.
Eigenthum, n. majetok, m.
Eiland, n. ostrov, m.
Eilen, v. pospiechať.
Eimer, m. okov, m.
Einband, m. väzba, f.

Einbildung, f. vyobrazovanie, n.
Einfach, a. jednoduchý, prostý.
Einfalt, f. prostota, f.
Einfluß, m. vplyv, m.
Einförmig, a. jednotvárny.
Eingang, m. vchod, m.
Eingeweide, n. črevá, pl.
Eingeweidewurm, m. hlísta, f.
Einhalt, m. zdržovanie, n.
Einhorn, n. jednorožec, m.
Einkerkern, v. uväzniť.
Einklang, m. súzvuk, m.
Einlage, f. vklad, m.
Einlassen, v. vpustiť.
Einnahme, f. príjem, m.
Einöde, f. pustatina, f.
Einsam, a. samotný.
Einsegnen, v. posvätiť.
Einseitig, a. jednostranný.
Einsicht, f. náhľad, m.
Einsiedler, m. pústovník, m.
Einstimmig, a. jednohlasý.
Eintracht, f. svornosť, f.
Einverständniß, n. dorozumenie, n.
Einwendung, f. námitka, f.
Einwohner, m. obyvateľ, m.
Eis, n. ľad, m.
Eisen, n. železo, n.
Eisenbahn, f. železnica, f.
Eisgrube, f. ľadovna, f.
Eitelkeit, f. marnosť, f.
Eiter, m. hnojovica, sokrvica, f.
Eiterbeule, f. vred, m.
Eitern, v. hnojiť sa.
Eiweiß, n. bielok, m.
Eckel, m ošklivosť, f.
Elastizität, f. pružnosť, f.
Elbogen, m. lakeť, m.
Elektrisch, a. mlunný.
Element, n. živel, m.
Elementar, a. počiatočný.
Elend, n. bieda, f.
Elephant, m. slon, m.
Elle, f. lakeť, ríf, m.
Elster, f. straka, f.
Eltern, rodičia, pl.
Emigrant, m. vystehovalec, m.
Empfang, m. príjem, m.
Empfängniß, f. počatie, n.
Empfehlen, v. porúčať.
Empfinden, v. cítiť.
Empörer, m. povstalec, m.

Encyklopädie, f. všenauka, f.
Ende, n. konec, m.
Eng, a. úzky.
Engel, m. anjel, m.
Engpaß, m. úžina, f.
Enkel, m. vnuk, m.
Entdecken, v. odokryť.
Ente, f. kačena, f.
Entehren, v. zneuctiť.
Enterich, m. káčer, m.
Entfernung, f. diaľka, f.
Entgegnen, v. odvetiť.
Enthaltsam, a. zdržanlivý.
Enthauptet, a. sťatý.
Entjungfern, v. zprzniť.
Entnationalisiren, v. odnárodniť.
Entnerven, v. vysiliť.
Entschädigung, f. náhrada, f.
Entscheid, m. rozhodnutie, n.
Entschlossen, a. odvažný.
Entschuldigung, f. výmluva, f.
Entslavisiren, v. odslovaniť.
Entsprechen, v. vyhovieť.
Entstehen, v. povstať.
Entwerfen, r. navrhnúť.
Entwickelung, f. vývin, m.
Entwurf, m. návrh, m.
Erbarmen sich, v. smilovať sa.
Erbärmlich, a. ničomný.
Erbe, m. dedič, m.
Erbschaft, f. dedictvo, n.
Erbse, f. hrach, m.
Erbsünde, f. hriech dedičný, m.
Erdapfel, m. zemiak, m.
Erdbeben, n. zemetrasenie, n.
Erdbeere, f. jahoda, f.
Erdbeschreibung, f. zemepis, m.
Erde, f. zem, f.
Erdharz, n. živica, f.
Erdkreis, m. okres zemský, m.
Erdrosseln, v. zadáviť, zaškrtiť.
Ereigniß, n. udalosť, f. príbeh, m.
Erfahrung, f. skusenosť, f.
Erfindung, f. vynálezok, m.
Erfolg, m. výsledok, m.
Erfreulich, a. radostný.
Erfrieren, v. zmrznúť.
Ergößlich, a. rozkošný.
Erguß, m. výlev, m.
Erinnerung, f. pamiatka, f.
Erker, m. pavlač, f.
Erklären, v. vysvetliť.

Erlauben, v. dovoliť.
Erlaucht, a. osvietený.
Erle, f. jalša, f.
Erlöser, m. vykupiteľ, m.
Ernst, m. vážnosť, f.
Ernte, f. žatva, f.
Erobern, v. vybojovať.
Erreichen, v. dosiahnuť.
Ersatz, m. náhrada, f.
Erschaffen, v. stvoriť.
Erscheinen, v. zjaviť sa.
Ersetzen, v. nahradiť.
Ertrag, m. výnos, m.
Ertrinken, v. utopiť.
Erwerb, m. výrobok, m.
Erz, n. ruda, f.
Erzählung, f. povesť, rozprávka, f.
Erzbischof, m. arcibiskup, m.
Erzherzog, m. arcivojvoda, m.
Erzieher, m. vychovateľ, m.
Erziehung, f. výchova, f.
Erzkunde, f. kovoslovie, n.
Esche, f. jaseň, m.
Esel, m. osol, somár, m.
Espe, f. osika, f.
Essen, v. jesť.
Essig, m. ocet, m.
Ethnographie, f. národopis, m
Etymologie, f. slovozpyt, m.
Eule, f. sova, f.
Euter, n. vymeno, n.
Ewigkeit, f. večnosť, f.
Examen, n. skúška, f.
Exyl, n. vyhnanstvo, n.

F.

Fabel, f. bájka, f.
Fabellehre, f. bájoslovie, n.
Fabrik, f. dielna, f.
Fächer, m. ohaňka, f.
Faden, m. niť, f.
Fähig, a. schopný.
Fahne, f. zástava, f.
Fahren, v. viezť sa.
Faktum, n. skutok, m.
Falke, m. sokol, m.
Fall, m. pád, m.
Falle, f. sieť, f
Fallen, v. padnúť.
Falsch, a. falešný, podvodný.
Falte, f. vráska, f.
Familie, f. rodina, f.

Fanatiker, m. ztreštenec, m.
Fangen, v. lapiť, chytiť.
Farbe, f. barva, f.
Farce, f. fraška, f.
Farz, m. prd, m. bzdina, f.
Fasan, m. bažant, m.
Faschine, f. hať, f.
Fasching, m. mäsopôst, m.
Faser, f. vlákno, n.
Faß, n. sud, m.
Faste, f. pôst, m.
Faul, a. hnilý, lenivý.
Faum, m. pena, f.
Faust, f. päsť, f.
Feber, m. únor, m.
Fechten, v. šermovať.
Feder, f. pero, n.
Federmesser, n. peronožík, m.
Fee, f. vila, f.
Fegefeuer, n. očistec, m.
Fehler, m. chyba, f. omyl, m.
Feier, f. slavnosť, f.
Feiertag, m. sviatok, m.
Feig, a. bojazlivý.
Felge, f. fíka, f.
Feile, f. pilník, m.
Feilspäne, piliny, pl.
Feind, m. nepriateľ, vrah, m.
Feld, n. pole, n.
Feldbau, m. orba, f.
Fell, n. koža, f.
Fels, m. skala, f.
Fenster, n. okno, n. oblok, m.
Ferkel, n. prasa, n.
Ferne, f. diaľka, f.
Fernrohr, n. ďalekohľad, m.
Ferse, f. päta, f.
Fertig, a. hotový.
Fessel, f. puto, n.
Festung, f. pevnosť, f.
Fett, a. masný.
Fetzen, m. handra, f.
Feucht, a. vlhký.
Feuer, n. oheň, m.
Feuerzeug, n. kresivo, n.
Fichte, f. smrek, m.
Fieber, n. hodonka, zimnica, f.
Figur, f. postava, f.
Finden, v. najsť.
Finger, m. prst, m.
Fingerhut, m. náprstok, m.
Fink, m. pinkavka, f.

Finster, a. temný.
Finsterniß, f. tma, f.
Firmament, n. obloha nebeská, f.
Firmeln, v. birmovať.
Fisch, m. ryba, f.
Fischer, m. rybár, m.
Fischotter, f. vydra, f.
Fischreiher, m. volavica, f.
Fisole, f. fazuľa, f.
Fistel, f. pišťalka, f.
Fittig, m. perutie, n.
Fläche, f. planina, f.
Flachs, m. ľan, m.
Fladern, v. plápolať.
Flagge, f. zástava na lodi, f.
Flamme, f. plameň, m.
Flasche, f. flaška, sklenica, f.
Flaschenzug, m. škripec, m.
Flaum, m. páperie, n.
Flechtschuh, m. bačkor, krpec, m.
Fleck, m. záplata, f.
Fledermaus, f. netopýr, m.
Fleisch, n. mäso, m.
Fleischbank, f. jatka, f.
Fleischer, m. mäsiar, m.
Fleischlich, a. telesný.
Fleiß, m. pilnosť, snaha, f.
Fleißig, a. usilovný.
Flieder, m. bez, m.
Fliege, f. mucha, f.
Fliegen, v. letieť.
Fließen, v. tiecť.
Flink, a. hybký.
Flinte, f. flinta, puška, f.
Flittergold, n. pozlátka, f.
Floh, m. blcha, f.
Floß, n. plť, f.
Flöte, f. flavta, f.
Fluch, m. kľatba, f.
Flucht, f. útok, m.
Flüchtling, m. ubehlík, m.
Flügel, m. krídlo, n.
Flur, f. niva, f.
Fluß, m. rieka, f.
Flußbeet, n. riečišťo, n.
Flüßigkeit, f. tekutina, f.
Flüstern, v. šuškať.
Fluth, f. povodeň, f.
Foblen, n. žriebä, n.
Föhre, f. borovica, f.
Folge, f. následok, m.
Folgen, v. nasledovať.

Folgsam, a. poslušný.
Foltern, v. mučiť.
Fond, m. základ, m.
Förbern, v. napomáhať.
Fordern, v. požadovať.
Forelle, f. pstruh, m.
Form, f. podoba, f.
Formular, n. predpis, m.
Forschen, v. skúmať, zpytovať.
Forst, m. les, m.
Fortsetzung, f. pokračovanie, n.
Fracht, f. náklad, m.
Frage, f. otázka, f.
Fragen, v. pýtať sa.
Fraß, m. žranie, n.
Fratze, f. potvora, f.
Frau, f. pani, manželka, f.
Fräulein, n. slečna, f.
Frech, a. nestydatý.
Fret, a. slobodný, voľný.
Freidenker, m. slobodomyslník, m.
Freien, v. milkovať.
Freigebig, a. štedrý.
Freiheit, f. sloboda, voľnosť, f.
Freimann, m. kat, ras, m.
Freistaat, m. slobodná obec, f.
Freitag, m. piatok, m.
Freiwilliger, m. dobrovoľník, m.
Frembe, f. cudzina, f.
Fressen, v. žrať.
Freude, f. radosť, f.
Freund, m. priateľ, m.
Friede, m. pokoj, m.
Friedfertig, a. pokojný.
Friedhof, m. hrobitov, cmiter, m.
Frieren, v. oziabať.
Frisch, a. čerstvý.
Frist, f. lehota, f.
Fröhlich, a. veselý.
Fröhnen, v. robotovať.
Frohnleichnam, m. božie telo, n.
Fromm, a. pobožný.
Frosch, m. žaba, f.
Frost, m. mráz, m.
Frucht, f. úroda, f.
Fruchtbar, a. úrodný.
Fruchtbaum, m. strom ovocný, m.
Fruchtbringend, a. plodonosný.
Frühe, f. rano, n.
Frühjahr, n. jaro, n.
Frühstück, n. sniedanie, n.
Fuchs, m. líška, f.

Fühlen, v. cítiť.
Führer, m. vodca, m.
Fuhrwerk, n. povoz, m.
Fundament, n. základ, m.
Funke, m. iskra, f.
Fürbitte, f. prímluva, f.
Furche, f. brázda, f.
Furcht, f. bázeň, f. strach, m.
Fürchten sich, v. báť sa.
Fürchterlich, a. strašný.
Furchtsam, a. bojazlivý.
Fürst, m. knieža, n.
Fuß, m. noha, f.
Fußboden, m. dlážka, f.
Fußgänger, m. pešiak, m.
Fußsteig, m. chodník, m.
Futter, n. obrok, m.

G.

Gabel, f. vidličky, pl.
Gabelast, m. razsocha, f.
Gähnen, v. zívať sa.
Gähren, v. kysnúť.
Galgen, m. šibenice, pl.
Gallapfel, m. dubovka, f.
Galle, f. žlč, f.
Gans, f. hus, f.
Gänserich, m. húser, m.
Ganz, a. celý.
Garbe, f. snop, m.
Garn, n. priadza, f.
Garten, m. zahrada, f.
Gas, n. plyn, m.
Gasse, f. ulica, f.
Gast, m. hosť, m.
Gastfreundschaft, f. pohostinstvo, n.
Gastgeber, m. hostinský, m.
Gasthaus, n. hostinec, m.
Gastmahl, n. hostina, f.
Gatte, m. manžel, choť, m.
Gattung, f. rod, m. pokolenie, n.
Gaukler, m. mamič, m.
Gaumen, m. hrdlo, n.
Gauner, m. zlodej, m.
Gebäck, n. pečivo, n.
Gebären, v. rodiť.
Gebärerin, f. rodička, f.
Gebäu, n. stavänie, n.
Geben, v. dať.
Gebet, n. modlitba, f.
Gebieten, v. rozkázať, veleť.
Gebot, n. príkaz, m.

Gebrauch, m. obyčaj, f.
Geburt, f. porod, m.
Gebüsch, n. húština, f.
Gedächtniß, n. pamäť, f.
Gedanke, m. myšlienka, f.
Gedicht, n. báseň, f.
Geduld, f. trpezlivosť, f.
Gefahr, f. nebezpečenstvo, n.
Gefangener, m. väzeň, m.
Gefängniß, n. žalár, m.
Gefäß, n. nádoba, f.
Gefrornes, n. sladoľad, m.
Gefühl, n. cit, m.
Gegend, f. okolie, n. vidiek, m.
Gegenstand, m. predmet, m.
Gegenwart, f. prítomnosť, f.
Gegner, m. protivník, m.
Gehalt, m. plat, m.
Gehege, n. obora, f.
Geheim, a. tajný.
Geheimniß, n. tajomstvo, n.
Gehen, v. isť.
Gehirn, m. modzgy, pl.
Gehör, n. sluch, m.
Gehorchen, v. poslúchať.
Geige, f. husle, pl.
Geil, a. bujný.
Geiß, f. koza, f.
Geist, m. duch, m.
Geistlicher, m. duchovný, m.
Geistlichkeit, f. duchovenstvo, n.
Geiz, m. skúposť, f.
Gelächter, n. smiech, m.
Geländer, n. držadlo, n.
Gelb, a. žltý.
Geld, n. peniaz, m.
Gelegenheit, f. príležitosť, f.
Gelehrsamkeit, f. učenosť, f.
Gelehrt, a. učený.
Geleise, n. koľaj, f.
Gelingen, v. podariť sa.
Gelse, f. komár, m
Geltung, f. platnosť, f.
Gemälde, n. malba, f.
Gemeinde, f. obec, f.
Gemisch, n. miešanina, f.
Genesen, v. vyzdravieť.
Genick, n. tylo, n.
Genießen, v. požívať.
Genuß, m. požívanie, n.
Geographie, f. zemepis, m.
Geräusch, n. šramot, m.

*

Gerechtigkeit, f. spravodlivosť, f.
Gericht, n. súd, m
Gering, a. drobný, chatrný.
Gerippe, n. kostlivec, m.
Gern, a. rád.
Gerste, f. jačmen, m.
Gerstel, n. krúpy, pl.
Geruch, m. vôňa, f.
Gerücht, n. povesť, f. chýr, m.
Geruhen, v. ráčiť.
Gerüst, n. lešenie, n.
Gesammtheit, f. všeobecnosť, f.
Gesandter, m. poslanec, m.
Gesang, m. spev, m.
Geschäft, n. zanepráznenie, n.
Geschäftsmann, m. obchodník, m.
Geschehen, v. stať, diať sa.
Gescheidt, a. rozumný.
Geschenk, n. dar, m.
Geschichte, f. dejepis, m.
Geschickt, a. obratný.
Geschirr, n. nádoba, f.
Geschlecht, n. pokolenie, n.
Geschmack, m. chuť, f. vkus, m.
Geschöpf, n. tvor, m.
Geschrei, n. krik, m.
Geschwätz, n. žvatlanina, f.
Geschwind, a. rychlý.
Geschworener, m. prisažný, m.
Geschwulst, f. opuchlina, f.
Geschwür, n. vred, m.
Gesell, m. tovaryš, m.
Gesellschaft, f. spoločnosť, f.
Gesetz, n. zákon, m.
Gesetzgeber, m. zákonodarca, m.
Gesicht, n. tvár, obličaj, f.
Gesims, n. podvlak, m.
Gesinde, n. čeľaď, f.
Gesindel, n. sberba, f.
Gesinnung, f. smýšľanie, n.
Gesittung, f. mravnosť, f.
Gespan, m. išpán, župan, m.
Gespenst, n. strašidlo, n.
Gespräch, n. rozhovor, m.
Gestade, n. primorie, n.
Gestalt, f. postava, f.
Geständniß, n. vyznanie, n.
Gestank, m. smrad, m.
Gestell, n. podstavok, m.
Gesundheit, f. zdravie, n.
Getränk, n. nápoj, m.
Getreide, n. obilie, n.

Gevatter, m. kmotor, m.
Gewächs, n. bylina, f.
Gewalt, f. moc, f. násilie, n.
Gewand, n. rúcho, n.
Gewebe, n. tkanina, f.
Gewehr, n. zbroj, f.
Geweiß, n. parohy, pl.
Gewicht, n. váha, f.
Gewimmel, n. hemženie, n.
Gewinn, m. zisk, m.
Gewiß, a. istý.
Gewissen, n. svedomie, n.
Gewißheit, f. istota, f.
Gewitter, n. búrka, f.
Gewohnheit, f. zvyk, m.
Gewölbe, n. sklepenie, n.
Gewölk, n. mračno, n.
Gicht, f. lámanie údov, n.
Gießen, v. liať.
Gift, n. jed, m. otrova, f.
Gipfel, m. vrcholʼ, m.
Gitter, n. mreža, f.
Glanz, m. blesk, m.
Glas, n. sklo, n. pohár, m.
Glatt, a. hladký.
Glatze, f. plešina, f.
Glaube, m. viera, f.
Glaubenslehre, f. učenie viery, n.
Glaubwürdig, a. hodnoverný.
Gleichgewicht, n. rovnováha, f.
Gleichheit, f. rovnosť, f.
Gleichmaß, n. rovnomiera, f.
Gleichniß, n. podobenstvo, n.
Gletscher, m. ľadovec, m.
Glied, n. úd, člán, m.
Glocke, f. zvon, m.
Glockengießer, m. zvonár, m.
Glorreich, a, slavný.
Glück, n. šťastie, n.
Glückselig, a. blahoslavený.
Gluth, f. žiar, f.
Gnade, f. milosť, f.
Gold, n. zlato, n.
Golf, m. zátoka, f.
Gondel, f. loďka, f.
Gönnen, v. priať, žičiť.
Gosche, f. papuľa, f.
Gott, m. Boh, m.
Gottesfurcht, f. bohabojnosť, f.
Gottesläugner, m. neznaboh, m.
Gotteslehre, f. bohoslovie, n.
Gottesraub, m. svätokrádež, f.

Göttin, f. bohyňa, f.
Gottlos, a. bezbožný.
Gottmensch, m. bohočlovek, m.
Götzenbild, n modla, f.
Götzenpriester, m. žrec, m.
Grab, n. hrob, m.
Graben, v. kopať.
Grabmal, n. mohyla, f.
Grad, m. stupeň, m.
Graf, m. hrabä, m.
Grammatik, f. mluvnica, f.
Granit, m. žula, f.
Gras, n. tráva, f.
Grasfeld, n. pažiť, f.
Grau, a. šedivý.
Gräuel, m. ohavnosť, f.
Grausam, a. ukrutný.
Greifen, v. chytiť.
Grenze, f. hranica, f.
Gries, m. krupica, f.
Grille, f. švrčok, m.
Grind, m. chrasta, f.
Grobheit, f. nezdvorilosť, f.
Groß, a. velký.
Großfürst, m. veľkokňeža, n.
Großmuth, f. velkodušnosť, f.
Grotte, f. jaskyňa, f.
Grube, f. jama, f.
Gruft, f. hrobka, f.
Grummet, n. otava, f.
Grün, a. zelený.
Grund, m. základ, m.
Grundherr, m. zemský pán, m.
Gründlich, a. dúkladný.
Grundsatz, m. zásada, f.
Gruß, m. pozdravenie, n.
Gulden, m. zlatý, m.
Gunst, f. priazeň, f.
Gurgel, f. hrdlo, n.
Gurke, f. oharok, m.
Gürtel, m. pás, m.
Gut, a. dobrý.
Gyps, m. sádra, f.

H.

Haar, n. vlas, m.
Haarflechte, f. vrkoč, m.
Habe, f. majetok, m.
Haben, v. mať.
Habicht, m. jastrab, m.
Habsucht, f. lakomstvo, n.
Hacken, v. rubať.

Hafen, m. prístav, m.
Hafer, m. ovos, m.
Hafner, m. hrnčiar, m.
Hagelschlag, m. krupobitie, n.
Hahn, m. kohút, kokoš, m.
Haken, m. hák, m.
Halbe, f. polovica, holba, f.
Halfter, f. ohlávka, f.
Halm, m. steblo, n.
Hals, m. krk, m.
Halten, v. držať, trímať.
Halunke, m. darebák, m.
Hammel, m. škop, m.
Hammer, m. kladivo, n.
Hamster, m. chrčok, m.
Hand, f. ruka, f.
Handel, m. kupectvo, n.
Handfläche, f. dlaň, f.
Handgeld, n. závdavok, m.
Handlung, f. čin, m.
Handschrift, f. rukopis, m.
Handschuh, m. rukavička, f.
Handwerk, n. remeslo, n.
Hanf, m. konope, pl.
Hang, m. náklonnosť, f.
Hangen, v. viseť.
Harmonie, f. súhlasie, n.
Harn, m. moč, m.
Hart, a. tvrdý.
Harz, n. smola, živica, f.
Hase, m. zajac, m.
Haselnuß, f. lieskovec, m.
Haspel, f. motovidlo, n.
Haß, m. nenávisť, f.
Hassen, v. nenávideť.
Häßlich, a. ošklivý.
Haube, f. čepec, m.
Hauch, m. dech, m.
Hauchen, v. dýchať.
Haue, f. motyka, f.
Haufe, m. hromada, f.
Haupt, n. hlava, f.
Häuptling, m. náčelník, m.
Haus, n. dom, m.
Hausen, m. vyza, f.
Haushaltung, f. hospodárstvo, n.
Hausmeister, m. domovník, m.
Haut, f. koža, f.
Hebamme, f. baba, f.
Hebel, m. zdvihadlo, n.
Heben, v. dvihnúť.
Hechel, f. hachľa, f.

Hecht, m. šťuka, f.
Heer, n. vojsko, n.
Hefe, f. kvasnice, pl.
Heft, n. sväzok, m.
Heftig, a. prudký.
Hehlen, v. tajiť.
Heide, m. pohan, m.
Heil, n. spasenie, n.
Heiland, m. spasiteľ, m.
Heilen, v. liečiť.
Heilig, a. svätý.
Heiligthum, n. svätyňa, f.
Heimath, f. vlasť, otčina, f.
Heirathen, v. ženiť sa.
Heiser, a. zachripnutý.
Heiß, a. horúci.
Heißen, v. nazývať.
Heiter, a. veselý.
Heizen, v. kúriť.
Held, m. víťaz, hrdina, m.
Heldenmuth, m. hrdinstvo, n.
Helfen, v. pomôcť.
Hell, a. jasný.
Helm, m. šišák, m.
Helvetisch, a. kalvinský.
Hemd, n. košeľa, f.
Hemmen, v. hamovať.
Hengst, m. vajčiak, m.
Henker, m. kat, m.
Henne, f. sliepka, f.
Herberge, f. hospoda f.
Herbst, m. jaseň, f.
Herd, m. ohništo, n.
Herde, f. stádo, n.
Herr, m. pán, m.
Herrschaft, f. panstvo, n.
Herrscher, m. panovník, m.
Herz, n. srdce, n.
Herzhaft, a. zmužilý.
Herzlich, a. srdečný.
Heu, n. seno, n.
Heubaum, m. pavuz, m.
Heuchelei, f. pokrytstvo, n.
Heuernte, f. kosba, f.
Heulen, v. vyť.
Heuschrecke, f. kobylka, f.
Hexe, f. bosorka, f.
Hexerei, f. čary, pl.
Hilfe, f. pomoc, f.
Himbeere, f. malina, f.
Himmel, m. nebe, n.
Hindern, v. prekaziť.

Hinken, v. krívať.
Hinrichtung, f. odprava, f.
Hinterlassen, v. zanechať.
Hirn, n. modzog, m.
Hirsch, m. jeleň, m.
Hirse, f. proso, n.
Hirt, m. pastier, m.
Hitze, f. horúčosť, f.
Hobel, m. hoblík, m.
Hoch, a. vysoký.
Hochamt, n. velká mša, f.
Hochmuth, m. vysokomyslnosť, f.
Hochwürdig, a. velebný.
Hochzeit, f. svadba, f.
Hof, m. dvor, m.
Hoffart, f. pýcha, f.
Hoffen, v. dúfať.
Hoffnung, f. nádej, f.
Höflich, a. zdvorilý.
Hofmann, m. dvoranin, m.
Hofrichter, m. úradník, m.
Höhe, f. výška, f.
Hohl, a. prázny.
Höhle, f. jaskyňa, f.
Hohn, m. posmech, m.
Holen, v. priniesť.
Hölle, f. peklo, n.
Holz, n. drevo, n.
Honig, m. mäd, m.
Hopfen, m. chmeľ, m.
Horchen, v. počúvať.
Horde, f. sberba, f.
Hören, v. slyšať, čuť.
Hörer, m. posluchář, m.
Horizont, m. obzor, m.
Horn, n. roh, m.
Horniß, f. sršeň, m.
Hose, f. nohavice, pl.
Hospital, n. nemocnica, f.
Hübsch, a. kalávny, driečny.
Huf, m. kopyto, n.
Hufeisen, n. podkova, f.
Hügel, m. briežok, kopec, m.
Huld, f. prívetivosť, f.
Hülse, f. lupina, f.
Hummel, f. čmeľ, m.
Hund, m. pes, m.
Hundswuth, f. besnota, f.
Hunger, m. hlad, m.
Husten, m. kašeľ, m.
Hut, m. širák, klobúk, m.
Hüten, v. pásť.

Hütte, f. chalupa, f.
Hutweide, f. paša, f.
Hyder, f. saň, f.

J.

Ideal, n. vzor, m.
Idee, f. pojem, m. vidina, f.
Identität, f. totožnosť, f.
Idiom, n. nárečie, n.
Idol, n. modla, f.
Igel, m. jež, m.
Iltis, m. tchor, m.
Immergrün, n. zimozel, m.
Impfen, v. štepiť.
Individual, a. osoblivý.
Inhalt, m. obsah, m.
Innigkeit, f. vrúcnosť, f.
Innung, f. cech, m.
Inschrift, f. nápis, m.
Insekt, n. žižala, f.
Insel, f. ostrov, m.
Inspektor, m. dozorca, m.
Institut, n. ústav, m.
Instruktion, f. návod, m.
Instrument, n. nástroj, m.
Interessant, a. zajímavý.
Irren, v. mýliť sa, blúdiť.
Irrlicht, n. svetlonos, m.
Irrthum, m. omyl, blud, m.
Isthmus, m. užina morská, f.

J. (Jot.)

Jagd, f. hoň, m. poľovka, f.
Jäger, m. poľovník, m.
Jäh, a. náhly.
Jahr, n. rok, m.
Jahrbuch, n. letopis, m.
Jahrhundert, n. stoletie, n.
Jammer, m. kvílenie, n.
Jänner, m. ľadeň, m.
Joch, n. jarmo, n.
Jubel, m. plesanie, n.
Jucken, v. svrbeť.
Jude, m. žid, m.
Jugend, f. mladosť, mládež, f.
Julius, m. červenec, m.
Jung, a. mladý.
Jungfer, f. panna, f.
Jüngling, m. mládenec, junoš, m.
Junius, m. červeň, m.

K.

Kabale, f. úklad, m.
Käfer, m. chrobák, m.
Kaffee, m. káva, f.
Kaffeehaus, n. kaviarna, f.
Käfig, m. klietka, f.
Kahl, a. plechavý.
Kahn, m. čln, m. loďka, f.
Kaiser, m. cisár, cár, m.
Kalb, n. teľa, n.
Kalk, m. vápno, n.
Kalligraphie, f. krasopis, m.
Kalt, a. studený.
Kälte, f. zima, f.
Kameel, n. ťava, f.
Kamerad, m. spoločník, druh, m.
Kamin, m. komín, m.
Kamm, m. hrebeň, m.
Kampf, m. boj, m. bitka, f.
Kanal, m. žľab, m.
Kanapé, n. pohovka, f.
Kanne, f. konva, f.
Kanone, f. delo, n. kus, m.
Kanzel, f. kazatelnica, f.
Kapaun, m. kopún, m.
Kapital, n. istina, f.
Kapitel, n. oddelenie, n. hlava, f.
Kappe, f. čiapka, f.
Kapuze, f. kukľa, f.
Karneval, m. mäsopôst, m.
Karpfen, m. kaper, m.
Karren, m. kára, f.
Kasus, m. pád, m.
Käse, m. sýr, m.
Kastanie, f. kaštan, m.
Kasteien, v. trýzniť.
Kater, m. kocúr, m.
Katze, f. kočka, f.
Kauen, v. žuť.
Kaufen, v. kúpiť.
Kaufmann, m. kupec, m.
Keckheit, f. drzosť, f.
Kegel, m. homoľa, f.
Kehle, f. hrtán, m.
Kehren, v. miesť.
Keil, m. klin, cvik, m.
Keim, m. zárodok, m.
Kelch, m. kalich, m. čaša, f.
Keller, m. pivnica, f.
Kelter, f. preš, m.
Kennen, v. znať.

Kenntniß, f. známosť, f.
Kerker, m. žalár, m.
Kern, m. jadro, n.
Kerze, f. svieca, f.
Kessel, m. kotol, m.
Kette, f. reťaz, f.
Ketzer, m. kacier, m.
Keule, f. kyjak, m.
Keuschheit, f. čistota, f.
Kibitz, m. čajka, f.
Kiefer, f. borovica, f.
Kiel, m. brko, n.
Kiesel, m. kremen, m.
Kind, n. dieťa, n.
Kinn, n. brada, f.
Kirche, f. kostol, m. cirkev, f.
Kirchenbiener, m. kostolník, m.
Kirchgang, m. úvod, m.
Kirsche, f. čerešňa, f.
Kissen, n. poduška, f.
Kiste, f. truhla, f.
Kittel, m. halena, f.
Kitzeln, v. štegliť.
Klafter, f. siaha, f.
Klage, f. žaloba, f. ponos, m.
Klang, m zvuk, m.
Klar, a. čistý.
Klasse, f. trieda, f.
Klaue, f. pazúr, m.
Klee, m. ďatelina, f.
Kleid, n. šata, f. odev, m.
Kleie, f. otruby, pl.
Klein, a. malý.
Kleinigkeit, f. maličkosť, f.
Klemme, f. úzkosť, f.
Klingel, f. zvončok. m.
Klippe, f. skalina, f.
Klopfen, a. klopať.
Kloster, n. kláštor, m.
Klotz, m. klát, m.
Kluft, f. medzera, f.
Klug, a. rozsúdny.
Knabe, m. chlapec, m.
Knall, m. buch, m.
Knechtschaft, f. otroctvo, n.
Knie, n. koleno, n.
Knieen, v. kľaknúť.
Knoblauch, m. česnek, m.
Knochen, m. hnát, m.
Knopf, m. gombik, m.
Knospe, f. puk, m.
Knoten, m. uzol, m.

Koch, m. kuchár, m.
Kochen, v. variť.
Koder, m. lalok, m.
Kohle, f. uhoľ, m.
Komitat, n. stolica, f.
Komité, n. výbor, m.
Kommandant, m. veliteľ, m.
Kommentar, m. výklad, m.
Kommunion, f. prijimanie, n.
Kompagnon, m. spojenec, m.
Kompliment, n. poklona, f.
Komplot, n. spiknutie, n.
Komponist, m. skladateľ, m.
Konkurrenz, f. závod, m.
Konkurs, m. súbeh, m.
Konferenz, f. porada, f.
Konfession, f. vyznanie, n.
Konfirmation, f. potvrdenie, n.
Konfiskation, f. zhabanie, n.
Kongreß, m. snem, sjezd, m.
Konsonant, m. spoluhláska, f.
Konstitution, f. ústava, f.
Kontrakt, m. závazok, m.
Kontribution, f. poplatok, m.
Konvent, m. shromaždenie, n.
Konvention, f. úmluva, f.
König, m. kráľ, m.
Können, v. môcť.
Kopf, m hlava, f.
Kopie, f. odpis, m.
Kopulation, f. sobáš, m.
Korb, m. koš, m.
Korn, n. žito, zrno, n.
Korrespondent, m. dopisovateľ, m.
Körper, m. telo, n.
Kost, f. strava, f.
Kostbar, a. drahocenný.
Koth, m. blato, n.
Kotze, f. koberec, m.
Kouvert, n. obálka, f.
Krach, m. prask, m.
Kraft, f. moc, sila, f.
Kragen, m. limec, m.
Krähe, f. vrana, f.
Kralle, f. pazúr, m.
Krampf, m. krč, m.
Krank, a. uezdravý.
Krankheit, f. choroba, nemoc, f.
Kranz, m. venec, m.
Krätze, f. svrab, m.
Kratzen, v. škriabať.
Kraut, n. zelina, kapusta, f.

Krebs, m. rak, m.
Kreide, f. krieda, f.
Kreis, m. okruh, m.
Kreuz, n. kríž, m.
Kreuzigen, v. križovať.
Krieg, m. vojna, f.
Krippe, f. jasle, pl.
Krone, f. koruna, f.
Kröte, f. ropucha, f.
Krücke, f. barla, f.
Krug, m. žbán, krčah, m.
Krumm, a. krivý.
Küche, f. kuchyňa, f.
Kugel, f. guľa, f.
Kuh, f. krava, f.
Kühl, a. chladný.
Kühn, a. smelý.
Kultur, f. vzdelanosť, f.
Kummer, m. starosť, f.
Kummet, n. chomút, m.
Kunde, f. známosť, vedomosť, f.
Kundig, a. vedomý.
Kunst, f. umenie, n.
Künstler, m. umelec, m.
Kupfer, n. meď, f.
Kuppe, f. vrchoľ, m.
Kuppler, m. svodník, m.
Kürbiß, m. tekvica, f.
Kürschner, m. blanár, m.
Kurz, a. krátky.
Kuß, m. bosk, m.
Küste, f. breh, m.
Kutsche, f. kočiar, m.
Kutscher, m. kočiš, vozka, m.

L.

Lachen, v. smiať sa.
Labe, f. truhla, f.
Laben, m. krám, m.
Labung, f. náklad, m.
Lage, f. položenie, n.
Lahm, a. chromý.
Lallen, v. blbotať.
Lamm, n. jahňa, n.
Land, n. krajina, f.
Landkarte, f. zemevid, m.
Landsee, m. jazero, n.
Landsmann, m. krajan, m.
Landstraße, f. hradská cesta, f.
Landtag, m. zemský snem, m.
Lang, a. dlhý.
Langmuth, f. shovievavosť, f.

Lärm, m. hluk, m.
Larve, f. kukľa, f.
Lassen, v. nechať.
Last, f. tarcha, f.
Laster, n. neprávosť, f.
Lästig, a. obtažný.
Lau, a. vlažný.
Laub, n. listie, n.
Lauf, m. beh, m.
Laufen, v. bežať.
Lauge, f. luh, m.
Läugnen, v. zapreť.
Laune, f. rozmar, m.
Laus, f. voš, f.
Lauschen, v. načúvať.
Laut, a. hlasitý.
Läuten, v. zvoniť.
Leben, n. život, m.
Lebendig, a. živý.
Leber, f. jatrá, pl.
Leder, n. koža, f.
Leer, a. prázny.
Legen, v. položiť.
Lehm, m. hlina, f.
Lehne, f. opieradlo, n.
Lehre, f. učenie, n. nauka, f.
Lehren, v. učiť.
Lehrer, m. učiteľ, m.
Lehrling, m. učeň, m.
Leib, m. telo, n.
Leibbinde, f. opasok, m.
Leibesfrucht, f. plod, m.
Leiche, f. mrtvola, f.
Leicht, a. ľahký.
Leichtgläubig, a. ľahkoverný.
Leichtsinn, m. ľahkomyslnosť, f.
Leiden, v. trpeť.
Leidenschaft, f. náruživosť, f.
Leier, f. varyto, n. lýra, f.
Leihen, v. požičať.
Leim, m. glej, m.
Leintuch, n. plachta, f.
Leinwand, f. plátno, n.
Leisten, m. kopyto, n.
Leiter, f. rebrík, m.
Leitfaden, m. návod, m.
Lenz, m. jaro, n.
Lerche, f. škrivánok, m.
Lernen, v. učiť sa.
Lesen, v. čítať.
Leser, m. čitateľ, m.
Leuchten, v. svietiť.

Leuchter, *m.* svietnik, *m.*
Leute, ľudia, *pl.*
Lexikon, *n.* slovár, *m.*
Licht, *n.* svetlo, *n.*
Lichtmesse, *f.* hromnice, *pl.*
Lichtstrahl, *m.* papršlok, *m.*
Lieb, *a.* milý.
Liebe, *f.* láska, *f.*
Lieben, *v.* milovať, ľúbiť.
Lieblich, *a.* ľúbezný.
Liebling, *m.* miláčok, *m.*
Lied, *n.* pieseň, *f.*
Liederlich, *a.* roztopašný.
Liegen, *v.* ležať.
Linde, *f.* lipa, *f.*
Linie, *f.* čiara, *f.*
Link, *a.* ľavý.
Linse, *f.* šošovica, *f.*
Lippe, *f.* perna, *f.*
Lispeln, *v.* šepotať.
List, *f.* podvod, *m.*
Literatur, *f.* písemnosť, *f.*
Lob, *n.* chvála, *f.*
Loben, *v.* chváliť.
Loch, *n.* diera, *f.*
Locke, *f.* kučera, *f.*
Lokomotive, *f.* rušeň, *m.*
Löffel, *m.* ližica, *f.*
Lohn, *m.* mzda, *f.* plat, *m.*
Loos, *n.* žreb, *m.*; sudba, *f.*
Lorbeer, *m.* vavrín, *m.*
Löschen, *v.* hasiť.
Losung, *f.* heslo, *n.*
Löwe, *m.* lev, *m.*
Luchs, *m.* ostrovid, *m.*
Luder, *n.* mrcha, švandra, *f.*
Luft, *f.* povetrie, *n.*
Lüge, *f.* lož, *f.*
Lump, *m.* darebák, *m.*
Lunge, *f.* pľúca, *pl.*
Lust, *f.* chuť, *f.*
Lustspiel, *n.* veselohra, *f.*

M.

Machen, *v.* robiť.
Macht, *f.* moc, vláda, *f.*
Mädchen, *n.* dievča, *n.*
Magd, *f.* služka, *f.*
Magen, *m.* žalúdok, *m.*
Mager, *a.* chudý.
Mahlen, *v.* mleť.
Mähne, *f.* hriva, *f.*

Mahnen, *v.* napomenúť.
Mährchen, *n.* báchorka, *f.*
Mai, *m.* kveteň, *m.*
Majestät, *f.* veličestvo, *n.*
Makel, *m.* škvrna, špina, *f.*
Malen, *v.* malovať.
Malz, *n.* slad, *m.*
Mangel, *m.* nedostatok, *m.*
Manifest, *n.* provolanie, *n.*
Mann, *m.* muž, *m.*
Mantel, *m.* plášť, kepeň, *m.*
Marder, *m.* kuna, *f.*
Marine, *f.* námorstvo, *n.*
Mark, *n.* špik, *m.*
Markt, *m.* trh, *m.*
Marktflecken, *m.* mestečko, *n.*
Marsch, *m.* pochod, *m.*
Marter, *f.* trápenie, *n.*
Märtyrer, *m.* mučedlník, *m.*
März, *m.* brezeň, *m.*
Maschine, *f.* stroj, *m.*
Maser, *f.* osypky, *pl.*
Maß, *n.* miera, *f.*
Mäßig, *a.* mierny.
Maßregel, *f.* pravidlo, *n.*
Mast, *m.* stežeň, *m.*
Mästen, *v.* krmiť.
Materie, *f.* látka, hmota, *f.*
Mattigkeit, *f.* mdloba, *f.*
Mauer, *f.* stena, *f.*
Maul, *n.* papuľa, *f.*
Maulesel, *m.* mulica, *f.*
Maurer, *m.* murár, *m.*
Maus, *f.* myš, *f.*
Mauth, *f.* mýto, *n.*
Meer, *n.* more, *n.*
Mehl, *n.* múka, *f.*
Meile, *f.* miľa, *f.*
Meineid, *m.* krivoprísaha, *f.*
Meinung, *f.* mienka, *f.*
Meise, *f.* sýkorka, *f.*
Meißel, *m.* dláto, *n.*
Melden, *v.* oznámiť.
Melken, *v.* dojiť.
Melodie, *f.* nápev, *m.*
Melone, *f.* dyňa, *f.*
Menagerie, *f.* zverinárna, *f.*
Mensch, *m.* človek. *m.*
Menschenfreund, *m.* ľudomil, *m.*
Menschheit, *f.* človečenstvo, *n.*
Merken, *v.* pozorovať.
Merkwürdig, *a.* pamätihodný.

Meſſe, f. mša, f.
Meſſen, v. merať.
Meſſer, n. nôž, m.
Meſſing, n. mosadz, f.
Metall, n. kov, m.
Metzen, m. merica, f.
Metzelei, f. rúbanina, f.
Mieder, n. živôtok, m.
Miethen, v. najať.
Miethling, m. nájomník, m.
Milbe, f. moľ, m.
Milch, f. mlieko, n.
Milberung, f. uľavenie, n.
Milz, f. slezina, f.
Mineral, n. nerost, m.
Minne, f. milosť, f.
Miſchung, f. miešanina, f.
Mißbrauch, m. nadužívanie, n.
Mitarbeiter, m. spolupracovník, m.
Mitglied, n. spoluúd, m.
Mittag, m. poludnie, n.
Mittagsmahl, n. obed, m.
Mitte, f. sredok, m.
Mittel, n. prosredok, m.
Mitternacht, f. polnoc, f.
Mittwoche, f. sreda, f.
Möbel, n. náradie, n.
Mode, f. kroj, m.
Modell, n. vzorka, f.
Moder, m. zpráchnivelosť, f.
Mögen, v. voleť.
Möglich, a. možný.
Mohn, m. mak, m.
Mohr, m. černoch, m.
Molke, f. syrvatka, f.
Molkenbrühe, f. žinčica, f.
Monarch, m. mocnár, m.
Monat, m. mesiac, m.
Mönch, m. mních, m.
Mond, m. mesiac, m.
Montag, m. pondelok, m.
Moos, n. mäch, m.
Moraſt, m. močarina, f.
Mord, m. vražda, f.
Mörder, m. vrah, m.
Morgen, m. rano, jutro, n.
Morgenröthe, f. zora, f.
Morgenſtern, m. jutrenka, f.
Morſch, a. zpráchnivelý.
Mörſer, m. mažiar, m.
Mücke, f. muška, f.
Müde, a. ustatý.

Mühle, f. mlyn, m.
Muhme, f. stryna, f.
Müller, m. mlynár, m.
Mund, m. ústa, pl. huba, f.
Mundart, f. nárečio, n.
Mündig, a. dospelý.
Munter, a. bystrý.
Münze, f. peniaz, m.
Murmeln, v. mumlať.
Muſe, f. Múza, Umka, f.
Muſik, f. hudba, f.
Müſſen, v. museť.
Müßiggang, m. zahálka, f.
Muſter, n. vzorka, f.
Muth, m. odvážlivosť, f.
Mutter, f. matka, f.
Mutterſprache, f. materčina, f.
Mütze, f. čiapka, f.
Mythologie, f. bájoslovie, n.

N.

Nabel, m. pupok, m.
Nachbar, m. súsed, m.
Nachfolgen, v. nasledovať.
Nachgiebig, a. povoľný.
Nachkommenſchaft, f. potomstvo, n.
Nachlaß, m. pozostalosť, f.
Nachläſſig, a. nedbanlivý.
Nachmittag, m. odpoludnie, n.
Nachrede, f. pomluva, f.
Nachricht, f. náveštie, n. zpráva, f.
Nachſchrift, f. prípis, m.
Nachſicht, f. shovievanie, n.
Nacht, f. noc, f.
Nachtigall, f. slávik, m.
Nachtiſch, m. pospas, m.
Nachtlager, n. nocľah, m.
Nachtmahl, n. večera, f.
Nachtrag, m. dodatok, m.
Nackt, a. nahý.
Nadel, f. ihla, f.
Nagel, m. klinec, m.
Nagen, v. hrýzť.
Nahe, a. blízky.
Nahrhaft, a. zázivný.
Nahrung, f. potrava, f.
Naht, f. šev, m.
Name, m. meno, n.
Narr, m. blázon, m.
Naſchen, v. mlsať.
Naſe, f. nos, m.
Nashorn, n. nosorožec, m.

12

Naß, a. vlhký.
Nation, f. národ, m.
Nationalität, f. národnosť, f.
Natur, f. príroda, f.
Nebel, m. mhla, f.
Necken, v. drážiť.
Neffe, m. synovec, m.
Negativ, a. záporný.
Nehmen, v. vziať, brať.
Neid, m. závisť, f.
Neigung, f. náklonnosť, f.
Nelke, f. hrebíčok, m.
Nennen, v. menovať.
Nerv, m. žila, f.
Nest, n. hniezdo, n.
Netz, n. sídlo, n.
Neu, a. nový.
Neugierig, a. zvedavý.
Neuigkeit, f. novina, f.
Nichte, f. vnučka, f.
Nicken, v. kývnuť.
Nieder, a. nízky.
Niederkommen, v. zľahnúť.
Niederträchtig, a. podlý.
Nieblich, a, ladný.
Niere, f. ladvenka, f.
Niesen, v. kýchnuť.
Nix, m. vodný muž, m.
Nonne, f. mníška, f.
Nord, m. sever, m.
Nordlicht, n. severná žiara, f.
Noth, f. núdzu, potreba, f.
Nöthig, a. potrebný.
Nothzucht, f. násilie, n.
November, m. listopad, m.
Nudel, f. sliž, m.
Nummer, f. číslo, n.
Nuß, f. orech, m.
Nutzen, m. užitok, zisk, m.
Nymphe, f. rusalka, vila, f.

O.

Obbach, n. prístrešie, n.
Oberfläche, f. površie, n.
Obers, n. smetana, f.
Obhut, f. ochrana, f.
Oblate, f. oplatka, f.
Obrigkeit, f. vrchnosť, f.
Obst, n. ovocie, n.
Ochs, m. vôl, m.
Ofen, m. pec, f.
Ofenhocker, m. pecivál, m.

Offenbar, a. zjavný.
Offenbarung, f. zjavenie, n.
Offenherzig, a. prostosrdečný.
Offentlich, a. verejný.
Oheim, m. strýco, m.
Ohm, m. vedro, n.
Ohnmacht, f. mdloba, f.
Ohr, n. ucho, n.
Ohrfeige, f. zaucho, n.
Ohrring, m. naušnica, f.
Oktober, m. rujeň, m.
Öl, n. olej, m.
Oper, f. spevohra, f.
Opfer, n. obeť, žertva, f.
Opferer, m. žrec, m.
Orden, m. riad, m.
Ordensregel, f. rehola, f.
Ordentlich, a. poriadny.
Ordnung, f. poriadok, m.
Organist, m. varhaník, m.
Orient, m. východ, m.
Ort, m. miesto, n.
Ostern, pl. veľká noc, f.
Otter, f. jašter, m.
Oxygen, n. kyslík, m.

P.

Pacht, m. nájom, m.
Pächter, m. nájomník, m.
Pad, n. balík, m.
Palast, m. palác, m.
Panorama, n. svetozor, m.
Papagei, m. papúšok, m.
Papier, n. papier, m.
Papst, m. pápež, m.
Parabies, n. raj, m.
Parteigänger, m. stranník, m.
Pathe, m. kmotor, m.
Patriot, m. vlastenec, m.
Pech, n. smola, f.
Pein, f. súženie, n.
Peitsche, f. bič, m.
Pelz, m. kožuch, m.
Perle, f. biser, m. perla, f.
Person, f. osoba, f.
Petschaft, f. pečať, f.
Pfand, n. záloha, f.
Pfanne, f. panvica, f.
Pfarrer, m. farár, m.
Pfau, m. páv, m.
Pfeffer, n. korenie, n.
Pfeife, f. fajka, f.

Pfeil, m. strela, f.
Pfeiler, m. stĺp, m.
Pferd, n. kôň, m.
Pfingsten, turice, pl.
Pfirſich, f. breskyňa, f.
Pflanze, f. bylina, f.
Pflaſter, n. dlažba, f.
Pflaume, f. sliva, f.
Pflege, f. opatera, f.
Pflicht, f. povinnosť, f.
Pflock, m. kol, m.
Pflug, m. pluh, m.
Pforte, f. brána, f.
Pfote, f. tlapa, f.
Pfund, n. funt, m.
Philoſoph, m. ľubomudrc, m.
Phönix, m. samolet, m.
Pilger, m. pútnik, m.
Piſſen, v. močiť.
Plage, f. trápenie, n.
Pochen, v. klopať.
Poeſie, f. básnictvo, n.
Polſter, m. poduška, f.
Portrait, n, podobizňa, f.
Poſſe, f. fraška, f.
Poſt, f. pošta. f.
Pracht, f. nádhera, f.
Prächtig, v. skvostný.
Prahlen, v. vypínať sa.
Präſident, m. prednosta, m.
Praſſer, m. marnotratník, m.
Predigen, v. kázať.
Predigt, f. kázeň, f.
Preis, m. cena, f.
Preſſen, v. velebiť.
Preſſe, f. tlač, f.
Prieſter, m. kňaz, m.
Prinzip, n. zásada, f.
Privat, a. súkromný.
Probe, f. skúška, f.
Prolog, m. proslov, m.
Prophet, m. prorok, m.
Pſalm, m. žalm, m.
Publikum, n. obecenstvo, n.
Pulver, n. prach, m.
Pumpen, v. čreť.
Puß, m. okrasa, f.

Q.

Quackſalber, m. mastičkár, m.
Quaken, v. kvákať.
Qual, f. muka, f.

Qualität, f. jakovosť, f.
Quantität, f. kolikosť, f.
Quark, m. tvaroh, m.
Quarz, m. kremen, m.
Quatember, m. suché dni, pl.
Queckſilber, n. živé sriebro, n.
Quelle, f. pramen, m.
Quittung, f. pojistenie, n.

R.

Rabat, m. odrážka, f.
Rabe, m. havran, m.
Race, f. plemeno, n.
Rache, f. pomsta, f.
Rad, n. kolo, n.
Rahm, m. smetana, f.
Rahmen, m. rámec, m.
Rand, m. kraj, m.
Rang, m. hodnosť, f.
Raſch, a. rychlý, rezký.
Raſen, m. pažiť, f.
Raſen, v. zúriť.
Raſerei, f. šialenosť, f.
Rath, m. rada, f.
Rathhaus, n. radný dom, m.
Räthſel, n. pohádka, f.
Ratte, f. potkan, m.
Raub, m. lúpež, f.
Räuber, m. zbojník, m.
Rauch, m. dým, m.
Rauchfang, m. komín, m.
Raufen, v. biť sa.
Raum, m. prestor, m.
Raupe, f. húsenica, f.
Rauſchen, v. šusťať.
Rebe, f. rievä, n.
Rebell, m. burič, m.
Rechen, m. hrable, pl.
Rechnung, f. účty, pl.
Recht, n. právo, n.
Rechtgläubiger, m. pravoverec, m.
Rechtſchreibung, f. pravopis, m.
Rede, f. reč, f.
Reden, v. hovoriť.
Redlich, a. poctivý.
Redner, m. rečník, m.
Reform, f. oprava, f.
Regel, f. pravidlo, n.
Regen, m. dážď, m.
Regenbogen, m. dúha, f.
Regenſchirm, m. dážďnik, m.
Regierung, f. vláda, f.

Reh, *n.* srna, *f.*
Reich, *a.* bohatý.
Reich, *n.* država, *f.*
Reif, *a.* zralý.
Reif, *m.* inovať, *f.*
Reim, *m.* rým, *m.*
Rein, *a.* čistý.
Reinbel, *n.* randlík, *m.*
Reise, *f.* cesta, púť, *f.*
Reisen, *v.* cestovať.
Reißen, *v.* trhať.
Reiter, *m.* jazdec, *m.*
Reiz, *m.* lákavosť, *f.* púvab, *m.*
Reizen, *v.* drážiť.
Relativ, *a.* poťažný.
Religion, *f.* náboženstvo, *n.*
Renner, *m.* behún, *m.*
Republik, *f.* slobodná obec, *f.*
Retten, *v.* ochrániť.
Reue, *f.* pokanie, *n.* ľútosť, *f.*
Revolution, *f.* prevrat obec, *m*
Rezension, *f.* úvaha, *f.*
Richter, *m.* súdca, *m.*
Richtplatz, *m.* popravišťo, *n.*
Richtung, *f.* smer, *m.*
Riechen, *v.* voňať.
Riegel, *m.* zápora, *f.*
Riemen, *m.* remen, *m.*
Riese, *m.* obor, *m.*
Rinde, *f.* kôra, *f.*
Rindfleisch, *n.* hovädzina, *f.*
Ring, *m.* prsten, *m.*
Rinnen, *v.* tiecť.
Rippe, *f.* rebro, *n.*
Ritter, *m.* rytier, *m.*
Röcheln, *v.* chrčať.
Rock, *m.* kabát, *m.*
Roggen, *m.* raž, *f.*
Roh, *a.* surový.
Rohr, *n.* trstena, *f.*
Rollen, *v.* gúľať.
Rose, *f.* ruža, *f.*
Roß, *n.* kôň, *m.*
Rost, *m.* zrdzavina, *f.*
Roth, *a.* červený.
Rotz, *m.* sopeľ, *m.*
Rücken, *m.* chrbet, *m.*
Ruder, *n.* veslo, *n.*
Ruf, *m.* volanie, *n.*
Ruhe, *f.* pokoj, *m.*
Ruhen, *v.* spočivať.
Ruhm, *m.* sláva, *f.*

Ruine, *f.* rozvalina, *f.*
Rund, *a.* guľatý, okruhlý.
Rundschau, *f.* obzor, *m.*
Ruß, *m.* sadza, *f.*
Ruthe, *f.* prut, *m.*

S.

Säbel, *m.* šabľa, *f.*
Sache, *f.* vec, *f.*
Sack, *m.* mech, *m.* vreco, *n.*
Säen, *v.* siať.
Saft, *m.* štiava, *f.*
Sage, *f.* povesť, *f.*
Säge, *f.* pila, *f.*
Sagen, *v.* riect.
Salte, *f.* struna, *f.*
Sakrament, *n.* sviatosť, *f.*
Salbe, *f.* masť, *f.*
Salbung, *f.* pomazanie, *n.*
Salz, *n.* soľ, *f.*
Same, *m.* semeno, *n.*
Sammeln, *v.* sbierať.
Sammlung, *f.* sbierka, *f.*
Samstag, *m.* sobota, *f.*
Sand, *m.* piesok, *m.*
Sänger, *m.* spevec, *m.*
Sarg, *m.* rakev, *f.*
Satan, *m.* diabol, *m.*
Sattel, *m.* sedlo, *n.*
Satz, *m.* sada, *f.*
Sau, *f.* sviňa, *f.*
Sauerteig, *m.* kvas, *m.*
Saufen, *v.* srebať.
Saugen, *r.* cucať.
Säugen, *v.* nadájať.
Säule, *f.* socha, *f.* stĺp, *m.*
Saum, *m.* obruba, *f.*
Saustall, *m.* chliev, *m.*
Schabe, *f.* moľ, *m.*
Schächer, *m.* lotor, *m.*
Schachtel, *f.* škatuľa, *f.*
Schade, *m.* škoda, *f.*
Schaf, *n.* ovca, *f.*
Schaffen, *v.* tvoriť.
Schälen, *v.* lúpať.
Schall, *m.* zvuk, *m.*
Scham, *f.* stud, *m.*
Schamlos, *a.* nestydatý.
Schande, *f.* haňba, *f.*
Schar, *f.* hajno, *n.*
Scharf, *a.* ostrý.
Scharfsinnig, *a.* ostrovtipný.

Scharte, f. štrbina, f.
Schatten, m. tôňa, f. tieň, m.
Schatz, m. poklad, m.
Schatzkammer, f. pokladnica, f.
Schaubühne, f. divadlo, n.
Schaubern, v. hroziť sa.
Schauen, v. hľadeť.
Schaufel, f. lopata, f.
Schaum, m. pena, f.
Scheibe, f. pošva, f.
Scheiben, v. rozlúčiť.
Scheinbar, a. zdánlivý.
Scheinen, v. zdáľ sa.
Scheißen, v. srať.
Schelm, m. štverák, m.
Schemel, m. podnožie, n.
Schenke, f. krčma, f.
Schenkel, m. stehno, n.
Schenken, v. darovať.
Scherbe, f. črep, m.
Schere, f. nožnice, pl.
Scheren, v. strihať.
Scherz, m. žart, m.
Scheuchen, v. plašiť.
Scheuer, f. stodola, f.
Schicht, f. vrstva, f.
Schicken, v. poslať.
Schicksal, n. osud, m.
Schielen, v. škúliť.
Schießen, v. streliť.
Schiff, n. loď, f.
Schild, m. štít, m.
Schilderung, f. vyobrazenie, n.
Schildkröte, f. korytňačka, f.
Schimmel, m. plesnina, f.
Schimmer, m. blesk, m.
Schimpf, m. pohanenie, n.
Schimpfen, v. haniť.
Schinden, v. drať.
Schinken, m. šunka, f.
Schlacht, f. bitka, f.
Schlachtfeld, n. bojišťo, n.
Schlaf, m. son, m.
Schlafen, v. spať.
Schlag, m. uderenie, n.
Schlagen, v. biť.
Schlagfluß, m. mrtvica, f.
Schlamm, m. bahno, n.
Schlange, f. had, m.
Schlank, a. švihlý.
Schlecht, a. ničomný, zlý.
Schleichen, v. plaziť sa.

Schleier, m. závoj, m.
Schleifstein, m. brús, m.
Schleppen, v. vliecť.
Schließen, v. zavreť.
Schlimm, a. rozpustilý.
Schlinge, f. osidlo, n.
Schlingen, v. pohltnúť.
Schlitten, m. sane, pl.
Schlitz, m. rázporok, m.
Schloß, n. zámok, m.
Schlosser, m. zámočník, m.
Schlucht, f. úžlabina, f.
Schluchzen, v. stukať.
Schlucken, v. hltať.
Schlummer, m. driemota, f.
Schlüpfrig, a. klzký.
Schluß, m. dokončenie, n.
Schlüssel, m. kľúč, m.
Schmach, f. potupa, f.
Schmal, a. úzky.
Schmalz, n. omasta, f.
Schmeichler, m. pochlebník, m.
Schmelzen, v. roztopiť.
Schmer, n. sadlo, n. tuk, m.
Schmerz, m. bolesť, f.
Schmetterling, m. motýľ, m.
Schmied, m. kováč, m.
Schmieden, v. kovať.
Schmieren, v. mastiť.
Schmuck, m. šperk, m.
Schmutz, m. špina, f.
Schnabel, m. dzobák, m.
Schnalle, f. zápinka, f.
Schnarchen, v. chrápať.
Schnauben, v. frkať.
Schnecke, f. slimák, m.
Schnee, m. sňah, m.
Schneide, f. ostrie, n.
Schneiden, v. rezať.
Schneider, m. krajčír, m.
Schnell, a. náhly.
Schnepfe, f. sluka, f.
Schnitter, m. žnec, m.
Schnitterfest, n. obžinky, pl.
Schnupfen, m. nátcha, f.
Schnur, f. šnôra, f.
Scholle, f. hruda, f.
Schön, a. pekný, krásny.
Schonen, v. šetriť.
Schönheit, f. krása, f.
Schooß, m. lono, n.
Schopf, m. štica, f.

Schöpfer, m. stvoriteľ, m.
Schöps, m. škop, m.
Schotter, m. štrk, m.
Schramme, f. šev, m.
Schranke, f. ohrada, f.
Schrecken, v. strašiť.
Schrecklich, a. strašný.
Schreiben, v. pisať.
Schreien, v. kričať.
Schrift, f. pismo, n.
Schriftsteller, m. spisovateľ, m.
Schritt, m. krok, m.
Schrot, m. broky, pl.
Schuh, m. črevica, f.
Schuhsohle, f. podošva, f.
Schuld, f. vina, f.
Schuldig, a. vinen.
Schule, f. škola, f.
Schüler, m. žiak, m.
Schullehrer, m. učiteľ, m.
Schulter, f. pleco, n.
Schürze, f. zástera, f.
Schuß, m. strela, f.
Schüssel, f. misa, f.
Schuster, m. švec, m.
Schutz, m. ochraňa, f.
Schütze, m. strelec, m.
Schwach, a. slabý.
Schwager, m. švagor, m.
Schwalbe, f. lastovička, f.
Schwamm, m. morská huba, f.
Schwan, m. labuť, f.
Schwangerschaft, f. ťahotnosť, f.
Schwanz, m. ocas, chvost, m.
Schwänzeln, v. mrdať ocasom.
Schwarm, m. roj, m.
Schwarz, a. čierny.
Schwefel, m sirka, f.
Schweif, m. ocas, m.
Schweigen, v. mlčať.
Schwein, n. sviňa, f.
Schweiß, m. pot, m.
Schwelle, f. prah, m.
Schwer, a. ťažký.
Schwermuth, f. ťažkomyslnosť, f.
Schwert, n. meč, m.
Schwester, f. sestra, f.
Schwiegersohn, m. zať, m.
Schwimmen, v. plávať.
Schwindel, m. závrat, m.
Schwinden, v. minúť.
Schwindsucht, f. suchotiny, pl.

Schwinge, f. opálka, f.
Schwören, v. prisahať.
Schwulst, f. opuchlina, f.
Schwung, m. vzlet, m.
See, f. more, n.
See, m. jazero, n.
Seele, f. duša, f.
Segen, m. požehnanie, n.
Segnen, v. žehnať.
Sehen, v. videť.
Sehnlich, a. túžobný.
Seide, f. hodbáb, m.
Seidel, n. žajdlík, m.
Seife, f. mydlo, n.
Seil, n. provaz, m.
Seite, f. strana, f.
Sekretär, m. tajomník, m.
Selbstmord, m. samovražda, f.
Selbständig, a. samostatný.
Selig, a. blahoslavený.
Semmel, f. žemľa, f.
Senden, v. poslať.
Sense, f. kosa, f.
September, m. zári, m.
Setzer, m. sadzač, m.
Seuche, f. nákaz, m.
Seufzen, v. vzdychať.
Sichel, f. kosák, m.
Sicherheit, f. bezpečnosť, f.
Sieb, m. sito, n.
Sieben, v. vreť.
Sieg, m. víťazstvo, n.
Siegel, m. pečať, f.
Sieger, m. víťaz, m.
Silber, n. sriebro, n.
Singen, v. spievať.
Sinken, v. padať.
Sinn, m. smysel, m.
Sinnlich, a. smyslný.
Sitte, f. mravy, pl.
Sittsam, a. cnostný.
Sitz, m. sedadlo, n.
Sitzen, v. sedeť.
Sitzung, f. zasadnutie, n.
Skelet, n. kostra, f.
Skizze, f. nástin, m.
Sohle, f. podošva, f.
Sohn, m. syn, m.
Sold, m. plat, m.
Soldat, m. vojak, m.
Sommer, m. leto, n.
Sonne, f. slnce, n.

Sonnet, n. znelka, f.
Sonntag, m. nedeľa, f.
Sorge, f. starosť, f.
Spalten, v. kálať.
Spanne, f. piaď, f.
Sparkasse, f. sporiteľna, f.
Spaß, m. žart, m.
Spatz, m. vrabec, m.
Spaziergang, m. prechádzka, f.
Specht, m. ďateľ, m.
Speck, m. slanina, f.
Speichel, m. slina, f.
Speichellecker, m. slinlizač, m.
Speicher, m. sýpka, f.
Speien, v. dáviť.
Speise, f. jedlo, n.
Spiegel, m. zrkadlo, n.
Spiel, n. hra, f.
Spießen, v. bodnúť.
Spindel, f. vreteno, n.
Spinne, f. pavúk, m.
Spinnen, v. priasť.
Spinnengewebe, n. pavučina, f.
Spion, m. vyzvedač, m.
Spitzen, v. končiť.
Spitzmaus, f. sysel, m.
Splitter, m. trieska, f.
Sporn, m. ostroha, f.
Spott, m. posmech, m.
Sprache, f. reč, f.
Sprachlehre, f. mluvnica, f.
Sprechen, v. rozprávať.
Spreu, f. pleva, f.
Sprichwort, n. porekadlo, n.
Springen, v. skočiť.
Spritzen, v. strieknuť.
Sprößling, m. potomok, m.
Sprung, m. skok, m.
Spucken, v. pľuť.
Spur, f. šľapaj, f.
Stachel, m, žihadlo, n.
Stahl, m. oceľ, f.
Stall, m. maštaľ, f.
Stamm, m. peň, kmen, m.
Stampfen, v. dupnúť.
Stand, m. stav, m.
Standbild, n. socha, f.
Stange, f. žrď, f.
Stark, a. silný.
Stärke, f. sila, f.
Starrsinn, m. svojhlavosť, f.
Statthalter, m. miestodržiteľ, m.

Staub, m. prach, m.
Staunen, v. diviť sa.
Stechen, v. pichať, ryť.
Steg, m. lávka, f.
Stehen, v. stáť.
Stehlen, v. krasť.
Steif, a. ztuhlý.
Steig, m. chodník, m.
Steil, a. príkry.
Stein, m. kameň, m.
Steinbock, m. kozorožec, m.
Steindruck, m. kameňotisk, m.
Stelle, f. miesto, n.
Stemmholz, n. záporník, m.
Stempel, m. kolok, m.
Sterben, v. mreť.
Sterblich, a. smrtelný.
Stern, m. hviezda, f.
Steuer, f. daň, f.
Steuermann, m. veslár, m.
Sticheln, v. špičkovať.
Sticken, v. vyšívať.
Stiefel, m. čižma, f.
Stiefmutter, f. macocha, f.
Stiefvater, m. očim, m.
Stiege, f. schody, pl.
Stieglitz, m. stehlík, m.
Stier, m. bujak, býk, m.
Stiften, v. založiť, nadať.
Stille, f. ticho, m.
Stimme, f. hlas, m.
Stinken, v. smrdeť.
Stock, m. palica, f.
Stoff, m. látka, hmota, f.
Stöhnen, v. stonať.
Stolpern, v. potknúť sa.
Stolz, a. pyšný.
Storch, m. bogdáľ, čáp, m.
Stoßen, v. sotiť.
Strafe, f. pokuta, f.
Strafen, v. trestať.
Strahl, m. žiara, f.
Straße, f. cesta, f.
Strauß, m. kytka, f.
Streben, v. snažiť sa.
Strecke, f. diaľka, f.
Streichen, v. hladiť.
Streit, m. zvada, f.
Streng, a. prísny.
Streu, f. mrva, f.
Strich, m. čiara, f.
Strick, m. provaz, m.

Strofe, f. sloka, f.
Stroh, n. slama, f.
Strom, m. rieka, f.
Stube, f. izba, f.
Stück, m. kus, m.
Student, m. žiak, m.
Stufe, f. stupeň, m.
Stuhl, m. stolica, f.
Stumm, a. nemý.
Stunde, f. hodina, f.
Sturm, m. búrka, f.
Sturmwind, m. víchor, m.
Sturz, m. pád, m.
Stute, f. kobyla, f.
Stütze, f. podpora, f.
Styl, m. sloh, m.
Suchen, v. hľadať.
Süd, m. juh, m.
Sulze, f. rosol, m. huspenina, f.
Summe, f. súčet, m.
Sumpf, m. babništo, n.
Sünde, f. hriech, m.
Sünder, m. hriešnik, m.
Sündflut, f. potopa, f.
Sündigen, v. zhrešiť.
Suppe, f. polievka, f.
Süß, a. sladký.
Sympathie, f. súcit, m.
System, n. sústava, f.
Szepter, n. berla, f. žezlo, n.

T.

Tabak, m. tabák, m.
Tag, m. deň, m.
Tagebuch, n. denník, m.
Taglöhner, m. nádenník, m.
Tanne, f. jedľa, f.
Tanz, m. ples, tanec, m.
Tapete, f. čalún, m.
Tapfer, a. udatný.
Tasche, f. kapsa, f.
Tasten, v. matať.
Taub, a. hluchý.
Taube, f. holub, m.
Taubstumm, a. hluchonemý.
Tauchen, v. zahrúžiť, zanoriť.
Taufe, f. krst, m.
Taufen, v. krstiť.
Taumel, m. závrat, m.
Tausch, m. zámena, f.
Täuschung, f. šalba, f.
Teich, m. rybník, m.

Teig, m. cesto, n.
Teller, m. tanier, m.
Tendenz, f. zámer, m.
Teufel, m. čert, m.
Thal, n. dolina, f.
That, f. skutok, čin, m.
Thau, m. rosa, f.
Theater, n. divadlo, n.
Thee, m. čaj, m.
Theer, m. kolomaz, f.
Theil, m. diel, m.
Theilhaftig, a. účastný.
Theogonie, f. bohorodstvo, n.
Theolog, m. bohoslovec, m.
Theorie, f. skumnosť, f.
Thermometer, m. teplomer, m.
Theuer, a. drahý.
Thier, n. zviera, n.
Thon, m. hlina, f.
Thor, m. blázon, m.
Thor, n. brána, f.
Thräne, f. slza, f.
Thron, m. trón, prestol, m.
Thun, v. činiť.
Thür, f. dvere, pl.
Thurm, m. veža, f.
Tief, a. hlboký.
Tinte, f. černidlo, n.
Tisch, m. stôl, m.
Tischtuch, n. obrus, m.
Titel, m. název, m.
Toast, m. zdravica, f.
Toben, v. zúriť.
Tochter, f. dcéra, f.
Tod, m. smrť, f.
Todt, a. mrtvý.
Todtengräber, m. hrobár, m.
Todtengruft, f. hrobka, f.
Todtenbügel, m. mohyla, f.
Todtschlag, m. vražda, f.
Toleranz, f. snášanlivosť, f.
Toll, a. vzteklý.
Tollhaus, n. blázinec, m.
Ton, m. zvuk, m.
Tonne, f bečka, f.
Topf, m. hrnec, m.
Topographie, f. miestopis, m.
Tracht, f. kroj, m.
Tragen, v. niesť.
Tragödie, f. smutnohra, f.
Trank, m. nápoj, m.
Traube, f. hrozno, n.

Trauen, v. dúveriť.
Trauer, f. smútok, m.
Traufe, f. odkvap, m.
Traum, m. sen, m.
Traurig, a. smutný.
Trennen, v. rozlúčiť.
Treppe, f. schody, pl.
Treten, v. stúpiť.
Treu, a. verný.
Treubrüchig, a. verolomný.
Treue, f. vernosť, f.
Treulos, a. neverný.
Trinken, v. piť.
Trinkgeld, n. prepitné, n.
Tritt, m. krok, m.
Triumph, m. víťazosláva, f.
Trocken, a. suchý.
Trog, m. koryto, n.
Trommel, f. buben, m.
Trompete, f. trúba, f.
Tropfen, m. kvapka, f.
Trost, m. potecha, f.
Trösten, v. tešiť.
Trotz, m. vzdor, m.
Trotzen, v vzdorovať.
Trüben, v. kaliť.
Trug, m. klam, m.
Truhe, f. truhla, f.
Trupp, m. stádo, n.
Tuch, n. súkno, n.
Tugend, f. cnosť, f.
Tunken, v. namočiť.
Typhus, m. hlavnička, f.
Tyrann, m. ukrutník, m.

U.

Übel, a. zlý.
Übelthäter, m. zločinec, m.
Üben, v. cvičiť.
Überdruß, m. omrzlosť, f.
Übereinstimmung, f. shoda, f.
Überfahrt, f. prievoz, m.
Übergewicht, n. prevaha f.
Überraschen, v. prekvapiť.
Überschwemmung, f. povodeň, f.
Übersetzung, f. preklad, m.
Übersicht, f. prehľad, m.
Überspannt, a. prepjatý.
Überwinden, v. premôcť.

Überzeugen, v. presvedčiť.
Überzug, m. pokrov, m.
Übung, f. cvičenie, n.
Ufer, n. breh, m.
Uhr, f. hodiny, pl.
Umfang, m. obvod, objem, m.
Umgegend, f. okolie, n.
Umkehren, v. obrátiť.
Umlauf, m. obeh, m.
Umsatz, m. odbyt, m.
Umschlag, m. obálka, f.
Umsicht, f. obozrelosť, f.
Umstand, m. okoličnosť, f.
Unbild, n. obluda, f.
Undank, m. nevďačnosť, f.
Unfall, m. nehoda, f.
Ungeheuer, a. potvorný.
Ungehobelt, a. nemotorný.
Ungeziefer, n. hmyz, m. háveď, f.
Unglück, n. nešťastie, n.
Unheil, n. zkáza, f.
Unlust, f. nechuť, f.
Unmittelbar, a. bezprosredný.
Unnütz, a. daromný.
Unschlitt, n. loj, m.
Unschuld, f. nevinnosť. f.
Unsinn, m. nesmysel, m.
Unterbrücken, v. utlačiť.
Untergang, m. západ, m.
Unterhaltung, f. zábava, f.
Unterjochen, v. podmaniť.
Unterleib, m. podbrucho, n.
Unternehmen, v. podujať.
Unterscheiden, v. rozoznať.
Unterschied, m. rozdiel, m.
Unterschrift, f. podpis, m.
Untersuchung, f. vyšetrovanie, n.
Unterthan, m poddaný, m.
Unwissenheit, f. nevedomosť, f.
Unzucht, f. smilstvo, n.
Urbild, n. pravzor, m.
Urheber, m. pôvodca, m.
Urkunde, f. listina, f.
Urne, f. popolnica, f.
Ursache, f. príčina, f.
Ursprung, m. pôvod, m.
Urtheil, n. výrok, m.
Urtheilen, v. súdiť.
Urwelt, f. pravek, m.

V.

Vagabund, m. tulák, m.

Vater, m. otec, m.
Vaterland, n. vlasť, otčina, f.
Vaterunſer, n. otčenáš, m.
Veilchen, n. fijala, f.
Verachten, v. opovrhnúť.
Veranſtalten, v. pripraviť.
Verband, m. obväzok, m.
Verbannter, m. vyhnanec, m.
Verbieten, v. zapovedať.
Verbindung, f. spojenie, n.
Verbot, n. zákaz, m.
Verbrecher, m. zločinec, m.
Verbacht, m. podozrenie, n.
Verdammniß, f. zatratenie, n.
Verbauen, v. zažiť.
Verderben, v. zhubiť.
Verdienſt, n. zásluha, f.
Verbruß, m. mrzutosť, f.
Verehrung, f. uctivosť, f.
Verein, m. spolok, m.
Vereinigen, v. sjednotiť.
Verfaſſer, m. skladateľ, m.
Verfaſſung, f. ústava, f.
Verfinſtern, v. zatemniť.
Vergeben, v. odpustiť.
Vergelten, v. odplatiť.
Vergeſſen, v. zabudnúť.
Vergiften, v. otráviť.
Vergleich, m. porovnanie, n.
Verhaften, v. zatvoriť.
Verhältniß, n. pomer, m.
Verhaßt, a. nenávidený.
Verheeren, v. pleniť.
Verheißen, v. sľúbiť.
Verkauf, m. predaj, m.
Verkehr, m obchod, m.
Verlag, m. náklad, m.
Verlangen, v. žiadať.
Verlegenheit, f. rozpaky, pl.
Verleger, m. nakladateľ, m.
Verletzung, f. urážka, f.
Verleumder, m. utrhač, m.
Verlieren, v. ztratiť.
Verlobung, f. zasnúbenie, n.
Vermählung, f. sňatok, m.
Vermeintlich, a. domnelý.
Vernichten, v. zničiť.
Vernunft, f. rozum, m.
Verrath, m. zrada, f.
Verräther, m. zradca, m.
Verrückt, a. pomätený.
Verſammlung, f. shromaždenie, n.

Verſchaffen, v. zaopatriť.
Verſchwender, m. marnotratník, m.
Verſetzen, v. zastaviť.
Verſorgen, v. zaopatriť.
Verſtand, m. rozum, m.
Verſtehen, v. rozumieť.
Verſtellung, f. pretvárenie, n.
Verſuch, m. pokus, m.
Vertheidigen, v. brániť.
Vertrag, m. smlúva, f.
Vertreter, m. zástupca, m.
Verwalter, m. správca, m.
Verwandeln, v. premeniť.
Verwandt, a. pokrevný.
Verwüſten, v. zpustošiť.
Verzeihen, v. odpustiť.
Verzweifeln, v. zúfať.
Viaduct, m. cestovod, m.
Vieh, n. hovädo, n.
Viel, a. mnohý.
Vogel, m. vták, m.
Volk, n. ľud, m.
Voll, a. plný.
Vollenden, v. dokonať.
Vollkommen, a. dokonalý.
Vollmacht, f. plnomocenstvo, n.
Vollſtändig, a. úplný.
Vollſtrecken, v. vyplniť.
Vorbehalt, m. výnimka, f.
Vorbote, m. predchodca, m.
Vorhang, m. opona, f.
Vormund, m. poručník, m.
Vorrath, m. zásoba, f.
Vorrede, f. predmluva, f.
Vorſatz, m. úmysel, m.
Vorſchlag, m. návrh, m.
Vorſchrift, f. predpis, m.
Vorſehung, f. prozretelnosť, f.
Vorſichtig, a. opatrný.
Vorſpiel, n predihra, f.
Vorſtadt, f. predmestie, n.
Vorſtellen, v. predstaviť.
Vortheil, m. výhoda, f.
Vortrag, m. prednáška, f.
Vortrefflich, a. výborný.
Vorurtheil, n. predsudok, m.
Vorwand, m. výmluva, zástera, f.
Vorwelt, f. prasvet, m.
Vorwurf, m. výčitka, f.
Vorzeigen, v. preukázať.
Vorzimmer, n. predizba, f.
Vorzug, m. prednosť, f.

W.

Waare, f. tovar, m.
Wache, f. stráž, f.
Wachs, n. vosk, m.
Wachsen, v. rásť.
Wachtel, f. krepelka, f.
Wächter, m. strážny, m.
Wade, f. lýtko, n.
Waffe, f. zbraň, f.
Wage, f. váha, f.
Wagen, m. voz, kočiar, m.
Wagerecht, a. vodorovný.
Wagner, m. kolár, m.
Wahl, f. volenie, n. voľba, f.
Wahlspruch, m. heslo, n.
Wahnsinn, m. šialenosť, f.
Wahr, a. pravý.
Wahrheit, f. pravda, f.
Wahrnehmen, v. zpozorovať.
Wahrsager, m. veštec, m.
Währung, f. cena, f.
Wahrzeichen, n. známka, f.
Waise, f. sirota, f.
Wald, m. les, háj, m.
Wall, m. násyp, m.
Wallfahrten, v. putovať.
Wallfisch, m. velryba, f.
Walze, f. válec, m.
Wand, f. stena, f.
Wanderer, m. pútnik, m.
Wange, f. líco, n.
Wanken, v. klátiť sa.
Wanze, f. ploštica, f.
Wappen, n. címer, m.
Wärme, f. teplo, n.
Warnung, f. výstraha, f.
Warten, v. čakať.
Warze, f. bradavica, f.
Waschen, v. umývať.
Wasser, n. voda, f.
Wasserleitung, f. vodovod, m.
Webe, f. tkanina, f.
Weber, m. tkáč, kadlec, m.
Wechsel, m. smenka, f.
Wecken, v. budiť.
Weg, m. cesta, f.
Wegweiser, m. cestár, m.
Wehmuth, f. skormútenosť, f.
Weib, n. žena, f.
Weich, a. mäkký.
Weichsel, f. višňa, f.

Welben, v. pásť.
Weife, f. motovidlo, n.
Weihe, f. posviacka, f.
Weihen, v. posvätiť.
Weihnacht, f. vianoce, pl.
Weihwedel, m. kropáč, m.
Weile, f. chviľa, f.
Wein, m. víno, n.
Weinberg, m. vinohrad, m.
Weinen, v. plakať.
Weinlese, f. vinobranie, n.
Weise, a. múdry.
Weisheit, f. múdrosť.
Weiß, a. biely.
Weissagung, f. proroctvo, n.
Weit, a. ďaleký.
Weizen, m. pšenica, f.
Welken, v. vädnúť.
Welle, f. vlna, f.
Welt, f. svet, m.
Weltall, n. vesmír, m.
Weltbürger, m. svetoobčan, m.
Wendung, f. obrat, m.
Werfen, v. hodiť.
Werft, f. u. m. lodiareň, f.
Werg, n. kúdeľ, f.
Werk, n. dielo, n.
Werkzeug, n. nástroj, m.
Werth, a. hoden.
Wesen, n. bytnosť, f.
Wesenheit, f. podstata, f.
Wespe, f. sršeň, m.
West, m. západ, m.
Wette, f. závod, m. stávka, f.
Wetter, n. počasie, n.
Wichtig, a. dúležitý.
Widder, m. bäran, m.
Widerlich, a. odporný.
Widerstand, m. odpor, m.
Widmen, v. venovať.
Wiederhall, m. ozvena, f.
Wiederholen, v. opakovať.
Wiege, f. kolíska, f.
Wiegen, v. kolísať.
Wiese, f. lúka, f.
Wiesel, n. lasica, f.
Wild, a. divoký.
Wildbret, n. divočina, f.
Wille, m. vôľa, f.
Willführ, f. svevoľnosť, f.
Wind, m. vetor, m.
Windel, f. plienka, f.

Winben, v. točiť.
Winbſpiel, n. chrt, m.
Winbsbraut, f. víchrica, f.
Winbweȟe, f. závej, m.
Winf, m. kyvnutie, n.
Winfel, m. kút, uhol, m.
Winſeln, v. skučať.
Winter, m. zima, f.
Wipfel, m. vrchoľ, m.
Wirfen, v. pôsobiť.
Wirflich, a. skutočný.
Wirtȟ, m. hospodár, gazda, m.
Wirtȟsȟaus, n. krčma, f.
Wiſchen, v. utreť.
Wißbegier, f. zvedavosť, f.
Wiſſen, v. vedeť.
Wiſſenſchaft, f. veda, f.
Wittwe, f. vdova, f.
Wiȥ, m. vtip, m.
Woche, f. týdeň, m.
Woge, f. vlnobitie, n.
Woȟlfeil, a. laciný.
Woȟlgeboren, a. blahorodý.
Woȟlſtanb, m. zámožnosť, f.
Woȟltȟat, f. dobrodenie, n.
Woȟnen, v. bývať.
Woȟnung, f. obydlie, n.
Wölbung, f. klenutie, n.
Wolf, m. vlk, m.
Wolfe, f. oblak, m.
Wolle, f. vlna, f.
Wolluſt, f. rozkoš, chlipnosť, f.
Wonne, f. radosť, f.
Wort, n. slovo, n.
Wörterbuch, n. slovár, m.
Wucherer, m. úžerník, m.
Wuchs, m. zrast, m.
Wüȟler, m. rypál, m.
Wunbe, f. rana, f.
Wunber, m. zázrak, m.
Wunſch, m. želanie, n.
Wünſchen, v. želať.
Würbe, f. dôstojnosť, f.
Würfel, m. kostka, f.
Wurfgarn, n. sak, m.
Würgen, v. hrdúsiť.
Wurm, m. červ, m.
Wurſt, f. klbása, f.
Würȥe, f. korenie, n.
Wurȥel, f. koreň, m.
Wüſte, f. púšť, f.
Wutȟ, f. besnota, f.

X.

Xylograpȟ, m. drevorezec, m.

Z.

Zaȟl, f. číslo, n. počeť, m.
Zaȟlen, v. platiť.
Zäȟlen, v. počitať.
Zaȟlung, f. výplata, f.
Zaȟm, a. krotký.
Zaȟn, m. zub, m.
Zange, f. kliešte, pl.
Zanf, m. zvada, f.
Zar, m. cár, m.
Zart, a. útly.
Zauberei, f. čarodejníctvo, n.
Zauberȟaft, a. váhavý.
Zaum, m. uzda, f.
Zaumgebiß, n. zubadlo, n.
Zaun, m. plot, m.
Zeȟent, m. desiatok, m.
Zeȟren, v. tráviť.
Zeichen, n. znamenie, n.
Zeichnen, v. kresliť.
Zeigen, v. ukázať.
Zeile, f. riadok, m.
Zeit, f. čas, m.
Zeitſchrift, f. časopis, m.
Zeitung, f. noviny, pl.
Zeitwort, n. sloveso, n.
Zelt, n. šiator, m.
Zement, m. malta, f.
Zenſur, f. censúra, f.
Zentaur, m. polkôň, m.
Zentifolie, f. ruža stolistá, f.
Zentner, m. cent, m.
Zentrum, n. sredok, m.
Zeremonie, f. obrady, pl.
Zerfnirſchung, f. skrúšenosť, f.
Zettel, n. ceduľa, f.
Zeuge, m. svedok, m.
Zeugen, v. plodiť; svedčiť.
Zeugniß, n. svedectvo, n.
Ziege, f. koza, f.
Ziegel, m. cihla, f.
Zieȟen, v. tiahnuť.
Ziel, n. cieľ, m.
Zierbe, f. ozdobu, f.
Zigeuner, m. cigáň, m.
Zilinber, m. válec, m.
Zimmer, n. izba, chyža, f.
Zimmermann, m. tesár, m.

Zimmt, m. škorica, f.
Zinsen, úroky, pl.
Zirkel, m. kolo, n.
Zischen, v. syčať.
Zittern, v. triasť sa.
Zivil, a. občanský.
Zögern, v. meškať.
Zögling, m. chovanec, m.
Zölibat, n. bezmanželstvo, n.
Zone, f. pásmo, n.
Zorn, m. hnev, m.
Zucker, m. cukor, m.
Zubringlich, a. dotieravý.
Zufall, m. náhoda, f.
Zuflucht, f. utočišto, n.
Zufrieden, a. spokojný.
Zug, m. ťab, vlak, m.
Zugabe, f. nádavok, m.
Zugang, m. vchod, m.
Zügel, m. oprata, f.
Zukunft, f. budúcnosť, f.
Zuname, m. priezvisko, n.
Zünden, v. páliť.

Zuneigung, f. náchylnosť, f.
Zunge, f. jazyk, m.
Zupfen, v. šklbať.
Zürnen, v. hnevať sa.
Zurückkehr, f. návrat, m.
Zuschrift, f. prípis, m.
Zustand, m. postavenie, n.
Zutritt, m. prístup, m.
Zuverlässig, a. bezpečný.
Zuwachs, m. prírast, m.
Zwang, m. násilie, n.
Zweck, m. zámer, m.
Zweckmäßig, a. primeraný.
Zweideutig, a. dvojsmyslný.
Zweifel, m. pochybnosť, f.
Zweifeln, v. pochybovať.
Zweig, m. ratolesť, f.
Zwiebel, f. cibuľa, f.
Zwiespalt, m. rozdvojenie, n.
Zwingen, v. nútiť.
Zwirn, m. niť, f.
Zwist, m. roztržitosť, f.
Zwitter, m. štyra, f.

Sammlung

von einigen mit dem Deutschen nicht ganz übereinstimmenden Taufnamen.

Adalbert, Vojtech.
Andreas, Andrej.
Beatrix, Blažena.
Elisabeth, Alžbeta.
Felix, Blahoslav.
Franz, Fraňo.
Friedrich, Bedrich.
Georg, Ďorď.
Gottfried, Bohumír.
Gottgab, Bohdal.
Gottlieb, Bohumil.
Heinrich, Jindrich.

Johann, Ján.
Karl, Karol.
Leo, Lev.
Lorenz, Vavrinec.
Ludwig, Ludevít.
Mathias, Matiaš.
Mathäus, Matáš.
Nikolaus, Mikuláš.
Paul, Pavel.
Siegbert, Viťazoslav.
Theodor, Bohdan.
Wenzel, Václav.

Sammlung

von einigen Volks-, Land-, Fluß- und Städtenamen.

Abriatisches Meer, Jaderské More.
Afrikaner, Afrikančan.
Agram, Zábreb.
Albanien, Albania.
Also-Kubin, Dolní Kubín.
Altenburg, Staré Hrady, pl.
Alt-Ofen, Starý Budín.
Altsohl, Zvolen.

Amerikaner, Amerikančan.
Araber, Arabčan.
Arabien, Arabia.
Arabischer Meerbusen, Červené More.
Armenier, Armičan.
Arva, Orava.
Asien, Asia.
Asiate, Asiatčan.

Athen, Atény, pl.
Austerlitz, Slavkov.
Australier, Avstralčan.
Baier, Bavorčan.
Baiern, Bavorsko.
Barsch, Tekov.
Belgrad, Bielobrad.
Böhme, Čech.
Böhmen, Česko. :
Böhmin, Češka.
Bosnien, Bosna.
Brandenburg, Branibor.
Brasilien, Brasilia.
Bremen, Brem.
Breslau, Vratislav.
Bries, Brezno.
Brünn, Brno.
Budweis, Budejovice, pl.
Bukari, Bukovar.
Bulgar, Bulhar.
Bulgarien, Bulharsko.
China, Kytajsko.
Chinese, Kytajčan.
Däne, Dánčan.
Dänemark, Dánsko.
Deutscher, Nemec.
Deutschland, Nemecko.
Donau, Dunaj.
Drau, Dráva.
Dresden, Drážďany, pl.
Eger, Cheb.
Elbe, Labe.
England, Anglicko.
Engländer, Angličan.
Eperjes, Prešov.
Erlau, Jager.
Europäer, Evropčan.
Finne, Čud.
Fiume, Rieka.
Frankreich, Francúzsko.
Frankfurt, Frankobrod.
Franzose, Francúz.
Fünfkirchen, Päťkostolov, pl.
Galgoz, Hlohovec, Frajšták.
Galizien, Halič.
Galizier, Haličan.
Genf, Geneva.
Germane, Nemec.
Gothe, Got.
Göding, Hodonin.
Görz, Gorica.
Graz, Hradec.

Grieche, Grék.
Griechenland, Grécko.
Großwardein, Veľký Varadín.
Gran (Fluß), Hron; — (Stadt), Ostrihom.
Hermannstadt, Sibiň.
Holland, Holandsko.
Holländer, Holandčan.
Hradisch, Hradište.
Hradschin, Hradčany, pl.
Illyrien, Illyrsko.
Indien, India.
Indianer, Indiančan.
Josefstadt, Josefov.
Irland, Irsko.
Irländer, Irčan.
Italien, Taliansko.
Italiener, Talian.
Jonien, Jonsko.
Karlowitz, Karlovice.
Karlsbad, Karlove Vary, pl.
Karlstadt, Karlovec.
Kärnthen, Korutansko.
Karpfen, Krupina.
Kaschau, Košice, pl.
Kattaro, Kotar.
Kirchdrauf, Podhradie.
Klagenfurt, Celovec.
Klausenburg, Kološ.
Köln, Kolin.
Komorn, Komárno.
Konstantinopel, Carihrad.
Königgräz, Kráľov Hradec.
Königsberg, Kráľovec.
Konstanz, Kostnica.
Krain, Krajinsko.
Krainer, Krajinčan.
Krakau, Krakov.
Kremsier, Kromeriž.
Kroate, Chorvát.
Kroatien, Chorvátsko.
Kuttenberg, Kutná Hora.
Laibach, Lublaň.
Lausitz, Lužice, pl.
Leipzig, Lipsko.
Lemberg, Lvov.
Leutschau, Levoča.
Liptau, Liptov.
Lithauen, Litva.
Lombardie, Lombardsko.
London, Londýn.
Lübeck, Bukovec.

Lundenburg, Bretislav.
Magyar, Maďar.
Mähren, Morava (krajina).
Mährer, Moravan.
Mailand, Milano.
March, Morava (rieka).
Marienbad, Lázeň Marie.
Merseburg, Medzibor.
Mittelländisches Meer, Sredozemné More.
Modern, Modra.
Moldau (Fluß), Vltava.
Montenegro, Čierna Hora.
Montenegriner, Černohorec.
Moskau, Moskva.
München, Mnichov.
Neapolitaner, Neapolitančan.
Neograd, Novohrad.
Neuhäusel, Nové Zámky, pl.
Neusatz, Nový Sad.
Neusohl, Banská Bystrica.
Neustadt, Nové Mesto.
Neutra, Nitra.
Niederlande, Nizozemsko.
Nordsee, Severné More.
Norwegen, Norvegsko.
Nürnberg, Norimberg.
Odenburg, Šopron.
Oder, Odra.
Ofen, Budín.
Olmütz, Holomúc.
Österreich, Rakúsko.
Ostindien, Východná India.
Perser, Peršan.
Persien, Persia.
Pest, Pešť.
Petersburg, Petrohrad.
Pilsen, Plzeň.
Plattensee, Blatoň.
Podolien, Podolsko.
Pole, Poliak.
Polen, Poľsko.
Pommer, Pomoran.
Pommern, Pomoransko.
Portugal, Portugalsko.
Portuglese, Portugalčan.
Posen, Pozňansko.
Pösing, Pezinok.
Pöstény, Piešťany, pl.
Prag, Praha.
Preßburg, Prešporok.
Preußen, Prusko.

Preuße, Prušák.
Ragusa, Dubrovník.
Regensburg, Rezno.
Rhein, Rýn.
Riesengebirge, Krkonoše, pl.
Rimaßombat, Rimavská Sobota.
Rom, Rím.
Romane, Rumun.
Romanien, Rumunsko.
Römer, Riman.
Rügen, Rana.
Russe, Rus, Rossianin.
Rußland, Rusko, Rossia.
Saale, Sála.
Sachse, Sas.
Sachsen, Sasko.
Sardinien, Sardinsko.
Sarmate, Sarmata.
Sau, Sáva.
Savoyard, Savojčan.
Savoyen, Savojsko.
Schemnitz, Štiavnica.
Schlesien, Slezsko.
Schlesier, Slezák.
Schotte, Škót.
Schottland, Škótsko.
Schwarzwald, Čierny Les.
Schwebe, Svéd.
Schweden, Svédsko.
Schweiz, Svajcarsko.
Schweizer, Svajcar.
Semlin, Zemún.
Serbe, Srb.
Serbien, Srbsko.
Siebenbürgen, Sedmihradsko.
Silein, Žilina.
Skalitz, Skalica.
Slave, Slovan, Slavian.
Slaventhum, Slovanstvo.
Slavonien, Slavonsko.
Slovak, Slovák.
Slovakei, Slovensko.
Slovakin, Slovenka.
Spalato, Split.
Spanien, Španielsko.
Spanier, Španielčan.
Spree, Spreva.
Steierer, Styrčan.
Steiermark, Styrsko.
Straßnitz, Strážnice, pl.
Stuhlweißenburg, Stolný Bielohrad.
Syrmien, Sriemsko.

— 192 —

Theresienstadt, Terezinov.
Teschen, Tešín.
Theiß, Tisa.
Trave, Travna.
Triest, Trst.
Troppau, Opava.
Türke, Turek.
Türkei, Turecko.
Tyrnau, Trnava.
Ukraine, Ukrajina.
Ungar, Uhor.
Ungarn, Uhorsko.
Venedig, Benátky, pl.

Wag, Váh.
Waitzen, Vacov.
Walachei, Valasko.
Warschau, Varšava.
Weichsel, Visla.
Weißrußland, Bielorusko.
Westindien, Západná India.
Wien, Viedeň.
Wieselburg, Mošon.
Zara, Zadar.
Zipser, Spišák.
Zipserland, Spišská Zem.
Znaim, Znojem.

Abkürzungen.

a. bedeutet *adjectivum*.
f. „ *foemininum*.
m. „ *masculinum*.
n. „ *neutrum*.
pl. „ *plural*.
v. „ *verbum*.

Chrestomathia

z literatúry slovenskej*).

I.

Z pojednania: ŽIVOTOPIS CYRILLA A METHODA.

(„Básne *Jána Hollého*. Vydané od spolku milovníkov reči a literatúry slovenskej. Vo štyroch sväzkoch. V Budíne. M.DCCC.XLI.—XLII.“ Sväzok III. strana 92. a nasledujúce.)

Rastislav, knieža z vätšej stránky už pokrstených Slovákov, vystrojil k cisárovi Michalovi vyslancov s prosbou: aby mu poslal učiteľov, ktorí by Slovákov vo viere kresťanskej lepšie vynaučovali a písmo sväté jim prekládali. Cisár prosbe Rastislavovej zadosť urobiac, Konštantína a brata jeho Methoda roku 863. k nemu odoslal. Tu s veľkou vďačnosťou prijatí, za polpiata roka vyučovali, modly, kde ktoré sa nachádzaly, porážali, písmo sväté diaľ prekládali, bohoslužbu v reči slovenskej usporadovali, písmu slovenskému učili, mladíkov na kňazstvo pripravovali, chrámy božie stavali a na cestu spasenia všetkých viedli.

Keď to počul s veľkým potešením o bratoch tých pápež Mikuláš, r. 867. jich do Ríma povolal. Oni vezmúc so sebou nektorých svojich učedlníkov, na púť sa vydali a do Ríma odcestovali. Medzitým pápež Mikuláš r. 867. 13. nov. zomrel, a 14. dec. nastúpil po ňom Adrián. Tento slyšiac, že bratia Konštantín a Method telo sv. Klementa, ktoré prví z nich pri meste Chersone našiel, so sebou nesú, veľkou radosťou naplnený, von z mesta s kňazmi a s ľudom oproti nim vyšiel a uctive jich prijal. Na poďakovanie oba bratia za biskupov, ostatní učedlníci ale, ktorých so sebou priviedli, za kňazov

---

*) Z ohľadu jednotvárnosti podávam chrestomathiu v pravopise už teraz ustálenom; len vo výpiskoch z básni *Hollého* odchylky v poťahu na časomieru ním užívanú do súzvuku s terajším pravopisom priviesť sa nedaly.

13

a jahnov vysvätení boli. Konštantín však za biskupa vysvätený nenavrátil sa viac do Veľkej Moravy, lež do nemoce upadnúc a blízky koncc života svojho tušiac, s povolením pápežovym do kláštora vstúpil, meno Cyrilla — pod ktorým teraz známejší je — prijal, a po štyriciatich dňoch r. 868. zomrel. Z tohoto vidno, že Cyrill biskupom u Slovákov nebol.

Method po smrti brata svojho za arcibiskupa moravského a panonského ustanovený r. 868. z Ríma do Veľkej Moravy sa navrátil. — — Poueváč ale bohoslužbu rečou slovenskou vykonával a pohodlnosťam kňazov nemeckých prekážal, neprestávali títo u pápeža na neho žaloval : že od učenia pravej cirkve odstupuje, ľud do bludu uvádza a ináč učí, nežli ústne a písemne pred apoštolskou stolicou prisľúbil. Následkom podobných žalôb pápež Ján VIII. r. 878. Methodovi mšu v reči slovenskej slúžiť zakázal a ho nasledujúceho roku do Ríma ku sodpovedaniu-sa povolal.

Method do Ríma príduc, v rade pápežovej, keď zo všetkého, v čom od protivníkov svojich obviňovaný bol, náležite sa očistil, za pravoveriaceho uznaný jest, a mšu jako aj inú bohoslužbu v chráme rečou slovenskou vykonávaľ slobodu obsiahnul. — — —

Po smrti Methoda (r. 885.) Wichín biskup nitranský, rodom Nemec, obrady slovenské potlačoval a vytískal. Napomáhali mu bavorskí biskupi, ktorí moravských a panonských Slovákov pod svoje právo a duchovnú vládu priviesť sa usilovali. Okolo roku 899. — za času Mojmíra — posli pápeža Jána IX. prišli do Veľkej Moravy, a tam jednoho arcibiskupa a troch jemu podriadených biskupov posvätili a ustanovili. Títo samých latinského obradu kňazov dosadzovali, a tak s vymierajúcimi od Methoda ustanovenými kňazmi i slovenský obrad vymieral.

Písmo slovenské vynaleznul mudrc Konštantín, kláštorným menom Cyrill nazvaný, ktoré sa po ňom cyrillicou zovie. Videl on totižto, že všetky a jedny každé hlasy reči slovenskej ani gréckymi ani latinskými písmenami vysloviť sa nedajú : preto aby dokonalú abecedu sostavil, grécke písmeny, jaké tenkrát v behu boly, za základ položil, nenachádzajúce sa u Grékov znamenia hlások z abecedy iných národov dosadil, písmenám miesto gréckych alebo fenických mien názvy slovenské : *az, buky, viedy, glagoľ* dal, preto abeceda tá *azbuka* sa menuje. Z tohoto písma u Rusov za času Petra Velikého povstalo písmo mešťanské (graždanské), ktoré neskôr aj Srbi prijali.

OBRÁZOK AZBUKY.

Písmo cyrillské	Mená písmen staršie	Písmo latinské	Písmo graždanské antikva	Písmo graždanské kursiva	Mená písmen novejšie
А	azъ	a	А а	*А а*	азъ
Б	buky	b	Б б	*Б б*	буки
В	viede	v	В в	*В в*	вѣди
Г	glagolь	g	Г г	*Г г*	глаголь
Д	dobro	d	Д л	*Д д*	добро
Е	estь	e	Е е	*Е е*	есть
Ж	živete	ž	Ж ж	*Ж ж*	живете
Ѕ	zielo	(z)			зѣло
З	zemlja	z	З з	*З з*	земля
И	iže	i	И п	*П и*	иже
І	i	(i)	І і	*І і*	і
		j	Й й	*Й й*	
К	kako	k	К к	*К к*	како
Л	ljudije	l	Л л	*Л л*	люди
М	myslite	m	М м	*М м*	мыслете
Н	našь	n	Н н	*Н н*	нашъ
О	onъ	o	О о	*О о*	онъ
П	pokoj	p	П п	*П п*	покой
Р	rьci	r	Р р	*Р р*	рцы
С	slovo	s	С с	*С с*	слово
Т	tvrьdo	t	Т т	*Т т*	твердо
ОУ	ukъ	u	У у	*У у*	укъ
Ф	frьtъ	f	Ф ф	*Ф ф*	фертъ
Х	chierъ	ch	Х х	*Х х*	хѣръ
Ѡ	otъ	(o)			
Ц	ci	c	Ц ц	*Ц ц*	цы
Ч	črьvь	č	Ч ч	*Ч ч*	червь
Ш	ša	š	Ш ш	*Ш ш*	ша
Щ	šta	šť (šč)	Щ щ	*Щ щ*	ща
Ъ	jerъ	*pol* y	Ъ ъ	*Ъ ъ*	еръ
Ы	jery	y	Ы ы	*Ы ы*	еры
Ь	jerь	*pol* i	Ь ь	*Ь ь*	ерь
Ѣ	jatь	ie (ja)	Ѣ ѣ	*Ѣ ѣ*	ять
		e	Э э	*Э э*	
Ю	jusъ	ju	Ю ю	*Ю ю*	ю
Ꙗ	ja	ja (ä)	Я я	*Я я*	я
Ѧ	esъ	e			

13*

Písmo cyrillské	Mená písmen staršie	Písmo latinské	Písmo graždanské		Mená písmen novejšie
			antikva	kursiva	
Ж	asъ	a			
Ѯ	ksi	ks			
Ѱ	psi	ps			
Ѳ	thita	th (f)	Θ θ	Θ θ	enta
Ѵ	ižica	y	V v	V v	ижица

Krem písmen tuto uvedených užívajú Srbovia od nepamäti ešte týchto: Ђ=đ, Ћ=ć, Џ=dž; a dielom i Vukom St. Karadžićom zavedených: Љ=lj, Њ=ň (nj) a latinského j.

Čítanie z evanjelia sv. Jána,
Kapitola 10. verš 11—13.

Osnova cyrillská.

Азъ єсмь па́стырь до́-брый: па́стырь до́брый ду́-шу свою полага́етъ за о́вцы.

А наи́мникъ, и́же нѣ́сть па́стырь, єму́же не су́ть о́вцы своѧ́, ви́дитъ во́лка граду́ща, и ѡставлѧ́етъ о́вцы, и бѣ́гаетъ: и волкъ расхи́титъ ихъ, и распу́-дитъ о́вцы.

А наи́мникъ бѣжи́тъ, ꙗ́кѡ наи́мникъ є́сть, и не ради́тъ ѡ овца́хъ.

Osnova cyrillská písmenami latinskými.

Az jesm pástyr dóbrij: pástyr dóbrij dúšu svojú polagájet za óvci.

A najémnik, íže niesť pástyr, jemúže ne súť óvci svojá, vidit vólka grjadúšia, i ostavljajet óvci, i biegajet: i vólk raschýtit ich, i raspúdit óvci.

A najémnik biežít, jako najémnik jesť, i ne radit o ovcách.

Osnova ruská.

Я есмь Пастырь добрый: па-стырь добрый полагаетъ жизнь свою за овецъ.

А наемникъ, и не пастырь, которому овцы не свои, видитъ приходящаго волка, и остав-ляетъ овецъ, и бѣжитъ: и волкъ расхищаетъ овецъ, и розгоняетъ ихъ.

А наемникъ бѣжитъ, потому что онъ наемникъ, и нерадитъ объ овцахъ.

Osnova slovenská.

Ja som pastier dobrý: pastier dobrý dušu svoju dáva za ovce.

A nájomník, ktorý niet pas-tier, jehož nie sú ovce vlastné, vidí vlka prihodiaceho, a opúšia ovce i uteká: a vlk chytá i roz-háňa ovce.

A nájomník uteká, bo nájom-ník jest, i nestará sa o ovce.

Reč staroslovenská, do ktorej Cyrill a Method písmo
sväté preložili, ináč cirkevná rečená, nebola matkou ostatních
slovanských nárečí, ale len dcérou, jako je ruská, srbská,
chorvátska, alebo jako naša slovenská, česká, poľská atď.
Bola ona nárečie srbsko-bulharsko-macedonské, jakým sa
v deviatom storočí na pravom brehu Dunaja od Bielohradu
k východu po Čierne More, k západu po Adriatické More a
k poludniu od Dunaja k mestu Solúnu hovorilo, kde Cyrill vo
svojej mladosti s Methodom jazyk onen sa naučil. Reč táto už
za pohanských časov vzdelaná byť musela, keď písmo sväté
do nej tak výborne preložiť sa dalo, že preloženie to fran-
cúzky a nemecký preklad prevyšuje. Je to ale spolu dúkazom
toho, že národ, ktorý ju užíval, nie divoký a barbarský, ale
už v pohanstve svojom mravný a vzdelaný bol.

Ján Holly.

II.

Z pojednania: **SLOVENSKO A JEHO ŽIVOT LITERÁRNY.**

("Slovenské Pohľady na literatúru, umenie a život. Redaktor: *J. M.
Hurban.* V Skalici a v Trnave. 1846—1852." Diel I. sväzok 2. strana
24. a nasl.)

Mladé pokolenie je taká mladá dedinská chasa; keď sa
na zvon šturmovať má — pri príhodách osudných — prvšia
letí na vážu a bije na bok zvonov, combíla slobodno zvonami,
keď ide biskup lebo kráľ. Príchod nového principu, klepanie
podzemských, preživotných duchov na kôru skutočnosti čuje
najsamprv duch mladého, slobodného pokolenia : a preto sila
nová mladými duchami vyslovovaná aj uskutočňovaná, pod-
pieraná aj k zralosti preprevodená býva. — Po tých predchod-
ných krokoch slovenského genia prosredkom jednotlivých
literárnych zjavov urobených, teskno bolo vo vzduchu lite-
rárneho života, a s ťažkosťou čakal sa dáky vysloboditeľ z toho
labyrintu, do jakého to habkanie, tie pokusy a hádaniny slabo-
literárne obecenstvo uvádzaly. Lebo nebolo naprosto žiadneho
pravidla, žiadnej gramatiky, tým menej slovára, syntaxi,
filosofie reči slovenskej. Tu povstal v útlom veku, srdcom
denglavým mládenec slovenský, ktorého oko k nebu bolo
obrátené, ktorého duch smelo letel nad zaprášené cesty za-
staralého zvyku, a ktorý povedal prvý zretelným slovom :
Slováci! píšte po slovensky, tu máte slovo moje o
reči vašej. — A tento mládenec bol *Anton Bernolák,* učenec

semeništa prešporského. Slovo jeho bolo pojednanie v latin-
čine spísané: „Dissertatio philologico-critica de literis Slavo-
rum etc." A hlas tento nebol viac hlasom na pustatine, lebo
stá hlasov sa ozývalo a mládenca pozdravovalo, o ktorom ne-
známi mysleli, že je 70 ročný, bachantami obklopený, pra-
chom starých bibliotiek zapadlý starec; a známi i neznámi,
starí i mladí menovali ho svojím otcom, vodcom, náčelníkom
literárnym, povolaným za vyslovovateľa jejich vlastných my-
šlienok. Bolo to nadšenie sviatočné, pozdravujúce nový vek
s vrúcnosťou a pobožnosťou. Prvší hlas, ktorý sa vinul z pre-
hlbín slovenského národa, bol hlas obrátený k mladému Ber-
nolákovi, aby dal Slovákom gramatiku slovenskú, slovár,
syntax, prosodiu, slovom: žiadalo sa od neho nie len vyslo-
venie, ale aj uskutočnenie idey a myšlienky slovenskej. A
mladý duch lapil sa do všetkého, a mladý duch slovenský
prvší po stoletiach dlhých posvätil sa celkom myšlienke ná-
rodnej, a pracoval jak na gramatike tak na slováre sloven-
skom, a pracoval najme na rozšírení sa v živote myšlienky
literatúry slovenskej.

Roku 1790. vyšla v latinskej reči jeho gramatika, prv
už ústne a priateľsky medzi mladším pokolením rozšírená. Na
veľkom svojom slováre pracoval cez celý život, ktorého ale
vydania sa nedočkal. Muž tento svoje peniaze, hodnosť, úrad,
čas a život obetoval na vskriesenie života slovenského. Ako
kaplan čeklísky, kde gramatiku vydal, pôsobil na okolité
strany, menovite na mladé kňazstvo; najme ale jako farár a
dekan novozámsky celým vplyvom svojím o to stál, aby len
bolo dačo z kmena slovenského. On rozožíhal sviecu vo tmách,
on sreťazoval priateľov slovenskej literatúry po prešporskej,
nitranskej, trenčanskej stolici, a v jednu spoločnosť knihy
slovenské kupovať zaviazavšiu sa jich zvádzal, a tak na pove-
domí slovenského ducha a povolania pracoval. Je to nekonečná
radosť pre citlivého a vzdelaného Slováka vidieť, po tisícročnom
mlčaní najväčšej čiastky národa, dvíhať sa muža u prosred tých
najhroznejších bied a nedostatkov, ktorý vyletiac nad ne, ob-
živí tisíc zanedbaných duchov, ako to urobil náš nezapome-
nuteľný Bernolák. Škoda večná, že ho život duchovný, že ho
milenka jeho večná, myšlienka slovenskej úlohy a slovenského
povolania skoro a prívčas strávila; skončil cestu svoju v ne-
slave národa slavnú a nepoškvrnenú 15. jan. 1813. Ale nie,
prajme mu odpočinku, neskončil cestu prívčas, keď na ňu
pohliadneme okom tým, ktorým sa čítajú nie roky, ale kroky

urobené na tej ceste, po ktorej národ kráča k poznaniu seba, svojej úlohy a sily k tam tej potrebnej. — S ním a po ňom dostalo toto snaženie slovenského genia meno *Bernolákismu*, nárečie ním vzdelané *Bernoláčiny;* a toto pomenovanie Thersitovia slovenskí aj ako posmech užívali a užívajú. Medzitým za meno Bernolákovo sa žiaden Slovák nezahaňbí, ba s vďačnosťou nábožnou klásť ho bude do Pantheona historie národa svojho. Uznať však musíme odporníkom, že myšlienku svoju nevyviedol a nedokončil; lež ktože to z ľudí môže a smie žiadať? — Gramatika jeho je chybná, nedúsledná, na bohatosť slovensko-slovanskú nárečia nášho potrebný pozor neobracajúca; ale kto môže chceť, aby jeden duch vyťahal na dno tú najbohatšiu studňu tisícvekých pramenov a žíl životodarných takej reči ako je slovenská. Kto to všetko žiada od Bernoláka, ten nech seba najprv skusí, či má len jeden nechet zo zásluh Bernolákovych, a nech potom hovorí. Inde sme povedali, že je táto reč prosredok medzi češtinou a čistou slovenčinou, a ospravedlnili sme krok tento dostatočne; kto teda chce súdiť, musí to stanovisko pred oči vziať a z toho kritizovať Bernoláka. Už aj to pomenovanie Bernolákismu, na koľko od samých, uprimných a dobrých, Bernolákovmu snaženiu oddaných Slovákov pochodilo, svedčí, že tieto počiatky same neosobovaly si čistotu slovenčiny, začo ju ani slovenčinou nemenovaly. My ale cítime aj oceniť vieme krok tento, ako aj o jeho historickofilosofickej nevyhnutelnosti a potrebe presvedčení sme.

Dr. Josef Hurban.

III.

Z článku: REČ RUSKÁ.

(„Vetín o slovenčine. Spísal *M. M. Hodža*. V Levoči. 1848.“ Strana 64. a nasl.)

Reč ruská menuje sa tak od Rusov, slavianskej ríše na východe založiteľov od r. 863., čo predtým sa bezpochyby slovenskou menovala za najstarších časov. Táto je najrozšírenejšia, panujúc od východného Predtatránska až k Uralu, a roztrúsene šírom severnej Asie až do Ameriky; od Bieleho Mora až ku Čiernemu. Hovoria ňou v jednom hlavnom a vo dvoch menších nárečiach 50 milionov ľudu slavianskeho, zväčša pôvodčitého, samorodného, ktorý kraje oné v časiech už predhistorických obýval a otcovi historického umenia gréckemu *Herodotovi* (r. 450. pr. Kr.) pod menami *Budinow, Neurow* a *Pien-*

gitow známy bol. Istá sila i krása a zvláště mohutnému kmeňovstvu slavianskemu svedčná veličanstvennosť, prejatá pri tom všetkom šírosrdečnou milotou slovenskou, je neodpriečne svojstvo ruštiny. Slovák zvlášte si ju môže a má po mnohých svojenárečných hlasiech a spôsoboch slovničných dobre prisvojovať, osobitne nárečie veľkoruské. Niet pochyby, že by z nej vätšieho utešenia mal, neželi z cudzích rečí, za ktorými tak pachtí a v jichže znaní si toľko zakladáva. Svetonárodní orgán Slavianstva je skutočne už ruština; preto učencovi slovenskému práve nič z nej nevedeľ, je i národnia i človečenská nechvála i nešvára.

Dvoja reč sa vnárodnila v ruskom Slavianstve: c i r-k e v n á s t a r o s l o v e n s k á a s v e t s k á r u s k á, obe so životom národním, nímže Rus je cez na kroz prejatý a preživlený, nerozlučne spojené a sice tak, že jedna druhú nie reku snáša, ale vlastne v cirkevnej a občanskej povinnosti, vo svätoslave i svetoslave odmieňa. Ruský vzdelanec napospol je rečou i Starosloven i Rus; ba sú nie riedke príklady, že pospolití ľudia celé knihy písma svätého, k. pr. žalmy, evanjelie nazpamäť vedia. V ohľade tomto niet reči — mimo latinskej — ktorá by sa v takom prestranstve na chválu Boha ozývala jako staroslovenská. — Čo do ruskej literatúry, táto je teraz medzi všetkými slavianskymi jak hojnosťou a rozmanitosťou plodov, tak i výtečnosťou jejich najonakvejšia. Jej rozvinutie je podľa času dvojako rozdobné: s t a r š i a d o b a je od uvedenia kresťanskej viery a slovenskej bohoslužobnosti za *Vladimíra* (r. 988.) až do *Petra Velikého* (r. 1700.); n o-v e j š i a ide od tohoto panovníka, obnoviteľa ruskej a tvorca jej terajšej mohutnosti, až do terajška. Obe tieto doby sa hlavne rozoznámkujú rečou i slohom, toľ že v onej písavali Rusi staroslovensky, bars i miešano s ruským, v tejto spisovať začali a spisujú v nárečí národňom a zvlášte moskevskom, nímže sa literatúra stala obecnou, všestrannou, jako Rusovia vravia „mešťanskou" (graždanskou). Z prvšej doby najzvláštnejšie pamätiny sú: „Pravda ruská," t. j. staré práva ruské, ktoré knieža *Jaroslav* sobral, sporiadal a vydal (r. 1016—1020.). — „Nestorova kronika" (nar. r. 1056. zomr. r. 1115. alebo 1116.), najdúležitejší a najkrajší z onoho veku historický pamätník. — „Slovo o pluku Igorovom" z konca XII. stoletia, báseň epická ducha ossianskeho a iné. — Najvzácnejšie ale dedictvo duchovného života onej doby složené je pre potomstvo v tehdajších letopisech a listinách čili obecných úradných písemnosťach, týchto posledních najviacej čistoruských, jakýmiže v tej miere na onen vek žiaden iný národ honosiť sa nemôže, a jejichže úplným spravným vydaním z rozkazu cára zvláštna spoločnosť sa zanáša. V čas mongolského poddanstva, v ňomže národ ruský skoro celých dve sto rokov a výše prenerestil, spisované boly najviacej náboženské knihy, ale i letopisné celkom zanedbané neboly. Po zlomení jarma tatárskeho (r. 1462.) a uvedení kníhtlačiarstva (r. 1553.) v obojom sa pokračovalo. *Makarij* zhotovil ohromné dielo životov Svätých. Pozoru hodné plody zákonodarstva toho času sú: „Súdobník" (r. 1559.) a „Uloženie" (r. 1649.).

Peter Veliký postavil Ruskú do radu hlavných evropejských mocenství. On nastavil novokrojné písmo ruské (graždanicu) a dal, jako všemu, tak i slovesnosti nový beh. Za jeho času kvetli vedľa duchovných už aj spisovatelia svetskí: *Kantemir* (r. 1708—1744.), *Tatiščev* (r. 1685—1750.), *Trediakovskij* (r. 1703—1769.), ktorý vlastne staroslovenčinu snažil sa uviesť ako reč spisovnú i do literatúry. — Ale tvorca a otec novejšej literatúry ruskej je *Lomonosov* (r. 1711—1765.), veliký duch. Za ním básnik *Deržavin* (r. 1743—1816.), jehože óda „Na Boha" svetochýrneje. Na vyšší stupeň i bohatstva i dokonalosti zdvihla sa literatúra ruská za *Karamzina* (r. 1765—1826.), pôvodcu dokonalejšej prostomluvy ruskej. Z básnikov jeho času predkuje medzi inými *Žukovskij* (nar. 1783.); a jako skladateľ nevyrovnaných bájok prišiel u celého ruského národa do klasickej vážnosti *Krylov* (nar. 1768.). Tretí za Lomonosovom a Karamzinom stupeň literatúre národnej položil slávoduchý básnik *Puškin* (r. 1799—1838.). — Teraz už ide to tam zo slávy na slávu — vo svojom spôsobe času a okolností, ale nado všetko duchom ruskej veľaslavnej, všeživelnej národnosti. —

Michal Hodža.

IV.

Z povesti: SERBIANKA.

(„Orol Tatránsky. Redaktor: *Ludevít Štúr*. V Prešporku. 1845—1848." Ročník III. strana 690. a nasl.)

Bolo raz jedno pekné dievčatko, utešené, krásne, že mu nebolo rovného pod slncom. Malo ono očká čierne, veľké; keď nimi pozrelo a dokola švihlo, nazdal bys' sa, že sokol svojimi peknými krídlami dokola zavesloval. Malo ono pekné, utešené líčka; keď nimi len pohlo, nazdal bys' sa, že slniečko ranné vyskočiac zpoza vysokej hory svojou ľúbostnou žiarou boskáva v plnote citu a lásky svojej celý šíry široký svet. A jeho postava taká bola uhladená, vysoká, hybká, že bys' ju bol mohol prútom preťať alebo dvarazy obejmúť. Volalo sa to dievčatko Milica.

Ale to dievčatko mnoho zlého na svete narobilo; keď neveríš, opýtaj sa len mladých šuhajcov, a oni ti všetci povedia: ano, tak je, ono mnoho zlého na svete narobilo. Ale ono nebolo toho príčina; ono svietilo na svet neohliadajúc sa na to, čo si ľudia z jeho pozoru robia, nepozerajúc na to, či ono šťastie či nešťastie svetu donesie.

A to dievčatko Milica bolo sirôtka, nemalo nikoho krem Boha a dobrých ľudí na tom božom svete. Ešte malo sotva dva roky, už mu otec i matka odomreli. Jej rodina celá padla na Kosove, a jej otec, ktorý vládal nad srbskou zemou v odvislosti tureckej, zahynul r. 1447. keď Turci zničili na Dunaji plemená grécke, románske a slovanské.

Bol starý Sáva Markovič, ktorý sa ujal mladej Milice, a dievčina si uňho ako ranná rosa prekvitala, a nič jej nechybelo, len matička v zemi zahrabaná a vťáče mlicko. Starý Sáva ju zastával i pred zlými Turkami, i pred očami všetečných mládencov, a strežal ju ako oko v hlave: bo Turci zlí, oni zoberajú čo môžu, a zvlášte pekné mladé panny; i mlá-denci srbskí zlí, bo oni kradnú srdička a robia devčaľom na tisíce starostí. K tomu bol Sáva Markovič dobrý Srbín, i snoval v hlave mnohé myšlienky. On sľúbil Milicu najhodnejšiemu junákovi srbskému, a čo by ho to čokoľvek stáť malo. Keď sa prišli k nemu ľudia žalovať, že Turci haradž (daň) vyberajúc, alebo pre bašov zbožie snášajúc a glavnicu (od hlavy) pýtajúc, jich súža a zodierajú, hovoril: „Hanba junákovi sťažovať si na potlačovanie a nemysleť na pomstu, nemysleť na vybavenie domoviny!" Keď si starí ľudia sťažovali, že jim Turek kostoly hanobí a na jejich staré dni sem i tam ich preháňa, na to sa Sáva ozval: „Hej pobratímci! vytrepte Turka a zhyňte sami; krem toho nemáte toľko dní života ako vlasov na hlave!" Pre takéto reči a pre jeho samostatné si vedenie bol Sáva Markovič držaný za najlepšieho Srbína. — U tohoto kvitla a jasala sa devica Milica.

Ale Sáva vždy starnul a starnul. Vlasy mu pomaly obeleli i vypadaly, a oko, ten krištál duše ľudskej, vždy sa vätšmi a vätšmi zatemnievalo, ruka i hlas sa triasly, a postava junácka sa shýbla ako javor v jaseni smutiaci za lístkami života svojho.

Sávovi bolo teskno, smutno v duši. Nevidel nikde pomoci, nikde vyslobodenia. Starí ľudia, ktorí zacítili sladkosť slobody, povymierali; nové pokolenie už vyrástlo v otroctve a nazdávalo sa, že to tak byť musí. Stisklo mu to srdcom i vzdýchnul, keď si na pamäť uviedol, že on nikdy nedožije oslobodenia domoviny; ale zaplakal, keď pozrel na Milicu, diamant duše svojej, bo beda žene, ktorá neznajúc sa brániť, bez svojej viny v otroctve hynúť musí.

Raz prišiel k nemu jeho starší syn Marko i povedal: „Otče môj! ja som už aspoň sto Turkov zabil; pýšim sa i tým, že som krev z tvojej krve, duša z tvojej duše; i tým, že som najlepší junák v celej Serbii, a tak podľa sľubu pýtam ťa, daj mi Milicu za ženu."

Starý Sáva ovesil hlavu, mumlal dačosi pod šedivým fúzom i odpovedal vážne, potichu: „Synak Marko! kto Milicu dostane, musí viac urobiť nežlis' ty urobil; ten musí oslobodiť Srbsko od jarma turbánov a viery nepravého proroka."

„Otče, neprehovor sa!" odpovedá Marko, „ty žiadaš viac nežli pol sveta vymôcť a urobiť môže. Dušman zatriasa pol svetom a vysmieva sa národom, ktoré hynú pred ním ako mhla na horách pred svetlom slnečným!"

Sáva zaškrípol zubami, bo srdce jeho bolo dráždivejšie nežli hoc ako jarého mládenca, pozrel hnevivo na syna, ruku zdvihnul ako by k hrozeniu, a potom s potupným smiechom vyrieknul: „A tys' najlepší junák srbský? — a tys' krev z krve mojej? — a ty chceš obdržať Milicu?" —

„Ano, som a chcem!" odpovedal pyšne Marko. „Otče, nehnevaj ma!" zavolal po malej prestávke, „lebo nech som nie Srbín, keď budem znášať tvoj potupný pohľad!"

„Pekne, pekne synak Marko!" prudko zas povie starec, „od starého otca, ktorý sotva v stave je vyzdvihnúť v ruke handžár, nemôžeš zniesť pohľad potupný, ale za nemožnosť držíš potupy tureckej sa sprostiť. Pekne, pekne synak Marko!"

A Marko sa zatriasol ako osika, zuby mu zacengotaly, čelo mladé sa zamračilo a málo chybelo, že otca za prse nechytil. „Kto ti to povedal, že ja lížem reťazi vraha nášho? že neškrípem zubami nad hanobou našou? — No zadrž si Milicu, ja ju nechcem, kým noha dušmanova kráča po dolinách Serbie. — Zdrav sa maj, otče!"

Starý Sáva s roziskrenými očami pohliadnul na svojho

syna, a mocne ho chytil za kabaňu i volal: „Postoj, postoj synak Marko! ako že som prežil už sedemdesiat rokov, tak bude Milica tvojou!"

„Nepozrem ani na teba, ani na Milicu," zavolá Marko, „kým neuznáš, že som najlepší junák v celej srbskej zemi!"

„Uznám, uznám synak môj!" odvetil starec, „ale počuj múdre slová staroby!"

Marko sa obrátil, hodil sa za stôl na stolicu, podoprel rukami hlavu a pozeral na svojho otca, jako by ho k hovoreniu vyzýval.

„Ty si teraz nesmieš vziať Milicu!" — a potom schyliac sa k nemu skoro pošepky hovoril: „Synak Marko! moji pobratímci prebehli i Serbiu i Bosnu i Hercegovinu, a ľud kresťanský sa o krátky čas pozdvihne; — synak Marko, ty jich musíš viesť — a zhynúť, keď nebudeš môcť zvíťaziť!"

Markovi sa oči zaligotaly. Vyskočil zpoza stola, objal starého otca a držal ho v svojom náručí bez slova, bez hlasu.

Ludia prirodzení žijú len v samučičkej prítomnosti, a jedno slovo v jejich prsách môže vzbudiť najodpornejšie náruživosti.

Smutno, pusto v srbskej krajine! Nazdal bys' sa, že to veľký hrob tá pekná, krásna zem srbská, a ľudia mátohy a duchovia okolo hrobu toho obchádzajúci. Nik nepovzdýchnul, nik nezažalostil nad tým junáckym ľudom; a oni sami ledva slovo hovorili, bo sa báli zrady: len im oči hovorily medzi sebou a ruky znamenia podivné dávaly.

Ale predca boly dni v roku, v ktorých žiadna moc, žiadna sila nezabránila ľudu srbskému, aby sa vedno neschodil: boly to sviatky náboženské a výročné.

I teraz v rudnických horách tisíce ľudu sa sišlo. Na päte hôr rudnických stojí starý monastír svätého Jovana, ktorého mníchovia zachovávajúc prísno pravidlá riadu svojho, boli známi medzi srbským ľudom láskou k rodinám jeho. Teraz je deň svätého Jovana, sviatok to patróna monastíru, a preto tak mnoho ľudstva obsadlo kopce okolo kláštora.

Pred svätou bohoslužbou je ľud rozložený okolo dubov a bukov, na ktorých sú obrazy Matičky Božej, sv. Jovana, sv. Nikolu a iných Svätých popribíjané. Pod tými stromami sedia starci, ktorým vek svetlo denné odobral, s holými hlavami, na ktorých pofukujúci vetor dvíha dohora ostatky šedivých

vlasov, v ruke držia husle a čistým, tu i tu trasavým hlasom
prespevujú piesne junácke zo starých pekných časov dávno
zabudnutej voľnosti srbskej. Lud sa okolo nich sháňa v kopy,
z hláv čiapky zosníma, žehná sa krížom, zvesí hlavu a v nemej
tichosti dá voľnosť prsám svojim, aby si v nich piesne slepcov
podľa ľúbosti poihraly. A keď tak dlho počúvajú, zakryjú si
tvár oboma rukama — a tam oko tvrdého Srba slzy vylieva;
tu s ľútosťou pozerá jeden na randy, ktoré telo pobratíma
jeho prikrývajú; ten zas žehná dieťa maličké v rukách matky
sa trepotajúce. Smutná to púť, kde nie potešenie ale zármutok
duše ľudské prerýva.

Okolo najrozložitejšieho dubu sa ľud najvätšmi shŕňa.
Konáre jeho ľúbezným chládkom zatôňujú vyschnutú zem, a
jejich lístky poihrávajú si s tichým vetríkom, ktorý sa do nich
zadiera, ako ruka starého spevca do struny husiel, a tiché,
šepotavé tóny z nich vydáva. Pod dubom na skale sedí starec
s huslami; vlasy jeho sú poza uši, ako venec, začesané, bo
vrch hlavy holý.

Oči jeho sa stĺpkom dohora dívajú, svetlo jim nič neu-
škodí, bo sa z nich na veky ztratilo; ale vrásky na čele a
tiché podychovanie svedčia, že je sluch napnutý, ktorý to vy-
nahradiť sa usiluje, čo oko urobiť nemôže. Napravo leží lutna,
a zľava sedí pri ňom, hlavu o ručku podopretú majúc, a oč-
kami do zeme hľadiac dievča, ktorému už kvet mladosti pre-
šiel a tvár závoj dákysi smútku oblietnul. — Lud sa sohnal
okolo neho. Mužia podoprúc sa o dlhé palice, pozerajú na
Sávu Markoviča so smútkom; ženy si posadaly na zem a de-
ťom svojim tichosť kážuc, ukazujú jim na devicu Milicu. Starý
Sáva oslepnul docela; jednoho syna ztratil, druhý ušiel k Tur-
čínom, ktorí vyhnali starca z jeho vlastného domu, a teraz
chodí po krajine od anjela svojho, device Milice, sprevádzaný.
Krásna je láska, krásna obetovavosť dievčiny za starobu, ktorá
si je sama pomáhať nie v stave!

Starý Sáva sedí medzi tichým zástupom so zvelebou dá-
kousi naňho sa dívajúcim, a sluchom počúva, chcejúc počet-
nosť zástupu z hukotu vyzvedeť. Pomaly ovesí hlavu, vezme
husle a spieva pieseň hlasom strún sprevádzanú:

> Na Kosove bielom poli
> Šumí barjak cár Lazara.
> Srbské dieťa srdce bolí,
> Keď sa o tom rozhovára.

To Kosovo bielo pole
  Smutné zvesty nám donáša,
Na ňom padla do nevole
  Domovina voľná naša!

Ty Kosovo, pole bielo!
  Našej padlej slávy pole —
Čos' tak smutne zašumelo?
  Čože značia tvoje bôle?

A Kosovo odpovedá:
  „Jak by som ja nešumelo?
Srbský synak v putách sedá!
  Srbské dieťa onemelo!

O voľnosti viac nevraví,
  O nej sa mu viac nesníva;
Keď ho dušman depce, dáví,
  Ono na to sa len díva.

A mne srdce schne od bôľa,
  A mňa smútok, žiaľ prikrýva:
Lebo vinu môjho poľa
  Krvou svojou nik nezmýva.

Srbský synak, srbské dieťa!
  Kedy zbavíš domovinu?
Kedy zore ti zasvieťa?
  Kedy zmyješ moju vinu?"

Ján Kalinčák.

V.

Z veselohry: INCOGNITO.

(„Concordia. Slovanský Letopis. Vydali: *J. Viktorín* a *J. Palárik*. V Budíne. 1858." Strana 300 a nasl.)

Jednanie prvé.

Výstup prvý.

Jelensky *(sám)*.

Teda som už predca raz tuná, v tom báječnom Kocúrkove, pri cieli mojej poetickej výpravy! Na celej ceste nikto mi nevedel povedať, kde leží vlastne to Kocúrkovo. Mne ale až velice na tom záležalo, abych ho vyhľadal; lebo ponajprv som básnik, a podruhé mám tuná oddanicu. Už ale

„Co jest slunce jitru spanilému,
Měsíc noci, hvězda plavcovi,
Kvítek včele, voda mřenovi,.
Slavíkovi hájek zpěvavému:"

to je Kocúrkovo básnikovi slovenskému. Ha ha ha! Veď Kocúrkovo je Eldorado, Tybur a Olymp Múz slovenských, tuná
majú sídlo Satyri, Bachantky, Fauni a Sirény — a čo je hlavná
vec, tuná má sídlo i bohatá Evička Sokolova, ktorú „keď len
ešte kolísali, už ju za mňa sľubovali; a keď len ešte husky
pásla, už vtedy v mojom srdci rástla!" Buď čo buď, musel
som teda to slavné Kocúrkovo vyhľadať; — blúdil som po celom Slovensku, poprehliadal všetke folianty a bachanty o Kocúrkove, ba i mapy a cestopisy na poradu bral, ľudí sa pýtal,
jedni mi napravo, druhí naľavo, jedni tam, druhí inam ukazovali — a kde nič tu nič — milého Kocúrkova nikde niet.
Do tisíc striel! už som chcel „re infecta" zpiatočnú cestu nastúpiť, keď mi zrazu Múza do ucha zakričí: „Ty blázon! čože
sa tak trudíš? veď Kocúrkovo máš všade pred nosom, len
otvor oči!" Otvoril som teda oči, a skutočne bolo tomu tak,
predo mnou ligotala sa makovica vysokej väže kocúrkovskej.
S radosťou, že som už blízko k cieľu, vtiahnul som do tohoto
hostinca. Tisíc hromov, veď som už polovic pčňazí strovil a
toľko nesnadzí na pľťach a po horách vystál, až to hrúza! —
A tie hostince — to je do porazenia! Fuj, haňba to pre nás,
že temer na celom Slovensku nenajdeš statočného hostinca.
Chcej nechcej, musíš hospodu hľadať v hnusných krčmách židovských, a zaplatiť ju lepšie nežli v prvých hôteloch veľkomestských. A človeka by temer z kože zodrali, keď si dačo
rozkáže. (Obozre sa vôkol.) Hm! i toto sa zdá byť taká jakási diera
židovská — vari by toto mal byť hostinec kocúrkovský? ha ha ha!
to by ver' nebolo veľmi poeticky! teda by prvá charakteristika
Kocúrkova mala byť židovská krčma? (Otvoria sa bočné dvere.)
Ale pst! ktosi ide, to bude iste dáky Proudhon židovský!

Výstup druhý.

Jelensky, žid Špitzer a Potomsky.

*(Špitzer a Potomsky vyjdú z bočných dverí s posunkami v tichej rozmluve
bez toho, že by Jelenského spozorovali.)*

Jelensky *(k sebe).* Hm, to je „nobile par fratrum!" opravdivý to Orestes a Pylades kocúrkovský!

Špitzer. Tak teda pri tom zostaneme, pán veľkomožný!

Potomsky. Tak jest, árenda je vaša, môj milý Špitzer! Zajtra rano kontrakt sa podpíše punktum o 10. hodine tuná v hostinci. — Majte teda tú najvätšiu čistotu a poriadok v dome.

Špitzer. To moja starosť, pán veľkomožný! ja viem, ako mám bohatú dámu uctiť.

Potomsky. A notabene, jestli by sa vtedy dajaký žobrák alebo vandrovník u vášho prahu zjavil, neprepustite ho bez almužny.

Špitzer. „Versteht sich!" však sa to bez toho zriedka u mňa stane.

Potomsky. Lebo je ona ináč dobrá kresťanka — a ja som vás vychválil, že ste vy statočný žid, a že každému v núdzi milerád pomôžete.

Špitzer. He he he, pán veľkomožný! istotne ja to velice rád mám, keď sa na mňa dakto utiskne.

Jelensky *(k sebe).* Ale beda jeho koži!

Potomsky. A že vy máte viac lásky k blížnemu nežli ktorýkoľvek kresťan kocúrkovský, i lepšie sa rozumiete do hospodárstva, i poriadnejšie cinze platíte.

Špitzer. „Ganz pünktlich!" i slavné mesto Kocúrkovo je so mnou úplne spokojné.

Potomsky. Tak jest! a preto vám radnej tento hostinec do árendy dávame.

Jelensky *(k sebe).* Hm! teda sa to o tento hostinec jedná?

Potomsky. Ale „à propos," či ste už boli s tou wechslou u toho panslava?

Špitzer. Na službu, pán veľkomožný! dnes rano som bol uňho, ale ma velice prosil, abych mu aspoň tri dni čakal.

Potomsky. Ba kýho čerta! a vari ste mu prisľúbili?

Špitzer. Ach, i tie jeho deti tak ma prosily a plakaly, že som sa musel smilovať.

Potomsky. Teda mu tri dni chcete čakať?

Špitzer. Len do dnes večera. Práve teraz chcem k nemu ísť a wechslu si dať likvidovať.

Potomsky. Ty sprostý žide! veď som ja práve to chcel, aby ju nemohol likvidovať, aby tak prišiel do áreštu. Veď on najviac intrigoval, aby z tej árendy nič nebolo; a mimo toho či on nie je ten, ktorý ti najviac odťahuje ľud od krčmy s tými slovenskými novinkami a s tými spolkami miernosti? Vidíš, jakú už mávaš prázdnu krčmu *(obozrú sa vôkol),* jeden jediný vagabond ti tuná drichme.

Špitzer. Nu nu, pán veľkomožný, nechže sa neráča

k hnevu pohnúť; ja som presvedčený, že mu tu v Kocúrkove nikto tú sumu nepožičá, čo by sa obesil.

Potomsky. Nič netreba odkladať, bo by sa mohlo trafiť, že by mu snaď tá moja priateľkyňa v súrach pomohla; ačkoľvek som frajcimerke zakázal, aby ho k panej na žiaden pád nepripustila. — Tisíc hromov, veď som ja tú wechslu nadarmo neodkúpil od toho sklepníka! — Toho človeka musíme znivočiť, bo nám do kariet hľadí.

Špitzer. Dobre, teda hneď pôjdem na exekúci, len sa preoblečiem.

Potomsky. Ale žiadna milosť, žiadne sľutovanie! rozumiete? Jaknáhle nebude v stave vyplatiť, rovno s ním k slúžnemu. — Tisíc beľahov! veď od toho celý náš plán závisí. Teda nemeškajte, „à dié!“ *(Ide preč aj so židom.)*

Jelensky *(sám)*. Ha, to mi dáva rešpektu pred Kocúrkovom! to mi je látka ku kurióznej básni. Kresťan horší od žida — fuj! no ver' som si prišiel na dobré miesto nevestu hľadať. Ale však len nebude celé Kocúrkovo takým zloduchom nakazené? — Čo si tu počať? — Či mám ísť tú Evičku Sokolovu vyhľadať? — Hm, ale je otázka, či sa ja jej, a ešte vätšia, či sa ona mne páčiť bude. Veď kebych sa na sivkoch sťa bohatý švihák semká priviezol, to by pravda účinkovalo; ale takto, len taký ubohý slovenský prolctár! — Ej a veru, aby mi košík dali, aby ma jako dákeho žobráka o almužnu prosiaceho odpravili — tisíc ohnivých striel! ešte to by mi treba bolo! — Nie, takú potupnú rolu nebudem hrať v Kocúrkove!

(Žid sa navráti.)

Výstup tretí.

Jelensky a Špitzer.

Jelensky *(k sebe)*. Hm! už sa i ja musím s týmto Faunom do známosti pustiť. *(Nahlas.)* Hé, pán hostinský! až velice ste zamyslený.

Špitzer. Nech odpustia, mladý pánko, mám veľké „kšefty;“ i teraz musím ísť na exekúci — však vedia, že by krčmár od hladu zkapal, keby si dlžoby neinkasíroval.

(Chce ísť, oční spevy zvonku.)

Jelensky. Počkajte! čo to za spevy? či to netiahnu semká dáki Bachanti a Salieri palatini?

Špitzer *(hľadí von oblokom)*. Prosím ponižene, tu ani pán Salieri, ani palatin nebýva; — Ha! to sú kosci pani Sokolovej, idú z poľa — už jej všetke lúky dokosili; musím ich dnu zavolať a troška učastovať, lebo napozatým budú u mňa lúky kosiť. *(Odíde.)*

Jelensky *(sám)*. Kosci pani Sokolovej? šťastlivá náhoda! tá mi azda dajakú niť ukáže k vyväznutiu z tohoto labyrintu mojich rozpakov. — Kosci? ha ha ha! veď i ja som si nekdy ako žiak z pasie zakosil na našich lúkach turčanských — a tak mi to pristalo až milá vec. Ha, čo mi napadá! za kosca sa preobliecť a s tými koscami v dome Sokolovskom sa zjaviť, a tak „Incognito" ten mne naskrze neznámy „terrain" lásky — zdáliž je hoden a možný k dobytiu, alebo či už snaď nie kroz dákeho Donquixota opanovaný — pekne krásne rekognoscirovať, a jestli by za to stálo, i atakirovať — bravisimo, to mi je poetický nápad! a v najhoršom páde bude mi bez kompromisie môjho mena retiráda možná; a čo si priam i nevestu nevykosím, aspoň nejaké zajimavé dátky zo života kocúrkovského k složeniu dákej báchorky iste ulovím.

Ján Beskydov.

VI.
Humoreska: CHVALA BOHU! UŽ JE KOŠ HOTOVÝ.

(„Domová Pokladnica. Vydal: *Daniel Lichard*. Ročník I. V Skalici. 1847." Strana 213. a nasl.)

Že si ľudia najviac domácich mrzutostí bez dostatočnej príčiny narobia, dosvedčuje tento pekný prípadok.

Kde bolo tam bolo, v jednom mestečku bolo, ktorého meno nič nerobí k veci, bol jeden hospodár a mal ženu i moc detí. Celý tento dom živil sa poctivým spôsobom: deti chodily prútky rezať, otec z nich plietol koše, a matka hospodárstvo dobre riadila, len že dakedy horšie švihala jazykom nežli bolo treba. Tomášovi nášmu inokedy len tak horela robota pod rukama; ale dnes dajako nemohol ten koš dohotoviť, ktorý už dvarazy bol musel na kusy rozpletať, aby malé daktoré chyby popravil; lebo on tiež bol jeden z tých statočných ľudí, čo si dačo držia na svoje remeslo, a radšie nič nepredávajú, nežli by mali zlou prácou dakoho oklamať. Pred večerom predca len dokonal svoju prácu, a keď sa zodvihol z lavice, aby zdrevenelé svoje kosti povystieral, usmievajúc sa zavolal: „Chvala Bohu! už je koš hotový."

„Keby si už len bol aj voľačo v ňom vyliahol," zavolala mrzuto jeho žena; „veď je to hanba a posmech, pri jednom koši celý boží deň trčal, alebo ešte hotové rozpletať; ktože to videl na svete?"

„No no, starká! nič to, preto bude leto, a druhý raz päť košov cez deň; teraz už len nemrkoc, ale radšie povedz aj ty so mnou: chvala Bohu! už je koš hotový."

„Veď ano, bude leto; keby som ti to len mohla aj deťom na večeru uvariť."

„No, už je dnes všetko dobre; čo máme, to zieme; ak nič nemáme, pôjdeme spať, aspoň nás nič nebude vo snách tlačiť, a tak sa nám aj nebude s čertom snívať; už len teraz zavolaj so mnou: chvala Bohu! už je koš hotový."

„A čo by si sa rozpukol, nie ja," odpovie rebrinka.

„Nuž a keby som ti rozkázal, že musíš so mnou zavolať: chvala Bohu! už je koš hotový; či je to vari dáke rúhanie alebo zlorečenstvo?"

„Ty mne chceš rozkazovať? nože no!"

„Dora, nehnevaj ma! ja som tvoj muž, ty si moja žena, a žena musí muža podľa písma svätého poslúchať, a najme keď sa jej dobré rozkazuje, ako ja chcem. Dora spievaj: chvala Bohu! už je koš hotový; bo prisámbohu zle bude."

„Ej veď uvidíme čo bude, ty darebák! teraz sa do mňa zapieraš, že si celý deň nič nenababral?"

Ani to dobre Dorka nevyriekla, už mal Tomáš dokonalú lieskovicu v ruke a začal svoju, ako hovoril, zubatú a neposlušnú ženu mastiť; deti sa s plačom, ako obyčajne, rozbehaly okolo po súsedoch.

Na velikú šantu v dome Tomášovom pribehol jeho kmotor zo súsedstva, a horko ťažko konec urobil domácej vojne. „Nuž ale bysľubohu, kmotre! čože vám urobila tá vaša starká, že ju tak tlčete ako staré vrece?"

„Čože urobila? to urobila, že ma nechcela v dobrej veci poslúchať. Ja sa vám tu krčím celý celučičký deň pri tomto koši, až ho dajako dopletiem, a ona ti ani len nechce so mnou povedať: chvala Bohu! už je koš hotový."

„A čo by si ma tu zahlušil, ty zbojník, ty — — —" tu nasledovala celá hromada špatných názvov.

„Ale z takej maličkosti dať sa do takej ruvačky! či máte rozum, ľudia boží?" zavolá kmotor, aby pomohol k pokoju; ale Dorka len šomrala v kuchyni ako hrmavica, keď prešla na druhú dolinu. Kmotor sa teda pobral domov a tam zahorúca svojej žene vyrozprával, čo sa robilo u súsedov. Jeho ženka začas len počúvala a ticho miesila na tie halušky; ale zrazu sa ozve: „Hm! a ktože bol na príčine, že sa pobili? či je to nie hlavatosť, také pletky žene rozkazovať? majže sa dobre, hriešna žena!"

„Zuzka moja! to nebola pletka, povedať: chvala Bohu! už je koš hotový."

„Nuž ale keď nechcela, to on mohol mať rozum," ozve sa ženička; „veď snaď nebol hluchý, a ty s ním, keď nedávno pán farár tak pekne vykladali: že božia chvála nemá byť vynútená ale dobrovoľná."

„To veru, na môj' dušu! tak by ste vy nás obriadily, keby muž mal všetko nechať stáť, čo žena nechce; dobre sa jej stalo, že ju vytrepal, hlavaňu!"

„Jaký sprosták taká hlavaňa!" odpovie Zuzka.

„Nuž a či by si Zuzka ozaj aj ty nepovedala: chvala Bohu! už je koš hotový, keby som ti rozkázal?"

Miesto odpovede sa Zuzka zachychotala jako žrebčok.

„No ženo, nehnevajže ma aj ty! či povieš dobrovoľne?"

„Sto hrmených vozov! na skutku povedz: chvala Bohu! už je koš hotový. Nenazdaj sa, že mi budeš len tak frľať ako súseda Tomášovie."

„Ani tebe, ani tvojmu starému otcovi!"

S tým aj kmotor mal dosť; pochytil dajakú rafiku, čo stála v kuchyni, a začal ešte horšie česať svoju nežli Tomáš. Na šťastie sa vracal panský úradník z poľa domov, ktorému sa podarilo ruvačku zastaviť. Kmotor Janko uctive sňal z hlavy čiapku a s ňou štetku vlasov ako znak domácej vojny, a začal jeho milosti pánu úradníkovi všetko obšírne vykladať, čo sa stalo. Pán úradník ešte dakoľko slov k manželskému pokoju preriekol a šiel ďalej. Ale na ceste sa mu tá vec tak smiešnou videla, že hneď ako si so svojou paňou k večeri sadol, tento fígel jej vyrozprával, na ktorom sa ešte oba chutne nasmiali.

„Vidíš mužíčku!" začne pani urodzená, keď od večere stávali, „takí ste vy chlapi; vaše panstvo nad ženami nechcete na lásku, ale konečne na vašu silu založiť; keď sa žena spiera dačomu, to menujete hlavatosť, a keď si muž pletiek nabere do hlavy a potom na silu vyviesť chce, to má byť charakter — mužská stálosť!"

„Čo Ludmilka?" povie úradník s podivením, „či chceš aj ty hlavatosť obraňovať? — či sa len žartuješ?"

„Žart sem, žart tam; keby si ku mne prišiel a pekne mi povedal: moja Ludmilka! povedzže: chvala Bohu! už je koš hotový, by som ti len k vôli povedala. Ale keby si mi takým spôsobom prišiel, ako Tomáš a jeho kmotor, krikom alebo práve hrozbou, veru sama neviem, čo by som urobila."

„Ludmila! také veci nerád počúvam."

„Už je darmo, môj drahý! pravda je pravda; žena je nie služka mužova, ale jeho priateľkyňa, a táto neprijíma rozkazy ale prosby."

„Muž bol a bude na večné veky pánom v dome svojom, ktorý sdržuje; on teda, dokiaľ možno, panstvo ukrýva priateľstvom. Keď ale žena nechce muža jako priateľa, musí ho poslúchať ako pána."

„Ja v mužovi nikdy pána neuznávam;" odpovie pani urodzená čerstvým hlasom, „a prosím ľa, len aj tebe nech dajako nenapadne veľa mi chceť rozkazovať."

„Nuž a keby som práve teraz chcel, že by si povedala: chvala Bohu! už je koš hotový, a tak preukázala, že si rozumnejšia nežli tie nešťastnice."

„Mužíčku! dnes mi už odpusť, že ľa neposluchnem."

„Ale ja práve chcem, aby si ma dnes, teraz posluchla; ženo! povedz so mnou: chvala Bohu! už je koš hotový."

„Lutujem, že ti nemôžem dnes žiadosť vyplniť."

„Teraz ako pán v dome rozkazujem!"

„A čo by si ma už ako pekne pýtal, ani za celý svet to nepočuješ odo mňa."

„Či ľa teda mám prinútiť? ženo, neblázni sa aj ty! na skutku ...."

Bezpochyby, že by sa aj u pána úradníka toto rozprávanie s druhou, azda suchou večerou bolo skončilo, keby práve pri tých ostatních slovách nebol pán doktor do svetnice vkročil. Bol dobrý priateľ domu a tak uprimne vyznal, jako sa nemôže nadiviť, že prišiel k takým vecam, ktoré sú v kaštieli ináčej nevídané; a tá priateľská prímluva onoho vážneho muža prinútila manželov, že mu príčinu tej nebezpečnej vyprávky povedali a sa na skutku smierili. Pán úradník sľúbil: že nebude pletky rozkazovať; a pani urodzená rovne sľúbila: že jej každá žiadosť svojho muža bude rozkazom. Na šťastie pán doktor bol neženatý; bo kto zná, čo za recept by bol pre pani doktorku napísal, keď povieme: že jako sa poviedka o tomto príbehu v mestečku rozniesla, ešte v siedmich domoch ztrhla sa hrmavica preto, že nechcely ženičky povedať: chvala Bohu! už je koš hotový.

Daniel Lichard.

VII.

1. Z básne : SVATOPLUK.

(„Básne *Jána Hollého* atď." Sväzok II. spev deviaty, strana 122. a nasl.)

Jak behavá keď prez jarné lastovka povetrie
Nad barinou lietá, a včul sem, včul tam obratná
Bez bavenia sa točí i ochytrým klučkuje krídlom:
Tak Svatopluk sa na tú i na tú stranu v srdci zanášal.
Až v posled hovorí i takýmito odreče slovmi :
    Nesnadná je to vec, nesnadná rozvaha veľmi :
Zdáli sa popridržať Nemcov, čo ma najprve síce
Vo svých oklamaní mysliach zlou trápili väzbou ;
Lež pozatým so cťou a s veľkým zaslali vojskom,
Bych vlastnú i celú Rastislava krajnu dosiahnul ; —
Však za to mám vyššej zostať jích vláde povoľný.
Zdáli radej sa k vám a k národu svojmu navrátiť
Zas naspák, i vašej učiniť žiadosti po vôli. —
Tam to mi viera daná, ku milej toto káže mi vlasti
Láska robiť. Poneváč ale každý túžne za sladkou
Dychtievá slobodou a hľadí poddanstva sa pozbyť :
K vám radšej sa pridám ; kráľovskú nad vami berlu
Vezmem, a údatné povedem na Karolmana vojsko.
Tak myslím, že mu dosť úzkej nahodíme žalosti.
    Rozpovedá. S veľkou sa tedáž hluk zdvihne radosťou.
Zástupy jak plavcov, čo po morských bez dna prepastiach
Odporným stihaní sem tam blúdievali vetrom,
A vždy sa od vlastných nazpák odoháňali končin ;
Zrázu keď otcovskú spatria zem, dávno odošlé
Kdež manželky na ních a milé očakávaly dietky :
Náramný pustia na nebeskú oblohu vyskot,
A s veselými letia na prístav i na brehy plesmi :
Tak sa novému hrubá rozliehala kráľovi chvála.
Lež Svatopluk diaľ nastává a tak ustami rekne :
    Včul poneváč som ujal kráľovskú nad vami berlu,
Uznávám za dobré, aby sa Britwaldovi táto
Vec dala na známosť — lebo po mne mu práve nevládný
Najvyššiu udelil nad vojskami správu Karolman —
Zdáž domov ustúpí s pokojom? čili naproti vojnu
Zdvihne a k báborskej chce zbraňou nás vláde naháňať ?
Ktož teda z prítomných do takej rád vezme sa cesty,
A k Nemcom s nemilým i k vodcovi zajde poselstvom ?

Takto povie Svatopluk. Chytrý v tom povstane Zvestoň,
A mnohopospešným zachopí sa do tábora žrebcom.
. . . . a takýmito rečňuje slovmi:
Údatný Britwalde, prvý nad vojskami správca!
Poslal ma Svatopluk tebe ovšem skázať: odo všech
Jednou že prijatý za Slovákov kráľa je mysľou;
S tou však výminkou: aby báborského sa járma
Odreknul, smutné zanechal poddanstvo, a vlastný
Vlastných zostával krajanov nabudúcne panovník.
On, veľkou nahnutý ku vlasti a národu láskou,
Dal sa naviesť i kráľovskú vzal nad nami berlu.
Včul teda už na svojom rozhoď sebe srdci a odkáž:
Či s pokojom domov ustúpiš? čili naproti vojnu
Zdvihneš a chceš zbrojstvom ku vašej nás vláde donúkať?
Tak povedá Zvestoň. Britwald náramne ukrutným
Rozpálí sa hnevom. . . . . .
. . . . . a takú dá poslovi odpoveď istú:
Iď na Devín, odkiaľ si prišiel sem, a tento nes odkaz:
Váš poneváč toľkej sa dopustil vinny panovník;
Vieru danú a sľub nedržal, dobrodincov opustil:
Skôr že neustúpím, do milej nazpiatky sa vlasti
Nevrátím: zakaváďkoľvek vás pod naše panstvo
Nevzdám odbojných, a do otrockého na haňbu
Járma nezapriahnem; putá odbehlému za úskok
Kráľu na krk nehodím, a Karolmana vláde neoddám.
Tak sľub a vieru plniť naučím ho a právo nelámať.

2. Z básne: CYRILLO-METHODIADA.

(Sväzok II. spev štvrtý, strana 226. a nasl.)

Čož', cudzinče nový! do našej ľa privábilo vlasti
Otcovskú vyvracať, ľudskú násilne votierať
Nábožnosť? a s ňou aj nás aj všetku nevoľnú
Do psoty a hroznej pouvádzať záhuby krajnu.
Hľa dvakráte sedem českých sa z náhody pánov
(Sám som troch dobre znal) v pevnom dalo Rezne pokrstiť.
Prítomný s veľkou sa u tej slavnosti radosľou
Kráľ Nemcov Ludvík, vnuk císara Karla, nachádzal;
Lež čo naplat bol krst? zmenená čo prospela viera?
Sotva zo súsedných sa domov navrátili Bábor:
V tom sa celý proti ním rozbúril národ, a všetkých
Ozbrojenou pravicou z vlastných povyháňali ohrad:

Neb mali dosí sa čo báť, aby s jednou s Nemcami vierou
Spriatelení Nemcov nerozostreli nad nimi vládu.
I preto hneď Ludvík takovú jak náhodu slýchal,
Náramné zo všaď pozobieral zástupy vojska,
A prudké do našich učiniací výpady končín,
Najtuhší na nepristrojených boj viedol, a biednú
Pod plat a ukrutné poddal našu krajnu otroctvo.
Tak po druhý, tak tiež po tretíkrát mocne dorážal,
Keď z jeho nezbednej sme sa vydreť snážili vlády.
Chceš teda aj ty na nás tak veľkú zkázu, tak isté
Nešťastie uvaliť, by so tvou nás vyprali vierou,
A v cudzích sem i tam túlať sa donútili kútoch?
Chceš, by pre nábožnosť svoju došli Moravci, a pyšní
Čo včul Nemci robia, to robievali všetko nevoľným?
Ber sa radej po svých a zlé trús nauky Slovákom.
    Tak modlár hovorí Oslav. Jemu naproti vrúcný
Rekne Method a takú zticha odpoveď ustami dává:
Oslave, bratre milý! do vaších já iste so žiadnou
Lahkomyselnosťou neprichádzám končín, a cudzie
Znásily nevtískám učenie, ľud i všetku nevoľnú
Do psoty a hroznej neuvádzám záhuby krajnu;
Lež spolu aj časné aj večné, zvlášť ale večné,
Šťastie s tou jedinou a samú len pravdu majúcou
Prednášám vierou, čo Boží Syn od Otca pre ľudské
Zostúpiv spasenie, na svet z neba nekdy priniesol,
A všeliký národ vyvolencom kázal učievať.
Tá-li nezaslúží, keď tak mnoho veľmi dobrého
Vyznavačom dává, aby každý vzal ju ochotný?
Tá-li nezaslúží, aby každý medzi živými
Všetko trpel za ňu odporné, keď večne osláven
Tristokrát vätšiu nad hviezdami odplatu najde?
Šťastné tehdy budú zbavené pre ňu kniežata vlasti;
Nešťastní ale všetci, čo jich utláčali brannou
Tak násilne rukou, a z českých vyhnali končín.
Aj vy blahoslavení mali by ste sa iste pokládať;
Jestli by vás rovná započínala náhoda zmietať,
A všeliké mánie, všeliké nábytky a vlastná
Otčina vám pre kresťanskú by sa odňala vieru.
Neb čo naplat hojné mať statky, bohatstvom oplývať,
Stále na zatvorených vysedával pokladu zámkoch,
Krásu a najsladšie po samé až hrdlo požíval
Rozkoše, i vlastnú v každej veci vôľu prevádzať;

Keď sa človek po všem jako ľahká kúrava zašlom
Večne musí trápiť, hrozné bez konca, bez istej
Úľavy niesť mučenie a v horúcom pekle sa válať.
Jak márný to strach, že by som já týmto novotným
Príležitosť dával cvičením, aby nekdy bojovní,
Že ste kresťanskú od ních poprijímali vieru,
Mohli Slováci prijísť a do svej vás vlády odovzdať,
Jak dosaváď slační pre takú vec uvádzali Nemci :
Neb vždy iné sú Nemci, iné ale bratri Slováci
Od krve len jednej pošlí, jedného len otca.
Lež čo by aj škodné bolo vám, keď by ste do jednej
S Rastislavom kráľom dobrovoľne sa spojčili obci?
Tým v moci silnejší starodávnú by ste dosiahli
Skôr voľnosť a kruté Nemcov rozlámali jármâ;
Tým vždy nepriateľským v ľútych odolávali bitkách
Pevnejšie vojskám, čo ináč vás na mnoho čiastok
Rozdelených a silou oslablých snadno premôžú.
Lahko sa prekračujú začaté u žriedla potôčky;
Lež pozatým spojené a do jednej rieky vyliaté,
Buďto do Láby aneb do hučiacej Moldavy tokmi,
Preskočiť už nedajú sa nohou, ale všetko na odpor
Postavené, a čo jím nejakú len toľko prekážku
V páde činí, trhajú a pred seba viľazi tisknú.
Zdáli vaším taková už vec neprospela otcom?
Snáď sami od starších ste počúvali nekdy vyprávať
O strašných Avaroch, čo okolné zbíjali krajny,
Z lúpeže toľko živí, jak i váš utláčali národ,
A hrozné zavesiť mu na krk vždy zamýšľali jármo.
Až keď pod vlastnú, že trinástkrát viac mali vojska,
Pred päťkrát pädesiati roky si ho vládu uviedli.
Jak tenkrát veľkého zbraňou, veľkého podobne
Múdrosťou vyvolil si za vodcu a za hlavu Sáma;
A z Lužic údatné, údatné rovne Slovákov
Zástupy prispolčiv si avarské pod jeho správou
Hajna pobil, z Čech a zo všetkých preč končin odohnal.
Jak pozatým jednom pripojencov týchto vo spolku
Z krajny vytiahnúcí Dagoberta a Frankov obratných
Najmnožšou porazil bitkou, a vždycky so slavným
Víťazstvom z každej sa navrátil pôtky do vlasti.
I vždy zakáď živ bol, súsedných kráľov a ľútych
Odporníkov učil sa tuhej svej vlády obávať.
Tak mnoho údatnosť a svorná jednota môže !

Lež jako smieš učenie, čo včul já, Oslavc! hlásím,
Zlé menoval? samo od večnej keď pravdy pochádzá,
Od Boha, len jediného nebeskej oblohy Pána,
Všech spôsobca vecí, všeho najlepšieho počiatku.
Od neho nič ovšem, čo je zlé, to nemôže pochádzať.
Lež vaše najhoršie naporiad sú blúdy pohanské,
Od márnosti ľudí a samej len hlúpoty pošlé:
Neb tomu najvätšiemu nebes mocnáru a všetkých
Pôvodníku vecí patriacú kradnete poctu,
A hladeným rezbám i hluchým dáváte ju modlám,
Modlám v najmenšom čo pomôcť žiadnému nemôžu:
Neb márné drevo sú, márný kov a zo skaly úlom;
I svým nekdy časom nevyhnúcú záhubu vezmú.
Kdež' starodávnejších veľký Zevs Grékov, ohromný
Kdež' hrdinov rimských Jupiter, kde Tuiško je Nemcov,
Kdežto tisíce iných? Zrazení pozahýnali všetci:
Neb zmyslená len lož, zmyslená boli od ľudu bájka.
Lež jediný, večný a pravý Boh zostanc vždycky
Nezmenný, najmocnejší všehomíra pánovník.
Včul teda, jestli jaká sa nachádzá rozvahy múdrosť:
Tak zhola neplatné, tak ohavné zložte modlárstvo;
Kresťanskú radšej spasitelnú príjmite vieru,
Jak ju slavnejšie vzaly národy, jak ju Slováci,
Jak ju i sám veľaúdatný vzal v Ihlave Zbíslav,
Čo mňa sebou, poneváč vám chcel dobre, semka priviedol:
Však sa i tak, v duchu mém to vidím od včulka, na túto
Buď skôr, buď neskôr Čechovia sami nekdy obrátá.
Obráti sa napred panujúcie vo Prahe knieža.
Tehdy vy buďte prví; a kamennú Belboga modlu
Zrazte poriad, a iným dobrú v tom cestu ukážte.

3. Z básne: SLÁV.

(Sväzok III. spev šiesty, strana 86, a nasl.)

Už jediný zbýva len kráľ, a s týmto ohromný
Pešky pešim, toť len že preklal mu žrebca Milobrat,
Válčí Sláv a iným nedopúšľá zbrojmi ho dotknuť.
Len na potýkánie a na súboj káže sa dívať.
Napred síc ražnú pozaháňá do hlavy jedľu:
Tá jako búrka letí, ale tam ranu predca nebodne;
Neb sa šikom zvrátí oceľou a na prázno ubiehá.
Naproti zas Bondor veličižné mikne dubisko;

A však rovne chybí a hrdinských netkne sa údov:
Neb schýlil sa Sláv i danému tak úrazu vyhnul.
V tom z tuha rozhnevaní, že ničomné pustili sošne,
Z blyštiacej ostré vyľasá meče pošvy; i jak dva
Medzi sebou o žalud bojujúcí v dúbrave kanci
Vyškerenými jeden do druhého zo prudka rozehnan
Zubmi seká, a krivými tuhé do rypákov a do škraň
Aj do hruď aj do uší kelčiskami úrazy dává;
Hrozné škrípánie a divý kolom ozve sa pokvik:
Tak sa poriad do hlav, do slychov, do tvári, čelustia,
Do brad a plec rúbú; ani dať sebe odtuchy nechcú,
Zrázu dokáď by na zem buď ten, buď tento nepadnul.
I z hromových jak dvoch sa mračen, spodnýma na Bielych
Pätma Horách opretých, blýská, keď listom odiatý
Nehne sa háj, a tiché v pustej spia jaskyni vetry:
Tak jasné z mihavých sa sypú jím blesky tesákov.
Prestrašný k tomu znie a na diaľ mece ohlasy brinkot.
Potrikrát do ľavej pichol už Sláv Bondora sáňky;
Potrikrát Bondor zase naproti Sláva do kľúča;
Čiernú aj každý vyrazí krev, predca na úmor
Súcú dosť ranu dať žiaden žiadnému nevládá.
Chvíľa dlhá míňá, a nejistý ešte je víľaz.
I priam jak vysoké v tesnejšom údoli skalska
Odrazujú kamenia a hranasté zlomky drobesku,
Keď z príkrych strepané hromovej od búrky pahorkov
S náramnou rachocú zkázou a do týchto sa rúľá:
Tak rovní v boji sú, a vrhom vrh a úrazom úraz
Vyvracajú, i do svých bráňá jím prístupy údov,
A švizkým nedajú sa napájať krvmi tesákom.
Obratný až Sláv toľké vzteky ľažko nesúci,
Ukrutného naráz do pravej ruky Bondora sekne,
A z pevnej britkú vyrazí braň pästi; i tehdáž,
Válečného napred vzývav Svatovíta, ohromný,
Posledniu sily moc naložiací, z hurta do ľútých
Praskne meč ust a celé do uší až pretne hubisko.
V tom zuby von padnú a šerá krev prúdami vyvre.
On sa hneď válá, i naráz jako dávno hynúcá
A prudkým zrazená vetrom dolu jahňada treskne.
Zem zahrmí a pod ohromnou sa pozatrase ľarchou.
Na svých od veselej prešlí Tatranci radosti
Zaplesajú mysliach, i na veľkú dialu jačiacím
Zhúknú výskáním a Slávovi slávu zahlása.

Zaplesajú Bohovia, patriaci z kopca na súboj,
Ohromitý Svatovít a vládný vetrami Stríbog.
Sám poteší sa Perún veľký všchomíra panovník.
Sláv ale zastavený nad upadlým takto vyrekne:
    Bondore, keď nechcel si naším tu priateľom ostať,
Keď nechcel si pokoj, nechcel zem a úhory zrábať,
A prácou hojnou vydobývať z úrody živnosť;
Než radšej cudzie vyvolil sebe národy lúpiť;
Nedbal anis', že otec hromovými čo bleskami trieská,
Buď skôr, buď neskôr bere zlú nad krivdami pomstu:
Nuž teda už zbíjaj, na posledniu zkázu Tatransko
Všetko uveď, ľud a lichvu zavráť a do Čudska ponáhlaj,
Kde s nemalou teskné čakajú vás Čudkyne túžbou.
Odtáď zas na novú sa časom brať môžete lúpež,
A z hrozných ľudu vražd a ohavných v cudzine mordov
Aj pozatým, jak priam dosaváď ste hľadávali vždycky,
Veľkú slávu a česť i hrdinské méno hľadajte!
    Rozpovedá; on v tom dokoná, a divého z ukrutných
Ust ducha von pustí i na večnú driemotu zasne.

Ján Holly.

VIII.
Z básne: MATÚŠ Z TRENČÍNA.

(„Spevy a Piesne *Ludevíta Štúra*. V Prešporku. 1853." Strana 59. a nasl.)

Kolo Nitry tábor leží,
Šírym poľom roztiahnutý,
A v ňom ľud na útok mesta
Ozbrojený a napnutý;
Všetko už na heslo vodca
S netrpením očakáva,
Všetko, aby sa len dialo,
Vykrikuje, vyvoláva.
A tu Matúš von zo stánku
Pod šišákom ide zlatým,
Hneď na vojská, hneď na Nitru
Pohadzuje okom zpiatym:
Hoj vy orli, Tatier deti,
Tam ten hrad vás očakáva,
Do bojaže, aby viala
Čím skôr naša tam zástava,

Do bojaže ohnivého,
Vy slovenské svieže rody;
Lepšie padnúť v mužnom boji,
Nežli hynúť bez slobody.
Jako keď sa víchor zdvihne
A na šíry háj dorazí,
Celým hájom rozkolíše,
Stromy zvŕta, láme, zrazí:
Tak na slovo Matúšovo
Celý tábor preč do skoku,
Čo mu v ceste leží, padne,
Rúbe, zráža na útoku.
Na valoch sa vojsko kráľa
Na obranu postavilo,
Čo len valov zúkol vúkol,
Všetko husto obsadilo;
Na jeho tam strane Róland
Slovo vedie, rozkazuje,
O ňom svetom chýr sa niesol,
Že jako lev tne, bojuje.
Letia šípy už na valy,
Rebríky sa pristavujú,
Letia šípy dolu z valov,
Skaly dolu sa hurtujú;
Vojskami sa hukot nesie,
A čo chvíľa sa rozmáha,
Plno mrtvých pod valami
A na valoch jich záľaha.
Stojí útok, útok tuhý,
Každú chvíľu ho pribýva,
A pere sa v mesta valy,
Lež jich ešte nepodrýva;
Róland všade, kde sa tlačí,
Stojí, mocne ho odráža,
Svojich slovom rozpaľuje,
Tam tých mečom tne, poráža;
Už sa kopa dolu valmi
Od jeho rán rozsypala,
Už v útoku prvé rady
Svicža sila opúšťala.
V takej surme šírym vojskom
Matúš sem tam poletuje,

Bojovníkov k smelým činom,
K bystrým chvatom rozpaľuje.
A keď sem tam v radoch lieta,
Tu mu Róland padne v oči,
Jako hubí, rúca všetko,
Kam len pozre, kam len skočí:
Rozpáli sa a rozkáže
Svojim verným na tú stranu,
Kde jako smrť Róland kosí,
Čo len padne mu pod ranu.
Na tie slová Boleslavín
Ta sa k valom chvatom hodí,
Za ním Radmír od Likavy,
Za ním Ctibor vojskom brodí;
Na valy sa všetci ženú,
Hore nimi dobývajú,
Ale ostré meče zhora
Útok lámu, odrážajú.
Proti ranám, proti mečom
Boleslavín hore stúpä,
K výške valov jak sa blíži,
V teplej krvi meč len kúpä.
Už množina bojovníkov
Mečom jeho leží zbitá,
Ale Róland ešte stojí
Jako jedľa panovitá.
Letia iskry z prudkých mečov,
Letia z očí rozohnených,
I krev tečie a rozžíha
Pomstu v lícach rozpálených:
Hoj cudzinče, padneš predca
Mojím mečom porazený!
Zavolá tu Boleslavín
Vychytený, rozsrdený.
A za týmto slovom ranu
Na Rólanda hroznú zvalí,
Až sa mu vše v očach ziskrí,
A hneď na to oko kalí.
Jako dlhý, roztiahnutý
Na zemi už Róland leží;
Že zabili náčelníka,
Krik po celých valoch beží,

Krik po celých valoch lieta,
Na rady sa hrúza valí,
Už sa v útek rady ženú,
Jak by vetry jich odvialy.
Za nimi na valy skáču
Matúšove husté pluky,
Kriky zas tu sa radostné
A hrmotné nesú hluky:
Hoj užs' naša, nášho pána,
Nik ťa nám viac nevytrhne,
A kto sa sem opováži,
Toho v peklo meč náš vrhne.
A kde Matúš, kde náš vodca?
Hlasy jedných pokrikujú,
Hlasy druhých: tu je, tu je!
A plukom ho ukazujú.
Keď ho zazre, hor' ho mužstvo
Vyzdvihuje, slávu volá,
A Matúš jich pochvaľuje
A hovorí k nim dokola:
Dobre boj ste započali,
Naša Nitra je vysoká,
Nechže ten chýr rodom našim
Preletuje doširoka;
Nechže letí, oznamuje,
V rukách Nitra že Matúša,
A našincov týmto chýrom
Nech sa v boje zmocní duša.
Tu na Nitre, kde predkovia
Slávu svoju založili,
Starí králi Mojmírovci
Nad Slovákmi kde trónili:
I my vnuci jich ďalekí
Založíme slávu svoju;
Len sa smelo proti cudzím,
Len sa bystro majte k boju!

Ludevít Štúr.

IX.

1. Z básne: MARÍNA.

("Spisy Básnické *Andreja Sládkoviča.* V B. Bystrici. 1861." Strana 43. a nasl.)

Slovensko mladé, rodisko moje,
Aj mohyla mojich kostí!
V tebe mám pekných obrazov dvoje
A dvoje veľkých ľúbostí. —
Jako je krásna tá moja deva,
Jaká k tej ľúbosť vo mne horieva:
Tak ty a k tebe, otčina!
Jako tys' pekná, krajina moja,
Jako mladistvosť milá mi tvoja:
Tak pekná, milá Marína!

* * *

Na horách našich mládenec stáva,
Spev jeho kvet duše jeho;
Zápasy bohov on nerozpráva,
Nie huk rytierstva starého;
Hlas ten nezvoní bitky pradedov,
Nehlási spev ten krivdy súsedov,
Nie bičov sveta hromoplesk:
Začre si do pŕs, ľúbosť zaspieva,
A poľom žiale svoje rozlieva
A nádejí budúci blesk.

* * *

A žiale svoje poľom rozlieva,
Že je svet aj krem otčiny;
A bôle svoje poľom previeva,
Že tam niet jeho dievčiny;
Do vekov nových hlas jeho letí,
A blesk úfania z tvári mu svieti. —
No, ňadrá verné slovenskej devy
K prsám primkne verný šuhaj;
Slavné v spievankách zazvonia hnevy:
Svetom budeš úzky môj raj!

* * *

Vek náš je taká próza netrebná,
Že nič v ňom nemáš svätého;
Idea mu je snárstvo velebná,
A vo fabrikách boh jeho;

Do šiat lásky sa sova oblieka,
Krása v otroctve potrieb narieka,
A vernosť každý vysmeje.
To je tón času! povieš. Mne ľúto,
Lebo tón tento veku tomuto
Špatne na pohrab zavzneje.

S Bohom! ty ľud môj, ľud môj ľúbený,
Vyšších letov mojich predmet!
S Bohom! pamätaj, že máš sľúbený
Duchom svetov bezmierny svet:
Ja duchom tebou večne prejatým
S tebou chcem túžiť k ideám svätým,
A s tebou tam i tu bývať;
Syn tvoj chce žialiť tvoje žialenie,
A na síl tvojich víťazné vrenie
S vrelým sa nadšením dívať!

2. Z básne: DETVAN.

(Strana 171. a nasl.)

Stojí vysoká, divá Polana,
  Mať stará ohromných stínov,
Pod ňou dedina Detvou volaná,
  Mať bujná vysokých synov:
Či tých šarvancov Detvy ozrutných
Polana na tých prsách mohutných
  Nenosí a nenadája?
Alebo aspoň na tie výšiny
Nehľadí dcéra tejto rodiny,
  Keď má porodiť šuhaja? —

Jako by Detva obrov nemala! —
  Mať zrodila v poli syna,
Trávovú plachtu porozvíjala,
  Z buka na buk ju pripína;
Prvýraz oči šuhaj roztvorí,
Čo vidí? — vysosť Polany hory
  A opachy nezvratných skál;
A zpustí zraky prvé v doliny,
Čo vidí? — hory zázračnej stíny
  A prekrásnu slovenskú diaľ.

15

Z výšin Zbojníckej Polany dolu
   Hučí gajdí mohutný bas,
A cez ozrutnú letí homolu
   Poskočný piskora ohlas:
To jednostajné, prísne tečenie
A tónov hrubých zúfalé vrenie
   Podobné je časov toku;
A gajdeniec ten štebot spevavý,
Jako radostí kŕdeľ ihravý,
   Vo veselom, jarom skoku.

Huk ten ohluší prózu života,
   V chripení tom zachripne žiaľ,
V ňom vieri sa tá šťastná jednota —
   Tá večnosť — tá bez kraja diaľ:
Huk ten je taká tmavá noc sveta,
A piesen, čo sa hukom prepletá,
   Je deva, čo krásne sní si;
Huk ten je taká tabuľa biela,
Kde šialeného v slasťach anjela
   Vymaloval Van-Dyk kýsi.

Huk ten je osud slovenských časov,
   Prísny, smutný, nepremenný;
Tá harmonia tarkavých hlasov
   Je nádeje svet zelený:
Vtedy, keď čuješ, rodák môj milý,
Gajdičiek našich ohlas spanilý,
   Spomeň si zvon nášho žitia,
A v tých duniacich dumách hukových
Nech ťa nádeje osudov nových
   Do sladunkých citov schytia! —

Neodľahuj sa od kvetu lipy,
   Že vidíš dub už s žaludom. —
Cudzie ťa nikdy nesmiera vtipy
   S naším slovenským osudom.
Musí sa v mále dokázať verným,
Kto nechce večne zostať mizerným;
   Musí pučiť, čo chce zkvitnúť;
Kto, keď počuje žalmy škriváňa,
A ligotavú hviezdičku rána —
   Neverí, že musí svitnúť?! —

To je tá kľatba nášho života,
To netopierstvo osudov,
V ktorých sa k nebu od zeme motá
Mizeráctvo našich bludov.

Tá podlosť medzi duchom, prírodou,
Medzi otroctvom, medzi slobodou,
Medzi špatou, medzi krásou;
Keď nevieš, čo si, nemreš, nežiješ,
Len sa od skaly ku skale biješ
Po jazere bľadých časov. —

No, dobre sa maj, druh môj srdečný!
Spevca rodinná postava.
Z nízkosti takto tvorí duch večný
Trón, kde si Sláva sedáva:
Rod môj! ty ľúb si tvojho Detvana,
V ňom duša tvoja je zmalovaná,
Zhrej obrazom tým, čo schladlo.
Kde bujné v duši rastú zárody,
Tam pyramida vstáva slobody —
A to je naše zrkadlo!

3. Z básne: SÔVETY V RODINE DUŠANOVEJ.

(Strana 346. a nasl.)

Umko.

Umĺkni slepá, slabá rozzlobenosť!
Zúrivosť sama proti sebe zúri;
Kto pľuje k nebu, v tvár mu slina padá.

Mefisto *(stranou)*.

Peklo! synovi podaj výrečnosti,
Aby vec tvoja v hanbe nepodľahla! *(Nahlas.)*
Rečník je sice výborný, pán Umko,
Ale skutočnosť nemá v svojej vláde.
A čo by vyšiel na štít Himalaje,
A hlásal slovmi hromov Paromových
Pochvalu pravdy svetom šírošírym —
Mne moji drahí priatelia zostanú!

Pravduša.

Rúhač bezbožný! svetlo svätej viery
Ešte nemohlo konečne ťa zničiť!

15*

Darmo protivíš sa duchu večnému,
Keď Cnoty božskej nebáť sa nebojíš.
Vedz, že čo Umko, Vieroňka a Cnota,
Bytnosti božské, k spaseniu poslané
A nesmrtelné — smrtelnému svetu —
Rečmi a dejmi svojmi prezvestujú:
To ja, Pravduša — celým božím právom —
Schvaľujem, tvrdím, zastávam a slávim.
Opakujem a stvrdzujem reč Umka:
Dal ti Boh bytnosť dlho shovievavý
Len, aby sa zlosť a pekelnosť tvoja
Hrýzla a žrala pred očima sveta,
Aby svet videl na hynutí tvojom
Osud otroctva a slávu múdrosti.

Mefisto.

Rečí sa tvojich, Pravduša nadutá,
Nebojím: ale že hlas tvoj protivný
Vystáť nemôžem, na ten čas odstúpim.
Vedz ale ty tiež, že tak pohanený
Rod Belzebubov pomstu vám prisahá;
Že pokoj sveta, truc vám, budem búriť,
Odvádzať od vás a mohutnou silou
Tiahnuť za sebou pokolenia zeme.
Čo svet podvrátiš, čerta neobrátiš!
Keď chceš sa v zápas pustiť so satanom,
Krvavým potom musíš čelo rosiť,
Zakúsiť tvojho víťazstva drahotu.
Ba keď aj trúba v ten zlý deň zaručí,
Pekelný plameň zašľahne na svety,
Smrť svoje čierne brány poroztvára,
Mumie vskriesi a tône obľadlé
Pred Bohom stanú si nespravodlivým;
Keď peklo strašným praskom sa rozpadne
A ďasov svojich, dýmom učadených,
V prepasť ničoty vykrcne: aj potom
Uznáš, že silný bol Mefistofeles! — *(Zmizne.)*

Chór anjelov.

Svätý, svätý, svätý je Hospodin,
  Meno jeho slávte šíre svety!
Svätý, svätý, svätý je Hospodin,
  Opakujte hviezdy, morá, kvety!

Rozum, pravda, cnosť a viera pravá
Ku slobode žiadosť priviesť majú,
Priviesť ľudstvo k blahoslavia raju:
Trirazy jim sláva, sláva, sláva!

Túžbena.

Vrelú vám vďaku zkladám, sestry božie,
Že ste ma slabú peklu vyrvať znaly:
Po vecach svätých túžiť večne budem,
Až božskú najdem vo vás spokojenosť.

Pravduša.

No, podaj ruku mi svoju, Túžbena,
K posvätnej spolu pôjdeme Svobude.

Cnota.

Mne druhé podaj priateľské rameno.

Umko.

Vieroňka a ja, cestou nepochybnou,
K milej Svobude vás doprevadíme;
Cesta k nej klamná, nejistá a často
Príkra a trním pichlavým posiata. —
Hľa, tu prichádza práve nám v ústrety
Vznešená naša verná priateľkyňa,
Tá moja milá, moja večne milá.

Svobuda.

Poďte v objatie vrelé, sestry milé,
Aj milý ty; už dávno túžim po vás,
Vediac, že aj vy tiež po mne túžite.
Túžbenka! — ach, ty zriedka veru vernú
Navštíviš svoju priateľku Svobudu.

Pravduša.

Svodca pekelník už už v sídlo svoje
Ztrhol nevinnú: túži teba videť
A večnú ľúbosť verne ti prisahať

Svobuda.

Kto necítil putá zlosti,
  Nepil kalnú rabstva vodu,
Nezná žalár smyslnosti:
  Ten neváži si slobodu.

Kto nevidel božstva slávu,
Po večnosti nezatúži,
Cnosti nedá ruku pravú:
Ten slobodu nezaslúži.

Komu smyslnosť nestála
Nad rozum vzácnejšou býva;
Šťastnejšia od neho skala:
Ten otroctvo svoje vzýva.

Komu pravdu za posvätnú
Srdce len tak chladno bije,
Za ňu nedá slasť ostatniu:
Ten otroctvo neprežije.

Sloboda si voľno letí
Nad života dolinami,
Nad oblakmi slávu svätí
So svojimi miláčkami.

Otrok vzdychá nad šialenstvom
Svojím vlastným, v ktorom hynie:
Sloboda sa človečenstvom
Silne k Bohu svojmu vinie.

Andrej Sládkovič.

X.
Z ballady: VÄZEŇ.

(„Lipa. Národní Zábavník. Vydal *Josef Viktorin*. Ročník I. V Budíne. 1860." Strana 221. a nasl.)

Vykvetal kvietoček na pustom polome:
Dorastalo dievča v svojej matky dome;

Na pustom polome bieluská bimbonka:
V svojej matky dome nevinná Ilonka.

Maľ ju vychovala biednym vdovským chlebom,
Roveň si nemala pod tým božím nebom;

Roveň si nemala len azdaj na nebi,
To sväté anjelstvo kde Boha velebí.

Mne kvitla bimbonka, to bieluské kvieťa:
Mne rástla Ilonka, to nevinné dieťa;

Bimbonka uvädla; červoč ju podryla:
Ilonka umrela; mojaď ju zmárnila;

Mojaď ju zmárnila — a len pre to jedno:
Zdalo sa jej haňbou v rode dievča biedno. —

Zodvihla sa bola búrka od východu,
Prihučala na zem slovenského rodu.

Maďar zpod Kavkazu v nepočetnom roji,
Do šíreho sveta pustil sa po zboji.

On ohňom i mečom padol do Moravy,
A nás kráľ Svatopluk volal pod zástavy.

Surmily surmity v zlatom Velehrade,
Po slovenských krajoch zbroj cendžala všade.

Povstal môj dobrý ľud i bratské národy,
Kde Visla i Laba mútne leje vody;

I kde Tatry pyšno k nebu sa spínajú:
Valily sa vojská k tichému Dunaju.

Nad Dunajom kráľ náš zastal si táborom,
Pri ňom župy — každá pod svojím práporom;

Tam rozšikovaly jasné šíky svoje,
Pod mojím prievodom černohradské voje. —

A môj rod — tí hadi — spolu kameň duli;
Na moju Ilonku zlostné rady kuli:

Či dievčatko sraziť z tej skaly vysokej,
A či ho zaväziť do väže hlbokej;

Kde ani len slnce na ňu nezasvieti,
Kam ani len vetor ku nej nedoletí. —

Dlho rady stály, tak sa dokonaly:
Srazili Ilonku z tej vysokej skaly;

Srazili na Dunaj, na tie hlbočiny:
Zhynul mojím rodom anjel môj nevinný. —

Lovili rybári ryby na Dunaji,
Videli Ilonku tenúť popri kraji.

Tí dievča vyniesli do zelenej trávy,
Ihlicu aj partu vypali jej z hlavy:

Ihlicu aj partu zo zlata čistého,
Zaniesli rybári do chrámu svätého.

Na božom oltáre tam ju povesili,
Luďom pravovercom smútok ohlásili:

„Letorôstka suchá už sa nerozvije,
A telo bez ducha nikdy neožije.

Kto tú partu svojej darom dal neveste,
Tomu, pravoverci, také heslo neste:

Že už s ňou nekľakne nikdy jedným párom,
Na ten svätý kameň pred božím oltárom."—

Ešte ani slnce nesadlo za horu,
Už to smutné heslo dobehlo k táboru:

A ani biely deň na mňa nezasvietil,
Už som ja ten zločin zločinom odvetil. —

V noci čierne mraky na nebi zavisly,
Oj, ale čiernejšie na tej mojej mysli.

Po nebi sa blesky krížily ohnivé,
A po mojej mysli pomyšlenia divé.

Bez seba som sa vám do sedla vyhodil,
A letel som v oslep, až sa kôň zachodil:

Cez hlboké toky, cez široké polia,
Až ta, kde táborom stál Maďar dokola.

Tam, tam mi pošepol zlostník zlostný z pekla,
Čo najhoršie znala duša jeho vzteklá.

Ja sám som vyviedol maďarské zástupy
V noci hromobitnej na hrad mojej župy;

Ja sám som rozrazil bránu rukou mojou:
Padol biedny môj rod pod maďarskou zbrojou. —

Stal sa hriech — lež zápät za ním prišla kára.
Jako víchor kráľ náš udrel na Maďara;

A jak plevy rozbil hrdé jeho pluky:
A mňa vydal Pán Boh kráľovi do ruky. —

Smutno vyhrávaly zvony zo zvonice;
Plakaly Ilonku jej verné družice:

Oj, a ja zajatý mojím vlastným ľudom,
Stál som okuvaný pred kráľovym súdom.

Dvanásti mládenci, a každý pod perom,
Zaniesli Ilonku do hrobu večerom;

A mňa nešťastníka tie kráľove stráže
Pod holými meči zaviedly do väže.

Ilonke čierny kríž na hrob postavili,
Jej nevinnú dušu Bohu poručili;

A mňa do tej väže múrom zamúrali,
Na mú biednu hlavu kľatbu mi nakliali:

„Nech ťa tu, zrádniče, hriech tvoj večne morí!
Nech ťa Boh z milosti na veky vytvorí!

Keď naň volať budeš, aby sa nepohol,
Že by si tu hynul, a zhynúť nemohol." —

Tak mi popi kliali, a ľud volal: „Amen!"
A ostatní zavrel väžu túto kameň. —

Samuel Chalupka.

XI.
Z básne: PÁD MILIDUCHA.

(„Lipa. Národni Zábavník. Vydal *Josef Viktorin*. Ročník II. V Pešti. 1862." Z oddelenia „Bohdan." Strana 24. a nasl.)

Pokojnou orbou a kupectvom pilným,
Neznajúc pritom podvod a klam lichý,
Súc v prácach ťažkých, mozoľných len silným,
Trávi od vekov Slovan život tichý.
Jeho netešia lúpeže a boje,
Neteší pád a záhuba súsedov;
Len keď obráti lotor naňho zbroje,
Chytá sa zbrane, aby vojnu viedol.
Starcov má v úcte, mládež bezstarostná,
Žijúca v hrách a zábavách nevinných;
Žena a panna je pokorná, cnostná. —
Len jednu chybu, ach, má tento národ:
Že sa rád trhá, rád na kusy drobí,
Že každý kmen, dom, bojac sa poroby,
Hnusí si celosť, tento slávy zárod;

Že mrejúc príliš zlatej po slobode,
Každý zvláštneho pána radšie volí,
Než aby sily schatrnené v rode
Zdrobnenom jednej poddaly sa vôli.

Rázu tomuto v dobrom i zlom verný
Žije Polabcov kmen tiež rozšírený;
Ach, ale jemu Nemcov rod nemierny
Dal za súseda osud nezmenený:
Tíger to vedľa ovce ticho spiacej,
Jak by nebolo moc tam tuhej hádky?
Nebolo krivdy, tej plodistej matky
Žalôb a pomsty krvou smäd hasiacej?

Nemec zrastený v bitkách, v surovosti,
Pachtiac po vraždách, cudzej majetnosti,
Lúpi a zbíja, a pilnosti plody
Mečom i ohňom na vnivoč privodí.
A čože Slovan? — Ten len rozkusený
Trpí, a keď i niektorý povstane,
Díva sa druhý ďaleko na strane,
Kým tiež nebýva po hre oblúpený.
Ba čo je horšie, často sám pripojí
Sa k lupičovi, majúc dušu čiernu,
Aby od vraha po skončenom boji
Mal pokoj a vzal almužnu mizernú,
Stanúc sa toho, komu sa životom
Zaviazal, milšou tým pochútkou potom.

Takto Polaban, ač sa prácou potí,
A po stých žľaboch živnosť shromažďuje,
Vždycky len predca živorí a psotí,
A viac poslúcha, nežli rozkazuje.

(Z oddelenia „Cisár.“ Strana 59. a nasl.)

Tamto za Labou na chotáre franskom
Sa na skalisku vznáša velikánskom
Hrad preohromný sťa hniezdo orličie,
Z jehož očadlých cimburí v hodinách
Polnočných upné škrekoty kuvičie
Sa roznášajú po blízkych roklinách.
Pusto z kaplnky zvon večerný vyje,
Mrak nepreniklý valné hradby kryje,
Z ktorých cez nočnej tmy pustotu hluchú
Hlas jednotlivý stráže ospanlivo

Pozivujúcej tu i tu sa divo
Tatam zanáša k vzdialenému uchu.
Lež z malovaných okien izby hradnej
Sa hojné ešte svetlo na dvor leje;
V palote hneď sa hlučný hovor deje,
Hneď zas nepočuť dlho reči žiadnej.
Za dlhým stolom tu osuhlotvárnych
Rytierov franských rady vedú škreky,
Chcejúc vo víne upomienky marných
Laňajších výprav utopiť na veky.
V zádumčivosti pošmúrnej zástere
Sa za vrch stolom sám Karol spatruje,
Zatmelý jeho obličaj zradzuje,
Že malý podiel len na hodách bere.
Zmrazkané čelo, hnevom zrak zaliaty,
Ohnivé líca, potrhanosť reči,
Zaťaté pästi, všetko toto svedčí,
Že on búrlivým citom podobratý.
Čo v prsách hrozne zúžených mu zúri?
Hej, kto z prítomných nevie to rytierov?!
Nezdarnosť laňských výprav to tvár šerou
Chmárou mu kalí, vztekom srdce búri.
Neslýchanými zmarniac prípravami
Poklady veľké, aby Česko zkazil,
Bol sa s hladnými tromi on tlupami —
Obíduc Harce jako had — ta vplazil.
A prejdúc Sálu, Labu s túžbou stálou,
Nahnúc i statných Glomačov k úkore,
Rozvodnil náhle s mocou sa nemalou
Po českých nivách sťa bezuzdné more. —
Čo ale získal? — I Čech sa tiež schopil,
A bitka bitku čerstvo sledovala;
Lež darmo mnohá krev sa vylievala,
Darmo v nej český kvetoluh sa topil:
Bo toho, kohož berla svet zatriasla,
Kohož moc národ za národom skusil,
Nad kohož menom už Evropa žasla,
Toho tam ľud sám s haňbou bol roztrúsil.
I jako — mysliac na ztratu nezdarných
Ťahov — potupu tú má zapomínať?
Jako sa tešiť pri hodách rozmarných,
Nemajúc všetkých Slovanov preklínať?

Bo veď i Srb hľa! užijúc nehodu
A zrobiac stú mu pri návrate škodu,
Vyletel ako sokol na slobodu.
A preto jako v bruchu sopky blčí
Jemu v útrobách žravý oheň žlčí.

Chvíľkou s úškľabným pysku pretiahnutím
Na žiarlivého Vitoša zaškúli,
Čo tu s obočím škarede stiahnutým
Popri ňom — zradu páchajúc — sa chúli.
Zatým nalejúc pohár zas odstrčí,
Hľadiac po všetkých dokola škaredne,
Z úst jemu trasných hrozná kľatba hrčí,
Až nad ňou celé rytierstvo obledne.

„Prestaňme kvasiť!" — Všetko hore skočí;
A cisár zbehá sál siahovým krokom,
Po chvíli kvapne k stolu zas prikročí,
A divým jastrí po rytieroch okom.

„Čo? — už len doma máme sa po kútach,
Chlastajúc, válať ako vetché ženy?
Či už prekľatý pohan pokorený?
Či už pred krížom spiaty v našich putách?
Kde rok je celý? Čo sme poriadili?
Kde sú poplatky Luticov a Srbov?
Či už budeme hľadať, vždy opilí,
Slávu nášho cisárstva u krbov?
V hnusnom bahnisku tam náš venec hnije,
Potvorné modly zľahčujú nám vieru,
Posmešne pohan psím štekotom vyje;
Či už budeme uňho žobrať mieru?" —

Tu razom utnúc reči s neslýchanou
Zúrivosťou sa na rytierov díva;
Po sále temný hrmot sa ozýva,
A sto úst zvreští: „Zhurta, na pohanov!" —

(Z oddelenia „Boj." Strana 83. a nasl.)

Tri dni už honia Srbi nepriateľa,
Vždy ďalej cúfa ten pred ich pohonom;
Kamkoľvek dojde, púšť tam len zhorelá,
Vsi, mestá v rumoch zostávajú po ňom.
Čo by poželieť vedel Nemec divý?
On, čo záhubu prisahal Slovanom,

Čo v rečach klamný, v srdci závistlivý,
Zúri len ako bes v ľudu vzdelanom.
  Tu obetnicu kamennú rozborí:
Slovan vraj zhyzdil žertvou ju nehodnou!
  Tam svätá lipa padá skrz topory:
Bo Slovan kľačal v modlitbách vraj pod ňou;
Tak nie len národ, ale i tie háje,
Sady a lúky, kde po ňom šlapaje
Zvykov a mravov ľahodných nachodí,
Svojou potupou na vnivoč privodí. —
  Minul deň tretí. V krvorudej šate
Ukázal sa jim mesiac v zapadaní;
V krvavom stálo slnce zas šarláte
I dňa štvrtého na hore v čas ranný:
Jako by sama príroda znať dala,
Že sa dňa toho mnohá krev liať mala.
  S prvým zábreskom sa Srbi hýbali
Za stopou vraha bojochtivou dušou,
Tu na rovine širokej zastali
S vloženou strelou, natiahnutou kušou;
Sú na planine ústami cudzími
„Hwerenafeldo“ prezvanej na veky.
Návršie dlhé tiahne sa pred nimi,
Zľava sa černie les im neďaleký;
A na návršı, hoj, pozri ta hore!
Tam rozhostené v sile neprehliadnej
Hromady franské, chmáry noci chladnej
Prebdejúc, ranné vyčakaly zore.
  Zhliadne Srb Franka, Srba zas Frank strmý,
Zahorí žlč na tej i onej strane,
Zo všetkých hrdiel divý krik zahrmí,
S tým dlhé, strašné ticho zas nastane.
Tak keď z protivných strán dve chmáry mračné
Pritiahnu, zastrúc modrý sklep nebeský,
Najprv zďaleka metajú len blesky,
Až sa potkajú, a tu prezázračné
V nich búrky zúra, hučia a lomozia,
A všetkým tvorom zahynutím hrozia.
  Pohnú sa Nemci, zástavy rozvinú,
Na dobrom oni stoja stanovisku;
Nedbá Srb na to, vystre po bojisku
Tiež rady, celú zatiahnuc planinu.

Ach, boly rady krásne to a hrdé!
Na ktoré oči s ľúbosťou hľadely,
Rady ztužené skrze boje tvrdé,
V ktorých potlkať jednak sa musely.
Podobne štihlým jedľam v mladej hore
Skvie sa les sudlíc k nebu obrátených,
Z šišákov zlatých, štítov vyhladených
Prestiera šíre, plamenné sa more.
  Lež čo to všetko, keď zrak jednotlivo
Na bohatierov upreš s pozornosťou?
Tamto na Srbov vriacich hnevom živo,
Tu na Veletov chýrnych udatnosťou.
  Každý má pluky vydelené jemu,
Celok sám bodrý Miliduch spravuje,
Kňažec porúča okridliu ľavému,
Na pravom smelý Semil sa spatruje.
  Nie s menším ale pozorom šikuje
Frank pluky svoje, lačné po lúpeži.
Vo sredku samé vojsko franské leží,
Tu cesarevič Karol rozkazuje;
Na pravú stranu Frankom stanú v rady
Slovanom večne zloprajní Sasíci;
Zľava, nedbajúc nič na bratozrady,
Stoja pod Dražkom Slovania Bodrici.
  Tak teraz vojská v nemom tichu stály.
Miliduch kývne, žrec žertvy zapáli;
Frank kríž červený vystrčí na výšku,
A kresťan kľakne šomrajúc potíšku.
Len Bodric nikam nepatriac, s zaťatou
Mysľou tu stojí, zrak dolu uderí;
Ku krížu nechce, bo na kríž neverí,
Ku vlastným bohom nesmie — vraždiac bratov.
  Je po modlitbách. — Smrtozvestujúci
Roh z prsov vydá mosadzných ručania. —
„Nuž vy Srbovia! tamto sú kresťania,
Vlasť a slobodu nám zožierajúci.
Nuž vy bojujte zmužilo a smelo!
Pri nás je pravda, u tých tam lúpežstvo!
Svantovít s nami! Naše buď víťazstvo!"
Takto Miliduch svojich budí vrelo. —

Ludevít Žello.

XII.

Z romance: SMRŤ JÁNOŠÍKA.

("Lipa. Ročník II. atď." Strana 267. a nasl.)

Čo sa ten mrak tak vlečie cez tie šíre polia?
Čo tie vrany lietajú, kráču do okola? —
To sprievod čierny, dlhý z mesta sa pohýna —
Vyprevádza zo sveta nezdarného syna.
Spevu, plaču neslýchať — len čo vetor duje —
A čo drobná rosička z neba poprchuje.
Hľaď! na čiernom vozíku, v hlbokom dumaní,
Opiera sa Jánošík šuhaj malovaný.
On v prosredku jak víťaz — kolo tvári bledé —
Zdá sa, že on sám na smrť celý zástup vedie.
On vypnutý — tí hlavy nesú dol sklonené,
Jako by ho prosili za oslobodenie. —
Kňaz sa modlí: „Modli sa!" — „Za koho?" — „Za seba!"
„Nie, kňaze! čas nemrhaj — za mňa sa netreba!
Ja už idem zo sveta, tam ma Boh odsúdi;
Ale sa radšej modli za tých biednych ľudí!
Za ľud, za ľud sa modli! za to choré dieťa,
Že by abo ožilo, abo šlo zo sveta.
Pozri ho jak omdlieva na nevoľnom loži —
Pozri tú tvár vpadnutú! — či to obraz boží? —
Jarmo jeho kolískou, sínavy ozdobou!
Či sa kedy smiluje ten Pán Boh nad tebou!?
Oj, dieťa nešťastlivé — zakľaté v nevoli!
Nič viac nevie o svete, iba že ho bolí.
Sirota, nezná matky, otca ani seba:
Otvor knihu, môj otče! zaň sa modliť treba!
Modliť! ešte nie pozde, ešte sú nádeje —
Ešte jedna iskierka na dne duše tleje;
A bars ona maličká, bars hlboko skrytá:
Odkľaj mi ju, môj otče — a svet nový svitá!"

Od šibeníc zavialo, ľudia sa žehnajú;
Na štyroch čiernych stĺpoch havrany krákajú:
„Poď k nám, poď k nám, Janíčko!" až strach kosti láme —
„Poď k nám, poď k nám, gazdičko! dávno ťa čakáme."

———————

Už je hore. — Ešte raz zrak na hory hodí —
Hej, na hory, na hory, na ten svet slobody!

Po nich ťažko, hlboko hučia sĺz prívaly —
On ticho hľadí na nc, nesmúti, nežiali;
Bo jich pamäť jak lampa čarovná pozláti,
I oblieka v slncové starodávne šaty.
A duša do tých pekných krajov sa poberá
Pozerať sa jak slnce nad more z večera.
Tu sa vidí v družine na Kráľovej Holi
Jak orol bystrooký pomcdzi sokoly;
Pri vatre gajdy hučia, tu skáču chlapiská,
V ruke pohár a v druhej valaška sa blýska.
Tam zase na Kriváni, keď sa hora lomí,
Jak pozerá pod sebou neskrotené hromy.
Tu na Ďumbierc stojí, dušu v túžbach kojí;
Pozerá orla v letku pri slnca východe,
I spieva si pesničku o zlatej slobodc.
Tu hájom znie fujara, keď mesiac vychodí,
Tu on milej koštúva cukrové jahody;
I díva sa jej v oči, v tie božské plamene,
Kde vidí všetke svoje túžby oslávené.
Tam zas jak s chlapci blúdi po zelených horách,
Pri slnci i mesiaci, pri hviezdach i zorách;
A všetke tie obrazy tak s' milo naň smejú,
Že znovu v ňom zbudily usnutú nádeju.
Oj, a duša sa do nich ešte raz pristrojí,
Jako veľký bohatier do víťaznej zbroji —
A po nej sa rozleje sila nevystihlá;
Cíti, že by rameňom zem do neba zdvihla.
A v tom kňaz povie: „Amen!“ — Jaj Bože nad nami! —
Mhla zašla — a Jánošík víta sa s Vilami.

Ľud okolo šibeny — jak dáka skalina —
Nevzdýchnc, nezaplače, pästi nezatína.
Ide domov — pomaly — ale dák z nechuti;
Čo krok zrobí, zastane a hlavou pokrúti;
Čo diaľ ide, to mu viac dačo srdce sviera,
Dač v duši sa ozýva: Jánošík umiera!
A to srdca svieranie viacej neprestane,
A ten hlas bude volať do zmrtvých povstanie,
Prebije sa cez prse, cez doly, cez lesy —
Bude volať do všech strán: Janíčko! kdeže si?!

Ján Botto.

Prídavok

z literatúry česko-slovenskej*).

I.

Z článku: O MORAVANECH A SLOVÁCÍCH.

(„Slovanské Starožitnosti. Sepsal *Pavel Josef Šafařík*. V Praze. 1837."
Strana 793. a nasl.)

Příběhové tří slovanských větví, Moravanův v nynější
Moravě, Slovákův v severozápadních Uhřích, asi od řeky
Torisy až pod Prešpurek a Vacov, a Slovanův druhdy v okolí
zadunajském, od okliky Dunaje u Vyšehradu až za Jezero Bla-
tenské bydlevších, v tomto časovém okresu, v němž rozjímání
naše zavříno jest, nejpřirozeněji v jeden celek zahrnuti býti
mohou. Krajiny od nich zaujaté, z obojí strany Dunaje ležící,
společné někdy měly jméno, totiž Veliká Morava čili „Vyšní
Moravě," pro rozdíl od „Nižní" čili Bulharské Moravy; pří-
buzný co do nářečí a mravů v nich obýval národ, od korutan-
ských a bulharských Slovanův patrně rozdílný, a příbuzná,
z jednoho kmene pošlá ve všech třech panovala knížata. Co
do Slovákův v Uhřích, žeby země jejich v této době částkou
byla Veliké Moravy, o tom posavad mezi soudnými a nepřed-
pojatými zpytateli dějin žádné pochyby nebylo. Oddílní, s mo-
ravským velikokřížecím rodem pokrevní knížata měli své sídlo
v Nitře, městě slovenském. Jméno, nářečí, tělesná i mravní
povaha uherských Slovákův, jmenovitě obyvatelův podkrají
Vážského, od nepamětných časův nejoužeji je spojovala s bra-
try jejich Moravany, kterýchžto jihovýchodní polovice, od
stoku Dyje s Moravou až k Valachům se táhnoucí, až do dnes
jméno Slovákův sobě přikládá. Pravda sice jest, že nynějšího
času řeč Slovákův uherských od řeči Moravanův patrně se rů-

---

*) Chcejúc i z klasických spisov slavných mužov slovenských
Šafarika a *Kollára* ukážky podať, pripojujem výpisky z jejich českých
diel, aby, komu na veci záleží, pravopis český so slovenským porovnať,
a jako totožnosť tak i odchylky jednoho i druhého spozorovať mohol.

Mimo toho pripomínam, že druhé, tohoto roku (1862.) obnovené
vydanie Šafarikových spisov, keď som chrestomathiu túto sostavoval,
ešte tak ďaleko nebolo pokročilo, abych ho bol upotrebiť mohol, preto
len staršie vydanie hore udávam.

16

zní a zvláštní nářečí zakládá; soudě nicméně podlé rozdílu mluvy obecného lidu v Moravě, kterážto z této strany řeky Moravy čistě česká jest, z oné pak strany ke slovenské se blíží, mám za to, že někdy, před politickým oddělením Uher od Moravy, rozhraní obou nářečí, českého i slovenského, bylo někde ve středu samé Moravy, nikoli v pohoří, dnešní Uhry od Moravy dělícím. — — —

Počátečná historie Moravanův a Slovákův, od času jejich v nynější vlasti osednutí až do úsvitu VIII. století, v nedochodném temnu jest pochována. To jediné, soudíc podlé zjevného příbuzenství jedněch i druhých s národem českým, nebezdůvodně za pravé přijíti můžeme, že v oné době, když Čechové do Bojohému se přistěhovali, i Moravané a Slováci, vystoupivše z Tatranského Bělochorvatska, nevědomo z kterého okolí, hlouběji k jihozápadu, pořičím Moravy, Váhu a Hronu až k samému Dunaji sestoupivše, uprázdněná od Rugův, Herulův a Gepidův místa brannou rukou zaujali. Dalšímu jejich šíření se přes Dunaj zbraňovali mohutní Longobardové, jimž Pannonie l. 548. od císaře Justiniana postoupena byla, po jejich pak odstěhování do Vlach horší předchůdcův svých podmanitelé a násilníci Avarové. V květoucí době avarské, též za panování slavného vítězitele Sama, nikdež ještě o Moravanech a Slovácích výslovně zmínka se neděje, ačkoli podobné jest, že obojí tito, tehdejšího dějiště tak blízcí národové, zaroveň s jinými příbuzníky a sousedy týchže proměn štěstí, nátisku avarského i osvobození se od něho, zakušovali. Po přemožení Avarův od Karla Velikého země jejich, v nynějším Rakousku a Uherském Zadunají, dostala se v moc Němcům, kteříž, zřídivše ji podlé způsobu a obyčeje svého, totiž poručivše vrchní správu její svému markrabovi, Slovanům a Avarům, co jich jinam neušlo, k obývání ji propustili s tou výminkou, aby knížata jejich dotčenému markrabovi poddána a císaři k dani i vojenské službě zavázána byla. — — —

Nedlouho potom vystoupil na poli dějin moravských Mojmír, kníže dějný a velemoudrý, od Urolfa na křesťanskou víru obrácený. Celé jeho snaženství směřovalo k tomu, aby zemi své stálého míru a vnitřní posily i vzniku zjednal, zůstávaje v přízni s vrchními pány svými Franky. — — Mojmír o rozšíření křesťanství ve své krajině ousilně pečoval, čehož důkazem jest založení dvojího biskupství, totiž Speculijulium (Olomuc) a Nitrava (Nitra), okolo l. 826. Jemu vším právem připsáno býti musí položení základu k oné veliké a mohutné říši morav-

ské, kteráž za nástupcův jeho, ovšem jen na krátký čas, tak
slavně se vznesla. — Mezi tím upadl Mojmír u Frankův v po-
dezření, jakoby z područí jich vyvaditi se usiloval. Možné, že
pouhá závist a nedověra pohraničných markrabí popudila krále
Ludvíka proti němu, nelibě patřícího na šíření se moci a slávy
tohoto nebezpečného područníka svého. Buď jak buď, král
Ludvík, vypraviv se l. 846. se silným vojskem do Moravy,
odstrčil přemoženého Mojmíra, a na místě jeho ustanovil kní-
žetem moravským synovce jeho Rastislava čili jak jej Frankové
jmenují Rastice. — —
Dobré srozumění a přátelství mezi Moravany a Franky
netrvalo dlouho. Mojmír byl králi Ludvíkovi jen podezřelý,
Rastic se mu stal v skutku nebezpečným. Výtečný tento kníže,
dostav se na stolici knížecí, všemi cestami o to usiloval, kte-
rak by národu svému utracené samostatnosti vydobyti mohl.
K tomu cíli počal v zemi své zakládati mnohé, na ten čas
mocné pevnosti, a vstoupil v přátelské svazky s Bulhary, ji-
hovýchodními sousedy svými. Neušlo to takové jeho počínání
pozornosti podhlídavých Němcův. Král Ludvík, chtěje odvrátiti
hrozící sobě nebezpečí, vypravil se s branným lidem na Mo-
ravu l. 855., ale nemoha dobyti zásek a ohrad protivníka svého,
obrátil se bez pořízení zpátky, kdežto od Moravanův až za
Dunaj stíhán jsa, znamenitou škodu trpěl. Tím způsobem osvo-
bozená Morava, požívajíc ouplné neodvislosti, stala se outo-
čištěm všech nespokojených anebo od Frankův utiskovaných
Slovanův, anobrž i samých Němcův, proti vládě krále Ludvíka
pletichy a pikle snujících. Český kníže Slavitěch, l. 857. od
Bavorův z města svého Vitorazi vypuzený, hledal a nalezl u
Rastice přítulku; důstojníci Ludvíkovi, hrabata Werinhar a
Gundacker, jsouce ouřadův svých zbaveni, k němu přešli; sám
nejstarší syn králův, Karloman, vývoda korutanský, vstoupil
s Rasticem l. 861—863. ve smlouvu, chtěje se ubezpečiti proti
hněvu a pomstě otce svého; totéž učinil druhý syn, Ludvík
mladší, když l. 866. proti otci se zbouřil. Z toho ze všeho do-
statečně vysvitá sláva knížete Rastice a dověra, kteréž poží-
val v cizině: o mohutném a blahodějném vladaření jeho v samé
vlasti, při urputném mlčení zahraničných pramenův, jen z běhu
a spojitosti důležitých příběhův, za panování jeho stalých,
ouplného ponětí nabyti můžeme. Do této zajisté mírné doby
jeho panování připadá sestavení veliké říše moravské, vzdo-
rující všem outokům cizincův až do přibytí Maďarův, též uve-
dení slovanské liturgie v obojí Moravě a v Čechách, události
16*

na onen čas v celém Slovanstvu jistě nejdůležitější. — Neodvislost Moravy, ačkoli skutečně od l. 855. stávající, nikdý od krále německého výslovně uznána nebyla. Již l. 863. král Ludvík proti Rastici, s Bulhary spolčenému, válku pozdvihnouti zamýšlel, z čehož však tehdáž ještě sešlo. Než l. 864. vypraviv se s valným vojskem do pole, oblehnul jej v městě Děvině v Moravě nedaleko nynějšího Hradiště, a nemohoucího odolati toliké síle, donutil ke slibu věrnosti. A však již l. 866. byl Rastic od syna králova, Ludvíka, a některých pánův německých k novému povstání naveden. Naposledy vypukla l. 868. záhubná vojna mezi králem Ludvíkem a Rasticem, v níž z počátku s obojí strany bez prospěchu bojováno. Léta 869. rozšířilo se divadlo války: Čechové a Srbové, spojení s Moravany, vpadli do Bavor a Durinska; Svatopluk, synovec Rasticův, jak se zdá kníže nitranský, vystoupil teď ponejprvé na bojišti. Král Ludvík vystrojil troje veliké vojsko do pole: syn jeho, Ludvík, vedl Sasy a Durinky proti Srbům, druhý syn Karloman Bavory proti Svatoplukovi, třetí vojsko ze Frankův a Švábův, jímž král sám osobně Rastice potříti měl, pro nemoc nejmladšímu synu Karlovi ke správě poručil. Oba královici vpadli do Moravy; Karel, jak se podobá, z Rakus, Karloman z Pannonie, nenalezajíce tuhého odporu. Karel, přiblíživ se k neobyčejně tvrdé pevnosti Velehradu, pálil a plenil ukrutně v celém okolí; Karloman, přistoupiv od jihu, spojil se s bratrem někde v Moravě, na východ od nynějšího kraje hradištského. A však, naplenivše se bez lítosti, hlavního cíle svého, pokoření Rastice, nedosáhli. Obyvatelé ustupovali před nimi do krajin hornatých; nedostatek potravy a jiné nehody přinutily je posléze ke zpátečnímu tažení. Král Ludvík naklonil se ku pokoji, straně jeho nevšelijak výhodnému. Tím způsobem stál Rastislav z počátku l. 870. na vrchu své moci a slávy, hotov jsa požívati krvavě dobytého míru ke svému i národu svého blahu. Ale osudové jinak byli uložili! Vládobažný synovec jeho, Svatopluk, netrpělivě nesa poslušenství, jímž přísnému strýci a panovníku povinen byl, propůjčil se chytrým Němcům za nástroj pádu svého dobrodince. Přede vším s oudělnou svou krajinou vzdal se pod vrchnost a ochranu císařovice Karlomana. Brzo potom svého strýce, chtějícího jej pro toto odpadnutí ztrestati, oukladně jal a ouhlavnímu nepříteli Karlomanovi vydal, kterýž nešťastného starce řetězy stíženého do Řezna odeslal. Král Ludvík, podav jej k soudu z Frankův, Bavorův a některých maní sebraných Slovanův složenému, místo vyrčeného naň trestu smrti obě oči mu vyloupiti a pak jej do nějakého německého kláštera zavříti dal, kdež, nevědomo kdy a jak, zahynul. Takový konec vzal nejvýtečnější a o národ svůj nejzasloužilejší panovník slovanský v celém IX. století! Karloman, vstoupiv s vojskem do opuštěné a bezbranné říše jeho, rozsadiv německé ouředníky po všech městech a hradech, a svěřiv správu země hrabatům Engelskalkovi a Wilímovi, navrátil se s poklady Rastislavovými radostně domů. Mezi tím i Svatopluk příznění s nepřátely vlasti a národu brzo trpce zakusil. Ustanovení vladáři zemští, znamenavše nepovolnost jeho, obávali se zrády, pročež jej jatého a svázaného vydali Karlomanovi. Moravané, takovýto nátisk těžce nesouce, pozdvihli se valně, obravše sobě za vůdce kněze Slavoměra. Válka se chýlila ku prospěchu Slovanův. Svatopluk, ačkoli od soudu za nevinného vyhlášený, od Karlomana dary poctěný a s vojskem německým ku pokoření Moravanův vyslaný, nabyl v žaláři času i příležitosti poznati lépe své položení u prostřed mezi národem svým a Franky. Srdce jeho hořelo žádostí pomsty. Vstoupiv do Moravy, potýkal se jen na oko se svými rodáky, a brzo na to, srozuměv se s nimi, obrátil zbraň svou proti Němcům. Porážka těchto byla nesmírná: radost jejich nad mnoholetým vítězstvím obrátila se pojednou v hoře a kvílení. Svatopluk, předzvídaje hrozící sobě kruté války, zmocnil se přátelským svazkem s Čechy: kníže Bořivoj poddal se v ochranu jeho. Král Ludvík již l. 872. sebrav odevšad vojska svá, poručil synu svému Karlomanovi boj vésti se Svatoplukem: než tento, svítěziv několikrát nad nepřátely, nejen krajinu svou od nich osvobodil, nýbrž l. 873. sám do země německé vstoupil, a Karlomana odevšad sklíčil. Král Ludvík, nevida jiné pomoci a chtěje co nejspíš zastaviti nebezpečenství, zavřel mír se Svatoplukem, jakž dobře mohl. Tím způsobem Svatopluk, upevniv své panství, hleděl slávy vznešeného strýce svého, ovšem nechvalným způsobem na sebe převedené, moudrým panováním, milováním národu a nade všecko přísnou spravedlivostí dostihnouti, a vinu mladosti své cnostmi zkušeného stáří v zapomenutí uvesti. Památka jeho jména v národu moravském žádnými pohromami nástupných časův vymazána nebyla, anobrž trvá u prostého lidu až do dnes. — — —

Léta 890. vypukla mezi Svatoplukem, samostatnosti své hájícím, a císařem Arnulfem, nepochybně po svém na trůnu upevnění poddanost z celé Moravy od Svatopluka požadujícím, hrozná válka, kteráž konečně říši moravskou do hrobu uvedla, na německou pak říši mnohé pohromy a neřesti uvalila. Udatný Svatopluk sehnal Němce z pole, síle jeho nikdež odolati nemohoucí. Tuť chytrý Arnulf najal proti Slovanům Maďary, od l. 888. v Dacii brojící, Bracislava pak, oddílné kníže chorvatské, potáhnul do svého spolku. Svatopluk, obklíčiv Maďary v jakési soutěsce, byl by je zničil, kdyby ho vpád Arnulfův od západu a Bracislavův od jihu k ustoupení byl nepřinutil. Po hrozném poplenění rovné krajiny odtáhli Němci a pomocníci jejich zpátky, bez přemožení a pokoření Svatopluka. Arnulf, vztekaje se zlostí, jednal s Bulhary, hledě je odvrátiti od přátelství s Moravany. V obnovené l. 893—894. vojně císař Arnulf nejen žádného nedosáhnul nad Moravany vítězství, ale nad to sám jedva záhuby ušel. Toto však bylo poslední léto slavného a vítězného panování Svatoplukova. Po jeho smrti (l. 894.) nastoupili vládu v rozděleném panství dva lehkomyslní a svárliví synové jeho; Mojmír a Svatopluk. Číhavý Arnulf, znamenaje příhodný čas, nepominul skrze zlorádného Wichinka a chytrého Ariba rozněcovati jiskru nedůvěry mezi bratry, až u veliký plamen se rozmohla. Příměří mezi ním a Mojmírem l. 894. zavřené stalo se jen na oko: v tichosti tím pilněji pracoval on o vyvrácení říše moravské. Trojí pak sobě k tomu cíli zvolil prostředek: domácí vojnu mezi bratry, odtržení Čech od Moravy a přivábení Maďarův do Moravy a Pannonie. Ve válce mezi Svatoplukovci vypuklé chopil se Arnulf l. 898. strany Svatopluka, již od Mojmíra přemoženého, a třikráte zemi moravskou skrze Liutpolda a Ariba hrozně plenniti dal. V této vojně Pannonie sice ztracena; však nicméně Svatopluk k ustoupení do Němec od Mojmíra přinucen. Léta 899. obnovil papež Jan IX. na požádání Mojmírovo arcibiskupství moravské, po smrti Methodově (l. 885.) uprázdněné, s připojením trojího biskupství. Noví vpádové Bavorův a Maďarův pohnuli Mojmíra ku pokoji, v Řezně s maloletným císařem Ludvíkem IV. zavřenému l. 901. — A však tím vším brána Maďarům ke zkáze Slovanstva jednou otevřená nebyla více zamčena. Tito zajisté, usadivše se v Potisí a zmocnivše se šťastnými výpravami na východ, jih i západ, oboříli se, po několikerém daremném pokoušení, konečně l. 907. dvojitou sílou na moravskou říši, od Rastice pracně založenou, od Svatopluka pak vítězně zveličenou, a vyvrátili ji ze základu. Po hrozné porážce Němcův i Slovanův u Prešpurku (v srpnu l. 907.), z níž mladý král Ludvík sotva se životem utekl, a v níž vývoda bavorský Liutpold, dle vší podobnosti i kníže Mojmír, mečem polehli, zmizela samostatná slovanská Veliká Morava z pole dějin. Ráz ten uhodil do srdce Slovanstva. Dřevní obyvatelstvo, co ho smrti neb poroby zbylo, rozutíkalo se do Tater, Bulhar, Chorvat a jinam; z rozbitin pak Veliké Moravy kořistovali, mimo Maďary, i Němci, Čechové a Poláci.

Pavel Josef Šafařík.

II.

1. Z básne: SLÁVY DCERA.

("Spisy *Jana Kollára*. V Praze. 1862." Strana 3. a nasl.)

a) Předzpěv.

O věkové dávní, jako noc vůkol mne ležící,
  O krajino, všeliké slávy i hanby obraz!
Od Labe zrádného k rovinám až Visly nevěrné,
  Od Dunaje k hltným Baltu celého pěnám:
Krásnohlasý zmužilých Slavjanů kde se někdy ozýval,
  Aj oněměll už, byv k ourazu zášti, jazyk.
A kdo se loupeže té, volající vzhůru, dopustil?
  Kdo zhanobil v jednom národu lidstvo celé?
Zardi se závistná Teutonie, sousedo Slávy,
  Tvé vin těchto počet zpáchaly někdy ruky!
Neb krve nikde tolik nevylil černidlaže žádný
  Nepřítel, co vylil k záhubě Slávy Němec.
Sám svobody kdo hoden, svobodu zná vážiti každou,
  Ten kdo do pout jímá otroky, sám je otrok.
Nechť ruky, nechťby jazyk v okovy své vázal otrocké,
  Jedno to, neb nezná šetřiti práva jiných. —
Kde jste se octly milé zde bydlivších národy Slávů,
  Národy, jenž Pomoří tam, tuto Sálu pily?
Srbů větve tiché, Obodritské říše potomci,
  Kde kmenové Vilců, kde vnukové jste Ukrů?
Na pravo šíře hledím, na levo zrak bystře otáčím,
  Než mé darmo oko v Slávii Slávu hledá! —
O kdo přijde tyto vzbuditi hroby ze sna živého?
  Kým přiveden slušný k své bude vlasti dědic?
Kdo rce to nám místo, kde cedil svou někdy za národ
  Krev Miliduch, kdo na něm sloup mu památky složí?
Kde hněvivý novotám, otcovskou prostotu bráně,
  Válčícím Slavjanům Kruk po slavjansku velel.

Neb kudy vítězný máchal meč v půtce Bogislav,
    A v pokoji šťastnou zákony řídil obec.
Už jich více není! s rachotem surového rekovské
    Články jejich zhoubný láme oráče lemeš.
Stiny jejich na dvou se časů hněvajíce ničemnost,
    Ve mhle sivé těchto zřícenin upně vyjí.
Upně vyjí, že osud posavád se smířiti váhá,
    A vnuka krev lecjak tam hnije, tam se mění.
Jak muselo v tom by studené být k národu srdce,
    Jenžby tu slz jak nad kostmi milenky nelil.
A však umlkni tichá, na budoucnost patři, žalosti,
    Osluněným rozptyl mráčky myšlének okem.
Největší je neřest v neštěstí láti neřestem,
    Ten kdo kojí skutkem hněv nebe, lépe činí.
Ne z mutného oka, z ruky pilné náděje kvitne,
    Tak jen může i zlé státi se ještě dobrým.
Cesta křivá lidi jen, člověčenstvo svesti nemůže,
    A zmatenost jedněch často celosti hoví.
Čas vše mění, i časy, k vítězství on vede pravdu;
    Co sto věků bludných hodlalo, zvrtne doba.

b) Znělky.

Stojí lípa na zeleném luze,
    Plná starožitných pamětí,
    Ku ní, co jen přišlo podletí,
Bývala má nejmilejší chůze;

Žele moje, city, tužby, nouze
    Nosil jsem jí tajně k odnětí,
    Jedenkráte v jejím objetí
Takto zalkám rozželený tuze:

„O ty, aspoň ty už, strome zlatý,
    Zastiň bolesti a hanobu
Lidu toho, kterému jsi svatý!"

Tu dech živý v listí hnedky věje,
    Peň se hne a v božském způsobu
Slávy dcera v rukách mých se směje.

Pracuj každý s chutí usilovnou
　Na národu roli dědičné,
　Cesty mohou býti rozličné,
Jenom vůli všickni mějme rovnou;

Bláznovství jest chtíti nemistrovnou
　Rukou měřit běhy měsíčné,
　Jako k plesu nohy necvičné
Pokoušeti pro pochvalu skrovnou:

Lépe činí ten, kdo těží s málem,
　Stoje věrně na své postati,
Velkýť je, buď sluhou nebo králem;

Často tichá pastuchova chyžka
　Více pro vlasť může dělati,
Nežli tábor z něhož válčil Žižka.

———

Slávie, o Slávie! ty jméno
　Sladkých zvuků hořkých památek,
　Stokrát rozervané na zmatck,
Aby vždycky více bylo ctěno;

Od Uralů Tatrám na temeno,
　V pouštěch, kde má rovník počátek,
　Až kde slunka mizí dostatek,
Království jest tvoje rozloženo!

Mnohos' nesla, a však křivdy činů
　Nepřátelských všecky přežila,
Ba i špatný nevděk vlastních synů:

Tak, když jiní snadno v půdě měkké,
　Ty jsi trůny sobě tvrdila
Na století rumích dlouhověké.

———

Načby proto srdce naše chladlo,
　　Nač se pohřížilo v truchlotu,
　　Že jsme našli práznou pustotu,
Kterou žádné netko ještě rádlo?

Vítězství to nechci, jenžby padlo
　　Z nebe dolů na zem bez potu,
　　Volím chudou směs a mrákotu
Aby svět byl, kde nic předtím vládlo:

Arci, že jdou jiní cestou hladší,
　　Těžce my a pozdě za nimi,
　　Tím jsme ale a náš národ mladší;

My co jiní dokázali známe,
　　Než to skryto přede jinými,
Co my v knize lidstva býti máme.

———

Bože, Bože! který dobře mínil
　　Veždy s národy jsi všechněmi:
　　Ach, už nikdo není na zemi,
Kdoby Slávům spravedlivost činil!

Kde jsem chodil, nářek bratrů stínil
　　Všudy veselost mé duše mi;
　　O ty soudce nade soudcemi,
Prosím: cože tak můj národ zvinil?

Křivda se mu, velká křivda děje,
　　Žalobám pak se a zármutu
Našemu svět rouhá aneb směje;

Aspoň v tom nech moudrost tvá mi svítí:
　　Kdo zde hřeší? či kdo křivdu tu
Dělá? či kdo tuto křivdu cítí?

———

Nechtěj zoufat, když se proti tobě
Bratře, šklebí závist trkavá,
Kdo se, pravdu háje, obává,
Ten jí škodí nejsa věrným sobě;

Pravda nezná ustoupiti zlobě,
Kdo jí laje, ten ji zastává,
Ke cti jsou jí slova rouhavá,
Blud a šalba hlupců ku ozdobě:

Pravda jest co cedry na Libanu,
Ti, jenž na ni dují větrové,
Jen víc šíří vonnou její mannu;

Jazyk její meč jest, ňádra hory,
Srdce mramor, ruky sloupové,
Paty rokle k pošlapání vzdory.

———

Nejedenkrát věru tak se zdálo
Mysli mé a srdci bolnému,
Jakby ku otroctví věčnému
Všechny Slávy nebe odhodlalo;

Tak je duší samostatných málo,
Tak se chladně mají ke svému,
Tak se přilepují k cizému,
Jakby vlastních sil jim chybovalo:

Nejvíc pak to rozhořčuje žele,
Že lid náš v tom manství ubohém
Křižuje sám i své spasitele;

V zoufání jen to zve k víře nové,
Kdo dá počet z toho před Bohem,
My, či naši zotročitelové? —

———

Stokráte jsem mluvil, teď už křičím
K vám o rozkydaní Slávové!
Buďme celek a ne drobtové,
Buďme aneb všecko, aneb ničím;

Národem vás zovou holubičím,
Než aj holuby jsou takové,
Že milují hejno spolkové,
I vám tedy vlastnost tuto žičím:

Slávové, vy národ zlomkovitý!
Síly sjednocené dělají,
Než proud mělkne a schne roztočilý;

Slávové, vy národ mnohohlavý!
Moudří horší smrti neznají,
Než jest život hnilý, prázný, tmavý.

———

Co z nás Slávů bude o sto roků?
Cože bude z celé Evropy?
Slavský život, na vzor potopy,
Rozšíří svých všudy meze kroků:

A ta, kterou měly za otroků
Jen řeč křivé Němců pochopy,
Ozývati se má pod stropy
Paláců i v ustech samých soků:

Vědy slavským potekou též žlabem,
Kroj, zvyk i zpěv lidu našeho
Bude modným nad Seinou i Labem;

O kýž i já raděj v tu jsem dobu
Narodil se panství slavského —
Aneb potom vstanu ještě z hrobu!

———

2. Báseň : SLAVJAN.

(Strana 399. a nasl.)

„Co Bůh spojil, člověk nerozlučuj!“
Co jazykem, oním svatým uzlem
Sama matka příroda svázala,
To člověče zlostnou a závistnou
Nerozvazuj, neroztrhuj rukou!
Nás Slováky, Moravce, Slezáky
I Polany s Čechy sjednotila,
Svázala jest i ohnivé Rusy
Se silnými bratry poledními,
Kterých rovná a bohatá pole
Z velkého se napájejí Istra;
Přes kterých se tiché louky valí
Sáva, Dráva, Drina i Marica,
I ostatní nesčíslné řeky;
Kterých čistá města i dědiny
Bělejí se z obou stran Balkana;
Kterých veslo po Adrii plává
I po šírém ledobřežném moři.
O já ještě nezapomenul jsem
V Pomořanech i v Lužicích Srba,
Který blízkým mýlený Tevtonem,
Nesměle jen, aby nebyl slyšán,
V domácím se hlaholu pronáší.
Často myslím na Dunajské Srby,
Jenž se mezi Turky pozdvihují
Jak u prostřed chrasti hybké jedle.
V srdci nosím Krainského Illyra,
Jehož věky nemohly zničiti.
Vítězného zpomínám Slavonce,
Který s chrabrým spojený Chorvatem
Nepřátelským oddolává silám.
Často okem ducha mého bystrým
Na Dalmata hledím obrovského,
Jemuž v prsích starodávné slávy
Památka až posud nevyhasla,
Jehož píseň národního zpěvce
Pudí k činu nejzmužilejšímu.
Ach, byly jsou někdy smutné časy,
Časy dlouhé, časy přenešťastné,

Když cizinci mezi nás trousili
Nesvornosti proklcté semeno,
Dráždíce kmen proti kmenu chytře,
By se klali sami mezi sebou;
Aby syny s matkou rozvadivše,
Celý národ lehce potlačili!
Teď to símě (Bohu budiž chvála!)
Plodonosnou nepadá na půdu.
Blesky z očí milé matky Slávy
Zlocílné jich rozsívání sežhou.
Smíření se střetáváme bratři
Na širokém knih a spisův poli;
Hloupá pomsta i různice běsné
Ve slavjanském přestávají světě.
Chraňme sc jich bratři na budoucnost!
Varujme se pilně oněch vrahův,
Kteří nás jen rozvaditi chtějí,
Jenž žádají, ať se rozsápáme,
Aby oni pak nás znivočili,
Jako někdy naše slavné předky,
Naše předky v krajinách německých,
Po Galii i po Britanii.
Neb i tam se před věky slavjanská
Ratolestná zelenala lípa,
I tam v horách někdy a dolinách
Nám příbuzná řeč se rozléhala.
Nevýmluvná proniká mne radost,
Když vás vidím bratři pod Kavkazem
Nové hrady zakládať a sela;
Když vás vidím po třech širých mořích
Sem tam s těžkým poletovat loďstvcm;
Když vás vidím věd a umén pole
Novým ducha vysazovat plodem.
O já nejsem z počtu těch omrzlých
(Bodej zmizli skoro!) nevlídníkův,
Kteří svoje odvracejí oko
Ode knihy psané literami
Cyrillskými neb glagolitskými.
Však to jest jen zevnitřní roucho,
Pod kterým též slavské srdce tluče,
Na vše strany slavjanského světa
Vylévajíc života potoky:

Nech rozličný na sobě má oděv,
Nicméně plod jednoho jest ducha;
Nech rozdílným písáno jest písmem,
Jedna předce budeme rodina,
Dokud synu milá bude matka,
Nevděčník ji dokud neodvrhne
A tyranům neodevzdá cizím.
Co pak mne se dotýče, já nechci
Krátkozrakým jamožilcem býti,
Hledícím vždy jen do a pod sebe.
Já to cítím, že Slavjanstvo celé
Moje jest, a já jsem opět jeho.
To má hrdost, to má pýcha jestiť,
O kterou se připraviti nedám.
Můj národ jest spolu i vlast moje,
Vlast moje má nesmírné hranice,
Nepočítá sta než miliony.
Já jsem živý v mnohem větším světě,
Nežli závist dopustiti může ;
Já jsem synem silnějšího rodu,
Nežli ona pomysliti schopna.
Nad prostrannou milou mojí vlastí
Krásné slunko nikdy nezapadá.
Dá-li Pán Bůh a štěstí junácké,
Aniž její čest má zahynouti,
Nezahyne, pokud budou děti
Lásky oběť Slávě přinášeti.

Jan Kollár.

Slovo záverečné k prvému vydaniu.

Že to bol mákavý nedostatok, nemať až posiaľ ku pravopisnému vyvinutiu reči našej primerane vypracovanej mluvnice v jazyku nemeckom, kto by o tom pochyboval? — Potrebu podobného dielka sme cítili všetci, ale k jeho vyhotoveniu nikto sa nepriberal. Boli sme sa teda daktorí na tom usniesli, požiadal sameho majstra slovenčiny *Hattalu*, aby on vypracovanie a uverejnenie tejže mluvnice prevzal. Medzitým *Hattala*, súc mnohými prácami zaneprázdnený, v poľahu na našu žiadosť odpísal: „Strany mluvnice slovenskej v nemčine nemôžem Vám byť na ten čas k službám;" a dal nám radu, aby sa z nás daktorý do tej práce oddal. Čo tu bolo počať? odložiť celú vec na nejistú budúcnosť sme nechceli — nemohli. — Tak sa teda stalo, že som si ja zaumienil ono potrebné dielce, trebars mi to krušno prichádzalo, vyhotoviť a na svetlo vydať.

Že som sa ja celkom *Hattalových* mluvníc: „Grammatica linquae slovenicae" (1850) a „Krátka mluvnica slovenská" (1852), pridržal, každý, kto sa do veci rozumie, vidí. Avšak som i s jeho najnovším dielom: „Srovnávací mluvnice jazyka českého a slovenského" (1857), čo sa mi potrebné videlo, porovnával. Mimo toho som — viacej lebo menej — upotreboval: *Schinnagl*-ovu nemeckú, *Tomíčkovu* českú, *Karlikovu* nemecko–českú, *Fröhlich*-ovu nemecko–illyrskú a iné gramatiky, nakoľko sa z nich v poľahu na slovenčinu to lebo ono použiť dalo.

Môj cieľ pri gramatike tejto bol hlavne praktický; preto som do spisu neprijal mnohé theoretické pojednania, na ktorých vedomosti väčšej čiastke obecenstva málo záleží. Kto sa so slovanskou filologiou ex professo zapodieva, a so slovenčinou všestranne v celej jej rozmanitosti obznámiť sa žiada: toho na spisy *Hattalove, Hodžove, Hurbanove* a *Štúrove* odkazujem.

Nakoľko mluvnica táto určeniu svojmu zodpovie, budúcnosť ukáže. Ja som na všetek pád bez všelikých pobočných ohľadov chcel podať spisok užitočný, medzeru v literatúre slovenskej čiastočne aspoň vyplňujúci; lebo tých spisovateľov smýšľanie vidí sa mi byť najpoctivejším, ktorí pri svojich literárnych podujatiach vždy pred očami majú:

Nisi utile sit, quod facimus, stulta est gloria.

Slovo záverečné k druhému vydaniu.

Čo som kedy či ja, či nekto druhý o potrebe mluvnice slovenskej osnovou nemeckou písanej prehovoril, to je teraz výsledkom samým potvrdzené; a výsledok je bez všetkej pochybnosti najdúslednejším rozumovaním. — V poľahu na prítomné druhé vydanie lież dakoľko „Slov záverečných" preriecť za potrebné držím. Predne výslovne udávam, že tá sama sústava, dľa ktorej počiatočne spis tento sostavený bol, i teraz je celkom zachovaná. Čo sa však typografického usporiadania, daktorých jednotlivých výrazov a rozmnoženia chrestomathie týče, Veľactené Čitateľstvo upozorňujem ako nasleduje:

Želajúc, aby spisy naše i ohľadom vonkajšieho vystrojenia ku spisom toho sameho druhu literatúr iných čestne ku boku postaviť sa mohly, postaral som sa o úhľadnejšie vydanie knihy tejto: jakovosť papieru, zvätšenie formátu a primeranejšie rozdelenie tlači, všetko opravy k lepšiemu, nimiž nad vydanie prvé toto druhé vyniká, sú toho patrným dúkazom; tak že mluvnica prítomná i z tohoto stanoviska považovaná za mluvnicami inojazyčnými naskrze nezaostáva.

Jednotlivé výrazy, ktorých odchodne od vydania predošlého užívam, sú asi tieto:

V úvode k označeniu nárečí slovanských na juhu panujúcich neupotrebujem — ako to posiaľ obyčajne filologovia slovanskí robievali — všeobecného výrazu illyrčiny, lež juhoslovančiny, a to sice hlavne preto, že meno „Illyr" pravoslavným Srbom, nakoľko aj jejich národ ním zahrnutý byť má, naskrze nie je po chuti; poneváč ale Srbov na juhu poľažne k iným slovanským odvetviam veliká vätšina je, slušným byť sa mi vidí, aby sme jich neoznačovali záhlavím, ku nemuž sa oni sami nepriznávajú. Toho domnenia je i *Hattala*, keď mi dopytujúcemu sa o jeho náhľad píše: „Zdá sa i mne samemu, že názvom „süd-slavisch" skorej vyhoviete obom stranám: srbskej a chorvátskej, nežli doterajším „illyrisch."

Druhá odchylka vsťahuje sa na osobné všemeno „ja," jehož som bol vo vydaní prvom dľa Bernolácko-českého spôsobu s dlhým „á" užíval. Že sa ale „ja" v krajoch čistoslovenských krátko vyslovuje, žiadnej pochybnosti niet, a tak je tomu aj v iných nárečiach slovanských, české vynímajúc.

17

To isté platí o všemene opytovacom „kto," miesto doteraz užívaného „kdo." Slováci tatránski skutočne „kto" vyslovujú, miestami tuším „k" s „ch" — „chto" — zamenujúc. Rusi a Poliaci majú tiež „kto," Juhoslovania „tko," teda vúbec „t" a nie „d." Ale je to aj celkom prirodzené, bo sa „k" pred „d" ani vyslovil nedá, znejúc dočista jako „g" — „gdo" — tak že jestli dúslednými byť chceme, nádobno nám písať alebo „kto," jako v „ktorý," alebo „gdo" a tým samým aj „gdorý," iného prosredku niet. Že sa ale za posledni nevídaný spôsob písania nikto nevysloví, ľahko uhadnúť možno. S touto premenou sa *Hattala* tiež srovnáva píšuc: „Nic som ani ja teraz od toho, aby sa písalo „kto" miesto „kdo," bo je to i etymologicky správnejšia forma, znejúc už cyrillsky s „t." — Medzitým jestli dakomu na starom Bernolácko-českom výraze onoho slovca veľa záleží, nechže si ho i na ďalej upotrebuje. Každá, i tá najvzdelanejšia reč má svoje nedúslednosti, má a mať ich aj bude nepremenno i naša slovenčina.

V oslovení osôb jednotlivých, kde Slovania zo zdvorilosti sloveso množného počtu druhej osoby upotrebujú, odstúpil som od toho pravidla českého, dľa nehož v tomto páde účastie činné minulého času do jednotného počtu kladené býva; a prijal som i u nás i u Rusov i u Juhoslovanov bežný spôsob hovorenia s účastím činným v počtu množnom. (Viď §. 56.)

Nominatív mien sredních prídavných posiaľ daktorí spisovatelia slovenskí na „ô" miesto bežnejšieho v písemníctve „é" užívajú, menovite *Hodža, Sládkovič* a iní. Obecná mluva za náhľady týchto pánov bojuje, ale vážnejšie dúvody, zdá sa mi, sú proti nim. Tak píše *Hattala* vo svojej gramatike na strane 84.: „E *dobr(oj)e* eodem modo fit dobr-*é*, sicut e *v(oj)evoda* vévoda, aut ex antiquioribus: *b(oj)azň, b(oj)ati sa,* recentiora: bázeň, báť sa, tenore legis: „Contractio facit longam." A ďalej: „In nominativo sing. neut. gen. *oje* plane in ô detortum conspicitur: dobr-ô, loco dobr-é e *dobr(oj)e.* Similis mutationis in universa slavica nullum aliud superest exemplum." Končí ale takto: „Ex his patet: 1) declinationem Bernolákianam durorum merito praeferri Štúrianac; 2) neutrum in ô loco é recte vocari anorganicum, circa cujus genesim Hodža ipse in dubio versatur interrogans: „Unde nam revera istud ô in adjectivis?" 3) errare Hodža-ium dicentem: neutrum in *é*, dobr-*é* pronius formari e ficto *dobre-je* quam e *dobro-je* in cyrillica olim et russica hodiedum vigente genesique adjectivorum definitorum apprime conformi." Že ale *Hattala* odtedy, čo toto písal, svoje sem patriace náhľady nezmenil, je isté priam tak, ako že sa mimo vlastne filologických aj iné veľmi na váhu padajúce dúvody za tento spôsob písania predniesť dajú, ktoré ja ale už len i preto opakovať nejdem, bo sa terajšie naše časopisectvo, a môžem snaď povedať, vätšina spisovateľstva slovenského i tak tohoto od Hattaly vystaveného pravidla drží. Medzitým nikomu sa tento lebo tamten spôsob písania nevnucuje. Čo je života schopné, to sa udrží, čo nie, ustúpi a padne do zapomenutia tak, ako sa to už s viacej nepodarenými pokusami stalo. Len majme všetci všeobecné dobré pred očami, a preto chráňme sa novôt zbytočných, ktoré by ustálený teraz už pravopis v podstate podrývaly a odporníkom našim tvrdiacim, že zavždy jazyk spisovný meníme, a preto že reč naša do škôl zaprevadiť sa nemôže, zbraň oproti nám do ruky dávaly. I tu má úplnú platnosť vznešená zásada: „In necessariis unitas, in dubiis libertas, in omnibus charitas.“ —

Že som chrestomathiu rozmnožil, bude vítané Obecenstvu. Ukážku z prozaického pojednania Hollého medzitým nic preto som na čelo chrestomathie položil, ako bych jeho prozaický sloh za nejaký vzor písemníctva slovenského považoval — veď tak, ako to on volakedy napísal, sotva by sa teraz bez opráv uverejniť mohlo — no urobil som to ohľadom na dúležitosť predmetu, o ktorom sa tam jedná; a potom, aby sa mi poskytla dobrá príležitosť, vriadiť do tejže chrestomathie i „Azbuku,“ ktorá je ale nic dľa Hollého, lež — s nepatrnými odchylkami — dľa vzorky Hattalovej v „Slovníku Naučnom“ uverejnenej sostavená. Čítanie z evanjelia však som to samé, ktoré Holly podáva — s dodatkom ruským — podržal, abych sa bez potreby od práce jeho neodchyľoval.

Rovným spôsobom krátky nástin politicko-sociálneho života Slovákov za času kráľovstva veľko-moravského zo Šafarikovych „Starožitnosti“ vyňatý, a v knihe, ktorá si konečne snaď i do škôl cestu prekliesni, podaný, má svoj dobrý zámer i mimo toho, že meno Šafarikovo, najslavnejšieho muža slovenského, z chrestomathie pre Slovákov sostavenej vystať nemohlo.

Ostatne sadu, ktorou som bol vydanie prvé završil, i teraz opakujúc dokladám, že vzdelanosť ľudu prosredkom najprirodzenejším, jeho materinskej reči totižto, za jediný cieľ účinkovania nášho považujem.

Osvetou ku slobode a sláve!

Berichtigungen.

Seite 16. Zeile 4. von oben: der Mutter, lies: der Mutter eigen,
„ 20. „ 15. „ B) Regeln „ E) Regeln
„ 39. „ 7. „ Gebe „ Gib
„ 42. „ 7. „ Gebe „ Gib
„ 126. „ 15. „ praded' „ praded
„ 174. „ 21. von unten 2. Kol. hlavo „ hlava
„ 202. „ 20. von oben: rosa „ zora
„ 227. „ 18. „ rastu „ rastú
„ 247. „ 16. von unten: svobodý „ svobody

Od spisovateľa tejto mluvnice posiaľ vyšly nasledujúce almanachy slovenské:

„CONCORDIA. Slovanský Letopis. Vydali: *J. Viktorin* a *J. Palárik.* V Budíne. 1858." Str. VI a 386. (Není viac k dostaniu.)

„LIPA. Národní Zábavník. Vydal *Josef Viktorin.* Ročník I. V Budíne. 1860." Str. II a 406. Cena . . . . 2 zl.

„LIPA. Národní Zábavník. Vydal *Josef Viktorin.* Ročník II. V Pešti. 1862." Str. VIII a 404. Cena . . . . 2 zl.